SOCIOLOGY OF
ACCOUNTING :
A Perspective in
Modern Accounting

会計
社会学

近代会計のパースペクティヴ

堀口 真司［著］
Horiguchi Shinji

中央経済社

まえがき

　本書は，会計についての本である。
　現代社会における会計概念の広がりという本書を通底するテーマは，私が，過去２度にわたり関わることになった，イギリスの会計学者マイケル・パワーの２つの著作から引き継いだものである。１つは，「監査社会」論であり，そこでは，現代社会における監査概念の広がりが捉えられていた。もう１つは，「リスク管理」論であり，そこでは，同じく現代社会におけるリスク管理概念の広がりが捉えられていた。本書では，それらを包含する，より大きな会計概念というものを想定し，それが，現代社会の隅々にまで広がることの意味を捉えようとしている。
　このように述べれば，まずはその会計概念とは何か，つまりその定義を行うことから議論を始めることが一般的な慣わしであろう。しかしながら，ここではあえてそのような定義を提示することはしない。これは，本書が採用している方法論的立場と密接に関わっているためである。世間に溢れている会計関連のテキストを見渡せば，会計とは何か，つまりその本質や機能を定義しようとするものがいくつも見受けられる。しかしながら，それらはいずれにせよそれぞれの著者が思い描く会計に対するある種の理想像を抽象化したものであり，その過程では，必然的にその背後に現実的な細部（すなわちそのテキストの前提となるコンテクスト）が，取りこぼされることになる。このような傾向を回避しようとして生まれてきたのが，その細部を丁寧に説明することを心掛ける，「会計社会学」という研究アプローチであった。そこでは――予想される通り――会計を，その組織的・社会的コンテクストごと描き出すことが試みられてきた。
　こうした試みは，これまで，大きく次の２つのテーマのもとに取り組まれてきた。１つは，会計を，経済活動を認識するためのレンズと見なす視点に関わるものであり，テキストの中に体系化されてきた貨幣による測定だけでは捉え切ることができなかった，組織活動の現実的な側面を描き出すことが試みられてきた。もう１つは，会計実践そのものを捉える視点に関わるものであり，同

様にテキストの中で定義されてきた会計の機能を越えて，現実的な社会の中で会計が果たす多様な役割を描き出すことが試みられてきた。前者は，会計による認識の対象を，財務情報から非財務情報へと積極的に拡充していこうとする研究として結実し，後者は，利害調整や意思決定有用性という機能を越えて，会計がすでになされた意思決定を正統化する側面や，その統治技術としての性格などを明らかにしてきた。両者に共通する関心は，歴史記述における全体史の試みと同様に，組織的コンテクストにせよ，社会的コンテクストにせよ，その説明内容を豊かなものにすることであった。現代社会における会計概念の広がりとは，まさにこのような会計を取り巻くコンテクストについての詳細な描写を通じて明らかにされてきた，会計の社会的影響力の大きさのことである。

しかしながら，本書の目的は，このような「会計社会学」における既存の研究テーマを繰り返すことではない。言い換えれば，記録や対話の前提となる，コンテクストについての説明内容をより豊かなものにしていくことを目指すものではない。むしろ，その説明内容が無際限に拡充されていく現象そのものに焦点を当て，今日，そこに会計概念が深く関与しつつある様子を問題化することの方に主眼を置いている。いわば会計的思考法のもとで，無際限に広がりつつある知識の拡充こそ，本書の焦点である。

＊

さて——話は少し変わるが——，『フラットランド』という本をご存じだろうか（E. A. アボット，2009，『フラットランド——多次元の冒険——』I. スチュアート注釈，冨永星訳，日経BP社）。「フラットランド」（2次元の世界）の住人である主人公が，「ラインランド」（1次元の世界）や「スペースランド」（3次元の世界）を旅しながら，最終的には多次元空間を夢想するという，科学的な空想物語である。ここで，その「フラットランド」とは，果てしなく広がるユークリッド平面のことであり，そこには，線分や三角形，四角形，五角形，円といった幾何学図形の姿をした人々が暮らしている。同書では，その主人公であるスクエア氏（その名前からもわかるように，正方形である）が，次元の異なる「ラインランド」や「スペースランド」を旅する中で出会う，それぞれの世界の住人との会話の中に垣間見える素朴な認識のズレが，面白おかしく語られている。たとえば，ある日スクエア氏が「ラインランド」を訪れたとき，次のよ

うな会話が交わされていた（216-7）。

　　ラインランドの住人：そなたの申す「左」と「右」とは，いったい何のことなのじゃ？　北や南のことを，そなた流に言ったのであろう？
　　スクエア氏：いいえ，そうではございません。あなた様のような南北への動きのほかに，私が右から左と呼ぶもうひとつの動きがあるのでございます。
　　ラインランドの住人：では，その動きを見せてみよ。左から右へと動いて見せよ。
　　スクエア氏：いいえ，それはできかねます。あなた様もご一緒に，あなた様の線から踏み出すことができれば，話は別ですが。
　　ラインランドの住人：線の外じゃと？　そなたが言っておるのは，世界の外，空間の外のことか？
　　スクエア氏：はい，そうです。あなた様の世界の外，あなた様の空間の外でございます。なぜならあなた様の空間は，実は空間ではないからです。平面こそが，本物の空間なのです。あなた様の空間は，線に過ぎません。

　容易に想像することができるように，ある1次元の世界の住人の観点からすれば，その直線が同一平面上において正方形と交差するとき，その直線によって横切った正方形上の線分としてしかその存在を捉えることができない。したがって，もしその正方形が同一平面上を移動し，その直線と交差することをやめてしまえば，その直線は，その正方形の存在を捉えることはできなくなる。
　そして，この同じスクエア氏が，今度は「スペースランド」の住人スフィア氏と出会い，次のような教えを受けている（241）。

　　スフィア氏：私は平面図形ではなく，立体である。お前は私を円と呼んだが，実はひとつの円ではなく，無数の円なのだ。1点から直径13インチまでの無数の円が，次々に重なっておる。今私がしているように，フラットランドの平面に切り込むと，それによって平面に，お前たちが円と呼ぶ交わりができる。球体——私は，故郷ではそう呼ばれているのだが——がフラットランドの住人の前に姿を現すには，円として現れるしかない。

　こちらもすでにおわかりのように，あるユークリッド平面上に観点を置く場合，球体がその平面と交差するときにのみ，その平面によって切り取られた断面図として，すなわち円として，その球体の存在を捉えることが可能となる。

したがって,同じことであるが,もしその球体がその平面と交差することをやめた場合,その平面はその球体を捉える術がなくなることになる。
　こうして,「ラインランド」や「スペースランド」の住人との会話を終えたスクエア氏が最後に向かうのが,より高次元の世界の存在を夢想することである(291-3)。

　　スクエア氏:1次元では,点が動いて,2つの端点を持つ線分を生み出しました。2次元では,線が動いて,4つの端点を持つ正方形となりました。3次元では,正方形が動いて……8つの端点を持つ聖なる存在,立方体ができました。そして4次元では,立方体が動くことによって……16の端点を持つさらに神聖な生き物が生まれるはず。2,4,8,16と数が続けば,これこそまさに幾何数列。……
　　私たちは,さらに上へと向かうことができます。4次元の聖なる世界にいるということは,5次元空間への敷居にたたずむということでもあります。それなのに,5次元には足を踏み入れないというのですか？　そんなばかな！　肉体の上昇とともに,野心もまたふくらむと考えるべきです。かくして,知の攻撃に屈した6次元の扉はさっとばかりに開かれ,ついには7次元,8次元と……。

　もちろん,このような次元の上昇を有限としなければならない理由はどこにもなく,今日の数学では,さまざまな無限次元空間が扱われている。たとえば,

$$x_0, x_1, x_2, x_3, \ldots$$

と続く,N次元のユークリッド空間を想定すれば,各座標 x_j は,この空間におけるそれぞれに異なる「方向」を定めるものとなり,そこでは座標が無限に存在するために,その次元もまた無限となる。このように,次元の上昇を際限なく繰り返すことから導かれるような無限回帰の現象は,数学においては乗り越えられないような壁ではなく,それが再帰的な過程についての考え方を要約した呼び名に過ぎないことは,すでによく知られている事実である(むしろ,ここでより重要な点は,ドイツの数学者ゲオルグ・カントールが,無限集合の「超限数」の濃度の比較を行うことによって導いた,「最も高い次元の空間」なるものは存在しない,という結論である。より詳しくは,同書の注釈者イアン・スチュアートによって挿入されている注釈を参照されたい(296-9)。また,この点については,本書第7章においても,改めて触れることになる)。

＊

　実は，先に見た「会計社会学」と，当時同様の問題意識から科学活動のコンテクスト研究を目指していた「科学社会学」との交差領域を扱うために，会計学者パワーによって編集された『会計と科学』(Power, M., ed., 1996, *Accounting and Science: Natural Inquiry and Commercial Reason,* Cambridge University Press, Cambridge) という本の冒頭に，同書のための「はしがき」を添えていたフランスの哲学者ブルーノ・ラトゥールが，その中で紹介していたのがこの『フラットランド』の物語であった（同書『会計と科学』は，もともとは，科学のコンテクスト研究を推進する雑誌である『サイエンス・イン・コンテクスト』(*Science in Context*) 誌が，科学が営まれているコンテクストとしての経済活動に不可欠な経済計算，特に会計の役割を分析することを目指して，1994年に特集した数編の論文を，後に一冊の本としてまとめたものであった。その編著者を務めたパワーは，その「イントロダクション」において，科学活動のコンテクストを記述する上で，会計が，人々の思考や行為を規定する側面に注目することの重要性を説いていた。その詳しい内容については，本書第1章の議論を参照されたい）。

　そこでのラトゥールの意図は，当時，「会計社会学」が推進しようとしていたコンテクスト研究が，いずれにせよ「スペースランド」の住人のための説明であるに過ぎず，「フラットランド」の住人にとっては，何らの意味もなさないものであることを示すことにあった。「フラットランド」の住人にとって，社会は本質的に，存在論的に平らである。したがって，たとえ彼らが大都市の超高層ビルの中にいたとしても，その直観が疑われることはなく，彼らは平面的にしか物事を見ない。そこには3つ目の次元が無いかのように，ただ平坦なやり取りが繰り返されているだけである。私たちが組織や機関と呼ぶものの中にいても，彼らはそこにただドアや机や書類が入り乱れた様子しか捉えない。すなわち，それらの重ね合わせ（カスケード）を通じて想像される，組織構造のような重圧を，彼らが感じ取ることはない。一般に人々が社会を想定するとき，さまざまな社会的地位から構成されるピラミッドのような社会構造を感じ取り，そこで行われているやり取りよりも，はるかに大きな重みを捉えているに違いない。つまり，これらの人々にとっては，社会は垂直的である。しかし，「フラットランド」の住人にとってはそうではない。彼らは，私たちが想定す

る社会や，社会的コンテクストそのものを否定しているのである。

したがって，彼らの観点からすれば，社会的コンテクストを尊重し，記録や対話の前提となる生き生きとしたやり取りでこれまで見落とされてきた細部を満たそうとすることは，ただ社会秩序の小さな矛盾を微調整しようとする試みであるに過ぎず，そうした試みは，ストリートコーナーやレストランや家庭についてその説明内容を豊かにしていくことには優れているかもしれないが，そこではあくまでも，それが置かれている現実社会が前提とされている。しかしながら，彼らは，まるで盲目であるかのように，皆には明らかに見えているものが見えないのである。垂直的な視点を持つ一般的な人々には，形式からその内容，言葉からその言葉が指し示す意味，グラフからそれが指し示す情報，統計数値から（たとえば）市場の流動性，そして簿記手続きから利益の大きさを想像することができるが，彼らにはそれができないのである。彼らは，まるで子供のようにすべてを文字通りに受け取り，こうした大人が用いる言葉が表象する意味を，捉えることができないのである。「フラットランド」の住人が，円柱や球体を視覚化できないのと同じように，彼らにはその対象を見ることができないのである。彼らにとって，社会は本質的にフラットであり，そこにはただ相互作用があるのみである（したがって，仮にその全体を見渡す総観的な視点，体系化された知識が存在するとすれば，そこには，ローカルなパノプティコンが構成されていることを意味することになる。彼らの主張するところによれば，経済活動は，経済学が普及しているがゆえに存在する）。

ここで，もしかすると，一般的な社会に住む人々は，彼らの世界観には垂直次元が欠けており，彼らがそのことをさぞかし嘆いているに違いないと，想像するかもしれない。しかしながら，これに対するラトゥールの回答は（スクエア氏が，次元を上昇しようとしていたこととは異なり），「全くそのようなことはない！」というものである。それどころか，彼らは，コンテクスト研究を展開しようとしてきた社会学者を，中途半端な相対主義者や新種の実証主義者と呼びながら，むしろ自らの立場に優位性をすら感じていると言う。要するに，彼らは，私たちが宝物のように大事にしてきた因果関係についての豊かな説明を蹴散らし，それらを終わりのない相互作用のリストのように見なそうとしているのである。そう，彼らにとって不可視であるのは，市場や国家そのものであり，私たちが関わっている社会そのものなのである。このような彼らの観点か

らすれば，社会そのものが根本的に超越的である。

　以上の説明から明らかなように，この「はしがき」においてラトゥールが示そうとしていたことは，次元を上昇することによって，「スペースランド」の限界を乗り越えていくといった方向性ではない。ラトゥールが，「スペースランド」ではなく，「フラットランド」の住人の視点を擁護していたことからもわかる通り，私たちにとっては当たり前のように思えることが，成立しない世界がありうることを示唆していたのである。もし，仮に高次元の優越性の方に足場を取り，次元を上昇することを推奨していたなら，そこには（スクエア氏が夢見ていたように），自らの世界を漏れなく理解しようとして，ますます高次元へと際限なく昇り詰めようとする意図が頭をもたげてくることになるに違いない。しかしながら，先にも見たように，無限とは，その基になる数列の規則をどのように定義するのかということに大きく依存する概念である。こうした意味では，「無限」とは，その基礎となる次元を否応なく受け入れさせることを前提としている点に，その限界があると言えるだろう。ここで，ラトゥールが足場を置こうとしていた「フラットランド」は，より高次の次元を無意味化しようとする試みであり，自身が基礎を置く次元が全く受け入れられないような，全く別様の世界の存在を捉えようとするところにその意図があったものと思われる。

　本書は，このような観点から見た，会計についての本であり，現代社会という超越性の成り立ちに，会計概念がいかに関わっているのかを明らかにすることを目的とするものである。

目　次

まえがき　I

プロローグ　1

第1章　会計の科学化とその諸問題 ─────5
1　はじめに／6
2　会計の科学化／10
　　近代的な会計思考の起こり・10
　　会計数値の合理化とその科学性・14
　　会計リサーチの科学性・19
3　会計による科学の正統化／22
　　科学的認知における会計的思考・23
　　技術革新における会計計算・25
　　工学概念と会計概念の相互作用・28
　　科学社会学における会計・31
4　おわりに／34

第2章　科学的会計研究批判 ─────45
1　はじめに／46
2　会計研究の相対化と科学社会学／47
3　管理会計技術の構築性／51
4　実証主義会計の経済学的閉鎖性／54
5　資本主義における複式簿記と近代性批判／58
6　おわりに／63

第3章　計算可能な人間と空間 ———————67

- 1　はじめに／68
- 2　会計数値による統治／69
- 3　計算可能な人間の構築／72
  - 近代理性の生成に潜む影・72
  - 語り，生き，働く主体の形成・74
  - 知の考古学・78
  - 個々人を規律する権力・79
  - 近代的権力装置としての標準原価計算・82
- 4　計算可能な空間の構築／84
  - 製作段階の科学知識・85
  - 計算の中心・90
  - 会計技法を通じた遠隔操作・92
- 5　おわりに／98

第4章　会計規制のトリレンマ ———————101

- 1　はじめに／102
- 2　法と会計の交差／104
- 3　規制立法の社会学的考察／106
  - オートポイエシス・システムという見方の起源・106
  - 社会学におけるオートポイエシス・システムという視座・108
  - オートポイエシス・システムとしての法・111
  - オートポイエシス・システム論から見た会計規制・115
- 4　会計規制におけるトリレンマの実際／119
  - 会計規制の量的増大・120
  - 租税回避行為の規制・121
  - 公的部門のアカウンタビリティ・124
- 5　おわりに／126

第5章 「法と科学」と会計の社会学 ——————131

1. はじめに／132
2. 科学と法を巡る会計学論争／133
   - 科学的会計観と法的会計観・133
   - 会計学における哲学論争・134
3. 科学の制度化／139
4. 科学者と市民を架橋する法／143
5. 科学のアカウンタビリティ／148
6. 「法と科学」の人類学的考察／154
7. 「会計は科学か，それとも法か」再論／158
   - 科学的会計観の再検討・158
   - 法的会計観の再検討・160
8. 会計専門家の政治的権威化／164
   - 会計専門職業家研究の分類・165
   - 会計社会学における会計専門職業家研究の展開・167
   - 会計テクノクラートの権威性の源泉・169
9. おわりに／171

第6章 人類学における会計専門知識の影響 ——————183

1. はじめに／184
2. 人類学における「存在論的転回」／185
3. 監査実践の社会的広がり／189
4. 文化としての監査／194
5. おわりに／199

第7章 語りえぬモノ ——————203

1. はじめに／204

2　先史時代の会計システム／205
         3　相関主義＝歴史を越えて／210
         4　モノとの対峙／215
         5　おわりに／220

エピローグ／223

あとがき／225
参考文献／229
索　　引／243

プロローグ

　2017年11月15日，アメリカ・ニューヨークで開催されたオークションにて，キリストが描かれたとされるルネサンス期イタリアの芸術家レオナルド・ダ・ヴィンチの作品『サルバトール・ムンディ』（世界の救世主）が，美術品として史上最高額となる4億5,030万ドル（約508億円）で落札された。映画化もされた小説『ダ・ヴィンチ・コード』でも知られる通り，ダ・ヴィンチは，自ら描いた絵画の中にメッセージを描き込んでいると言われ，本作品にも何らかのメッセージが込められているのではないかと，当時のニュースでも報道されていた。

　実は，筆者にも，彼のメッセージを受け取ったのではないかと感じた経験がある。2010年から2011年にかけ，多くの人からの支援のもとで，イギリス・オクスフォードにて1年間の在外研究に携わる機会に恵まれた。滞在期間も残すところあとわずかとなっていた2011年に，当時進めていた研究との関連で，フランス・パリに訪れた折，時間を見つけてルーブル美術館へと足を伸ばした。目当てはもちろん世界中の憧れ『モナ・リザ』を初めて間近に鑑賞することであった。しかし，予想以上の人だかりと，またいずれにしても手前に設けられていた柵のために，間近でゆっくりと鑑賞することは叶わず，早々とその小部屋を後にし，長いギャラリーに並ぶ数々の絵画を眺めながら，ゆっくりと歩いていた。ダ・ヴィンチの描いたその絵画と出会ったのは，そのときであった。彼が最後まで手元に置き取り組み続けた作品の1つとされる『洗礼者ヨハネ』（図表P-1）である。それまでに通り過ぎた宗教画に覚えた天井を見上げさせられるような強迫観念は一切感じられず，むしろその不気味な表情に一瞬心を奪われ，しばらくその場に立ち止まり，1人その作品と対峙していた。

　右手で天を指差し，左手で自らの胸を指差し，うっすらと笑みを浮かべながら，じっとこちらを見つめている。「神か，それとも人間か。」彼の微笑みの中に鋭い視線を感じながら，そう問いかけられているような錯覚に陥った。そしてその彼の表情が，間違いなく「人間」であろう，と答えていた。世界の中心は「人間」であると（そのときにはまだ，左手に持たされた十字架の存在には気づ

1

図表P-1　レオナルド・ダ・ヴィンチ『洗礼者ヨハネ』1513-6年頃

(レオナルド・ダ・ヴィンチ，アンドレア・デル・ヴェロッキオ，『洗礼者ヨハネ』，ルーヴル美術館所蔵．Photo © RMN-Grand Palais (musée du Louvre) / Tony Querrec / distributed by AMF-DNPartcom)

かず，それを知ったのは，後に印刷された同作品をじっくりと見返していたときであった)。

　本書はもちろん，ダ・ヴィンチに関する書ではない。しかし，神中心の中世から人間中心の近代への転換が始まるとされるルネサンス期をともに生き，親交もあったとされるルカ・パチョーリが著した『スムマ』に続き広がった近代会計の流れの中にも，ダ・ヴィンチが描き残したものと同じパースペクティヴが現れているのではないかと感じたことが，本書執筆の大きな動機である。

　絵画の視点を書物の分析視角として採用することには違和感があるかもしれないが，かつてミシェル・フーコーも『言葉と物』の冒頭で，バロック期スペインの画家ディエゴ・ベラスケスが描いた『ラス・メニーナス』(侍女たち)を登場させ，同書における分析のための視角を象徴するものとして取り上げていた。本書第3章でも触れるように，フーコーは，近代成立の過渡期に，言説空間において生じた思想史上の断絶を複数の分野に跨って読み取り，それを同作品の中に描かれた登場人物の視線と，外側から眺める鑑賞者の視線とが複雑に交差する中に照らし合わせていた。

　本書で取り上げるダ・ヴィンチの『洗礼者ヨハネ』は，絵画としての構成上からも，そのような複数の視線が交差する中に現れるような視座を提供するこ

とはできないが，自信に満ち溢れたような笑みを浮かべながら，力強くこちらを見つめる1人の登場人物の瞳の中に近代的な思考の意味を読み取り，同様の眼差しが会計実践の中に広がる様子を明らかにしてみたいと思う。

　ここでパースペクティヴとは，英語の perspective を日本語読みしたものであるが，それは，フランス語の perspective，ドイツ語の Perspektive に共通する語源，ラテン語の perspectiva に由来するものである。ラテン語 perspectiva は perspicio という動詞に基づき，「perspicio に関する科目」を意味するものであったが，その perspicio とは，per が「通って，通して，透かして，奥まで，最初から最後まで，目的を達するまで，完全に，廃れるまで」などを意味し，spicio が「見る」を意味していたことからもわかるように，「積極的に注意して見る」という意味を持つ単語であった。したがって，日本語で言う「心眼」のようなものに相当する言葉として，当初から「世界を深く理解する」という意味で用いられていた。そして，この perspectiva という単語において，最も重要な転換点が訪れたのが，絵画の作成を目的とした，遠近法の発明であった。それ以来，perspectiva が「遠近法」という意味を持つことになったのである。その後，芸術学の広がりによって遠近法が一般教養の1つとなり，フランス，ドイツ，イギリスへと渡り，パースペクティヴという今日的な意味での概念が，日常でも広く利用されるようになった（ただし，当初イタリアでは，遠近法を意味する語として perspectiva ではなく，prospettiva という単語（「遠方を見る」という意味の単語に由来する）が当てられ，現在のイタリア語でも prospettiva が遠近法を意味する単語として残っている）[1]。

　さて，この遠近法，特にその絵画作成技法に関わる一般教養として広まることになった幾何学遠近法は，観察者である人間の視点を中心に据え，そこから見える情景を等質的な空間として捉え，その中に現れる対象を平面上において視覚化しようとする方法であるが，それが，西洋絵画の歴史の中で重要な意味を持って登場したのが，ルネサンス期イタリアであった。パチョーリが，ダ・ヴィンチと親交があったことはよく知られているが，ダ・ヴィンチ以外にも，ルネサンス期イタリアにおける遠近法の成立に深く関わったとされる，ピエロ・デラ・フランチェスカやレオン・バティスタ・アルベルティなど，多様な人物とも交流があったことが伝えられている。たとえば，パチョーリの生誕地ボルゴ・サン・セポルクロと同じ町に生まれ育ち，著述家兼画家であったフ

ランチェスカは，パチョーリが少年時代にはすでに有名な人物となっており，特に遠近法に関する多くの原稿を執筆していた。パチョーリは，そのような彼の原稿の読書を出発点として，学習を開始したと言われている。また，1470年から1471年にかけて，当時25歳前後であったパチョーリは，ローマでの生活を過ごしていたが，その際に，現在にも伝わる著作を残している画家，詩人，哲学者，音楽家そして建築家でもあったアルベルティと出会い，彫刻や絵画や建築に関わる知識について，彼から直接学んでいたと言われている[2]。

　本書では，このような遠近法の考え方が，パチョーリの著作の中にどのように反映されていたのかではなく（それ自体，大変興味深いテーマではあるが），その著作を絶えず参照点としながら広まってきた会計，すなわち近代会計として捉えられてきた理論と実践の広がりの中に，その影響の跡を，さらには今なお重要な役割を果たしつつあるということの意味を，明らかにすることを試みたいと思う。

◆注
1　以上，ゴチェフスキ（2007）を参照。
2　以上，テイラー（2017）を参照。

第1章
会計の科学化とその諸問題

　本章では，会計と科学の交差について考察する。まず，近代社会における会計的思考法の起こりについて振り返り，やがてそれが学問として正統化される歴史について整理する。そこでは，一方では会計実務を科学として正統化する様子が捉えられ，他方では会計を科学的に調査する方法の整備が捉えられる。しかし，会計と科学の交差は，科学による会計の正統化という一方向のみで起こったわけではない。時代が新しくなるにつれ，ますます科学的活動が会計によって正統化される様子が観察されるようになっている。本章では，科学の発展過程において，会計的思考法が決定的な役割を果たしてきた事実を示すことによって，科学政策論において会計実践の果たす役割に注目することの重要性を指摘する。結果として，会計が科学と相互作用しながら，近代社会を構築してきた様子が捉えられることになる。

1　はじめに

　人文社会系の学問は不要なのか。2015年に，文部科学省が文系学部廃止の「通知」を出したとされ，その後新聞各紙が強い批判を展開したことは記憶に新しい。正確には，6月8日に公表された，「国立大学法人等の組織及び業務全般の見直しについて」という「通知」の中で，「特に教員養成系学部・大学院，人文社会科学系学部・大学院については18歳人口の減少や人材需要，教育研究水準の確保，国立大学としての役割等を踏まえた組織見直し計画を策定し，組織の廃止や社会的要請の高い分野への転換に積極的に取り組むよう努めることとする」という文言が含まれており，その後，「文系学部廃止」という報道が熱を帯びることになった。

　現在，大学は，政府や企業からの圧力を受け，グローバルな経済競争力の拡大という国家的目標を支えることができるような，有能な人材を育成することが求められている。近年の日本の大学改革を振り返れば，国立大学を自らの管理下に置こうとする文科省が，財界からの圧力を受けながら，各大学をより効率的に機能する組織へ変えていこうとする努力の跡を認めることができる。たとえば，2014年に実施された「ミッションの再定義」では，各大学が，各学部における人材養成の目標を自発的に設定することが求められ，ミッションに応じた教育過程や教員組織の再編成を目指すことが要請された[1]。ここから，人文・社会系，教員養成系の組織を縮小しながら，社会的要請の高い分野への転換を促すという先の「通知」へとつながることになる[2]。

　「ミッションの再定義」とは，各大学の強みや特色，社会的役割を踏まえながら組織再編を行っていくことを目指すものとされる。その概要は，グローバルな学術研究を追求するグローバル型（G型）大学と，地域ニーズに応じて職業訓練などを主眼とするローカル型（L型）大学へと，大学を二極化していこうとするものである[3]。中でも目を引いたのは，このような大学改革を推進しようとした著名な経営コンサルタントが述べていた，次のような発言であった。すなわち，「文学部ではシェイクスピアを学ぶのではなく，観光業で必要な英語や歴史・文化を学ぶ。経営学部ではマイケル・ポーターの戦略論ではなく，簿記・会計とそのソフトの使い方を。法学部は憲法，刑法でなく，宅建や大型

第二種免許を取得させる。工学部では機械工学や流体力学ではなく，トヨタで使われる最新鋭の工作機械の使い方やウェブ系プログラミング言語の習得。要するに，学問よりも実践力です[4]」。

日ごろ大学の中で会計学を講義している会計学者にとって，こうした見解を素直に喜んで受け入れることは難しい。一方で，確かに会計教育の拡充によって，自らの職業機会は増えることになるだろう。しかし他方で，氏の見解の背後には，「文系のアカデミックライン……の教授には，辞めてもらうか，職業訓練教員としての訓練，再教育を受けてもらう」[5]との発言からもわかるように，自らのアイデンティティを職業訓練教員とすることを受け入れた上で，かつて自らの学問的基盤を置いてきた文系学部の縮小という考え方があることが窺えるからである。この会計学者にとっての居心地の悪さは，同氏が，2015年6月12日に『毎日新聞』の「経済観測」に掲載していた以下のような見解の中に，より鮮明に現れている。

「文部科学相が全国の国立大学に，文科系の学部・大学院の廃止や社会的要請の高い分野への転換取り組みを求める通知を出した。まさに我が意を得たり。昨年，私が文科省の有識者会議で，世界のアカデミア（学問の世界）で戦うグローバル型（G型）大学は絞り込み，残りの大半の大学は地域社会や経済で実践的に役に立つ人材育成を主目的とするローカル型（L型）大学を目指すべきだと主張し，ネット上で炎上騒ぎを起こした議論と軌を一にしている。

ここでよく出てくるのは，『技能教育のようなすぐ役に立つことは，すぐ役に立たなくなる』という反論だ。しかし，その具体例は聞いたことがない。たとえば，私が主張した，経済・経営学科系で簿記会計技能をたたき込むことの重要性。簿記会計とは企業の活動を計量的に記述するビジネスの世界の基礎言語である。これなしに企業活動や経営について考えることは不可能なのだ。そして当然ながら，複式簿記会計の基本構造は数百年にわたり，変わっていない。すぐに役立ち，これからも長く役立つことは間違いない。

学校で教えるべき技能教育のほとんどはこの手の基礎言語力である。言語そのものである外国語だけでなく，プログラミング言語は今やITの世界でものを考える必須科目である。

インテリ有識者系の人々は，『大学の教養教育で自分の頭で考える力を鍛えよ』と言いたがる。であれば言おう，『最初に言葉ありき』だと。言語なしに人はものを考えられない。それぬきに学術教養ごっこをやってみても，おそらくずっと役に

立たない。私が若い時代に学び，あとから役に立ったことの中に，東大の教室で学んだことはほとんどない。実学的な基礎技能こそが，教養中の教養なのだ。(強調点筆者)」

　さて，このような発言を長々と引用したのは，決してその当否を問うことを意図してではなく，こうした見解の背後にあると思われる，会計に対するある特徴的な矛盾に注目するためである。すなわち，一方では，現代社会の基礎言語として，会計教育の重要性が強調され，今後ますます多くの人々がこの専門知識を習得し，その言語に基づいて活動することが称揚されている。他方で，会計学そのものが，その学問としての基盤を位置づけてきた（あるいは少なくとも学問分野の構成上その中に位置づけられてきた）文系学部の縮小あるいは廃止が言われている。言い換えれば，大学の中で社会科学としての正統性を確保し，その発展に努めてきた会計学が，その拡充の流れの中に飲み込まれ，今や自らの学問的基盤までもが飲み込まれつつあるかのようである。

　実は，こうしたテーマは，日本よりも早くから大学改革を推進してきたイギリスにおいて，会計学者マイケル・パワーが，いち早く取り上げようとしていた主題であった。パワーは，1996年に編集した『会計と科学』という書物の中で，会計が科学としての正統性を獲得しその地歩を固める傍らで，自らが基盤を置く大学あるいは科学そのものが，ますますアカウンタビリティの波に飲み込まれつつある様子を問題化しようとしていた（Power, 1996a）。パワーによれば，大学改革に見られるアカウンタビリティの進行は，何よりもこの会計による浸食に他ならない。なぜなら，現在急速に進められている大学改革，つまり大学のアカウンタビリティを問うことは，学術や研究といった活動を，広い意味での会計によって正統化する試みであると見ることができるからである。

　しかしながら，ここでしばらく立ち止まって考えてみたいことは，今や現代社会の基礎言語とまで称されるほどの信頼を獲得するようになっている，この会計の技術的な中立性，科学的な正統性，果てにはその合理性といったものを，額面通りに受け取ることができるのかという問題である。収益を上げること，コストを削減すること，また年度ごとの監査を受けることといった，およそ会計という技術に標準的に備わっているように思われる活動を，無批判に受け入れることができるのであろうか。言い換えれば，現在，なぜこれほどまでに

(反対意見を出すことが難しいほどまでに），会計という専門技術に対する信頼が大きくなっているのであろうか。会計数値の操作に関連する不祥事のたびに「会計不信」が言われるが，そこに含まれる意味合いは，会計を扱う人々に対する不信であって，経済活動の基礎言語そのものへの不信ではない。その証拠に，会計規制の強化とは，あくまでも人為性を排除する方向へと向かうばかりで，会計技術そのものの中立性や正統性，合理性といったものが疑われることはない。先に引用した見解の中にも端的に現れていたように，経済社会の基礎言語としての会計は，企業活動や経営について考える際の不可欠の知識・技術であり，その歴史は古く，複式簿記の基本構造は数百年にわたり変わっていないという見方が，その背後に窺える。つまり，そこでは会計が，これまでも，そしてこれからも長く役立つということが，決して疑われていない。

しかし，会計の歴史に少しでも触れたことのある（会計学）者であれば誰でも，過去数世紀にわたり，会計が決して合理的な基礎言語であることが自明であったわけではないこと，つまり，会計の歴史は，絶えずその正統性を獲得するための闘いであったことをよく知っている。そう，会計とは決して中立的な存在などではなく，その中に多くの政治性を含んでいる。しかしながら現在，会計に携わる多くの者にとって，こうした事実が顧みられることはほとんどない。むしろそのイメージは，無数の手続きからなる規約の集合のようなものであり，それこそがまさに基礎言語と称される所以である。しかし，会計と呼ばれる行為が，これほどまでに私たちの生活を左右するようになってきている現在，会計の政治性を，つまりそれらが決して中立的な技術などではなく，基礎言語と称しその普及を無批判に進めることの危険性を，明らかにすることが急務であろう[6]。

次節では，パワーによって切り開かれた主題「会計の科学性から，科学のアカウンタビリティまで」という論考を参考にしながら，会計が科学的な性質によって正統化されてきた過程を振り返り，会計と呼ばれる技術がいかにして基礎言語としての地歩を固めてきたのかを明らかにするところから議論を始めることにしたい。

2　会計の科学化

近代的な会計思考の起こり

　西欧文明が，なぜこれほどまでに世界的な影響力を持ちえたのかについて，多様な角度から明らかにしようとしているアルフレッド・クロスビーは[7]，1900年前後のヨーロッパにおいて広く受け入れられていた社会ダーウィニズムという仮説に，その根源を見出そうとしている。それは，「灼熱の太陽の下で重労働に従事している人種は，進化の樹形図の中でそのように運命づけられているのに対して，肌の色の薄い人種はあらゆる人種の中でも最も頭脳明晰であり，精力，感受性，美意識，道徳いずれの面においても最も優れた存在であり，彼らの文明が世界を支配するのは，それに値する人種であったからである」という見方である。現在では，このような見方は，あまりにも自民族中心主義的であるとして斥けられる傾向にあるが[8]，彼は，たとえその歴史が必然でなく偶然のものであったとしても，今日の西欧文明の影響力を可能にした科学技術の発展をもたらした原因が，その文明自らの内にあったと仮定し，その著書『現実世界の測定』（クロスビー，2003）において，西欧人の本質的な思考様式を明らかにしようとした。彼は，西欧人が「そのような思考様式のおかげで，科学と技術をすみやかに進歩させるとともに，行政・商業・航海術・製造業・軍事の各分野で決定的に重要な諸々の技術をすみやかに習得することができた」(9)と説明し，その中で，商取引の秩序立った測定を可能にした，簿記技術を高く評価していたのである。

　クロスビーによれば，10世紀前後にユーラシア大陸の中心で繁栄していたイスラム教徒の知識人にとって，キリスト教徒であった多くの西欧人，より厳密にはフランク人（中世初期にフランク王国を建設したゲルマン人の一部族）に対する評価はとても低いものであった。なぜなら，フランク人の多くが蛮族の子孫で，ヨーロッパ文化の中心から遠く離れた，ユーラシア大陸の大西洋岸に住んでいたからである。しかし16世紀にもなると，そのフランク人が，ある種の数学や，新しい機械技術の分野では，イスラム圏をも含めた全世界のいかなる集団にも優るとも劣らない存在になっていた。西欧人は，科学と技術が発展する

第1章 会計の科学化とその諸問題

最初の段階に達しており，やがてその発展が西欧文明に大きな栄光をもたらすことになったのである。では，彼らにどのような変化が起こったのであろうか。

クロスビーは，大ブリューゲルことピーテル・ブリューゲル（父）[1525頃-1569] が，1560年に制作した銅版画『節制』[9]を通じて，当時の人々の心性，つまり彼らが何に心を惹かれ，それをどのように考えていたのかについて，読み取ろうとしている。この版画では，「節制」を象徴する女性の画像を取り囲む形で，当時の進歩的な西欧人たちが，それぞれの技能を振るっている。

図表1-1　ピーテル・ブリューゲル（父）『七つの美徳：節制』1560年

（フィリップ・ハレ，ピーテル・ブリューゲル（原画），『七つの美徳：節制』，国立西洋美術館所蔵．Photo: NMWA/DNPartcom）

画面上部の中央では，天文学者が月とその近くの星の角度を測っている。その下では，地図製作者が，地球上の二点間の距離を測っている。地球の下方右側では，コンパス，直角定規，測量器具と，それを使う人物が描かれている。画面の上方右側には，マスケット銃や石弓，大砲など，当時の最新の軍事技術が結集した武器が描かれている。そのすぐ下には，5人の人物が傍らに置かれた大きな本（おそらく聖書）の内容について議論する様子が描かれており，彼

らのさらに下では，教師が子供たちに文字の読み方を教えている。画面左手では，音楽に興じる人々が描かれており，複数の歌い手が楽譜を見ながら歌い，またオルガンやサックバット，コルネットなどの楽器を演奏する者が楽譜を眺めている様子が描かれている。そして，画面左下では，人々が一心不乱に計算に取り組む様子が描かれている。1人の商人が万物の尺度であるお金を勘定しており，別の者が計算結果を書き留めている様子が窺える。そして画面の中央には，「節制」を象徴する女性が描かれており，彼女の左手には知恵のシンボルである眼鏡が，右手には自制を象徴する手綱が持たされ，この手綱は口にくわえた轡（くつばみ）へとつながっている。胴には賢さの象徴である蛇を巻き付け，その足元では，中世ヨーロッパの動力技術に大きな貢献をした風車の翼を踏む様子が見える。最後に，画面の中心には，彼女が頭に戴いた機械時計が描かれている。機械時計は，当時のあらゆる計量装置の中で，ヨーロッパ社会の性格を最も明確に表すものであった。

　このように，1560年当時の西欧の都市住民の心を捉えた事物を寄せ集めたブリューゲルの『節制』は，一見雑然とした様相を呈しているが，クロスビーによれば，そこに一貫しているテーマは，「秩序を求める切実な欲求」である。登場する人物の多くは，何らかの形で，現実世界の素材を均質な単位――たとえば，マイル，角度，文字，ギルダー，時間，音符など――の集合体として，視覚的に表現する作業に従事している。すなわち，「ルネサンス期の西ヨーロッパ社会は，現実世界のできるだけ多くの要素を，同時に視覚的に認知するという方向を選択した。こうした姿勢は，ルネサンス期のみならず，その後数世紀にわたり，西洋文化の際立った特徴を形成していくことになる」（クロスビー，2003，25）。そして，クロスビーは，このように現実世界を視覚的に捉えることを象徴するものの1つとして，簿記技術を取り上げていたのである。

　中世後期からルネサンス期にかけての西欧の商人たちは，次第に複雑化する商取引の中で暮らしていた。当時の商人が扱う商品の品目はすでに多様であり，その量も金額も増える一方で，彼らは投下した資金の失敗に備え，リスクを分散するために共同で事業を行うようにもなっていた。また交通面では船やラバの隊列がヨーロッパ各地の都市を網の目のように繋ぎ，アジアやアフリカとの交易も増大し，16世紀には，アメリカとの交易も始まった。商取引が増大するにつれ，大商人たちは大規模な市が開かれるときにも本拠地にとどまり，パー

第 1 章　会計の科学化とその諸問題

トナーや代理人を通じて取引をさせることも行われていた。またそこでは，為替手形や約束手形などの信用取引も行われ，生産や納品に先立って対価を支払うケースも生じていた。さらに，通貨と為替手形の相対的な価値の変動も大きく，支払という行為そのものも絶えずその変動の影響を受けることとなった。これらすべての取引を記憶に頼りながら処理することは難しく，このように嵐のように進行する商取引を把握するために，一部の商人が帳簿をつけることによってあらゆる取引を正確に記録しようと努め始めたことは想像に難くない[10]。

よく知られているように，1300年頃にイタリアの商人の一部の者が，今日複式簿記として知られている簿記技術の原型を用い始めたのは，このような時代背景のもとであった。現在わかっていることは，14世紀初頭にシャンパーニュの市に派遣されていたフィレンツェの銀行の代理人リニエリ・フィニーと，フランス南部ニームを拠点に活動していたトスカーナの商人たちが，資産と負債を別の冊に分けて帳簿をつけていたことである。これらは簿記技術の発展の第一歩であり，その後，専門用語や略語が次々と作り出され，今日の複式簿記技術にとって不可欠とされている形式が，次第に整えられていくことになる[11]。

したがって，しばしば複式簿記の父と称されるルカ・パチョーリが，決して複式簿記の発明者ではないことは明白である。先に見たように，複式簿記の原型が用いられ始めたのは，少なくとも彼が生まれる100年以上も前からであった。しかし，複式簿記の知識と印刷技術とを結びつけ，いち早く印刷物の形で複式簿記を解説しようとしたのがパチョーリであったことは確かである。彼は，イタリアの指導的な数学者の１人であり，数学を学びたいと思う読者を対象に，純粋数学と商業数学の実用的な入門書として作成されたのが『算術・幾何学・比および比例全書（スムマ）』（1494年）であり，その一節で簿記法を論じた『計算および記録詳論』は，本体とは別に単体でも各国語に訳され，その後の簿記技術の広がりに大きな役割を果たすことになった。

クロスビーは，このようにして普及してきた複式簿記技術を，次のように高く評価する。すなわち，過去数世紀にわたり，簿記は，哲学や科学の分野で生まれたいかなる業績よりも，人々が現実世界を認識する枠組みを形成することに貢献してきたと。たとえば，ごく限られた数の人々が，デカルトやカント，モンテーニュやガリレオの著作に思いを巡らせている間に，何百万人もの熱心な人々が几帳面に帳簿をつけてきたのである。そうして彼らは，やがて帳簿に

適合するような形で，世界を解釈し始めるようになり，「簿記法は，日々実践されることによって，私たちの思考様式に強大かつ広範な影響を及ぼしてきた」(クロスビー，2003, 278) と，結論づけている。

会計数値の合理化とその科学性

さて，このような思考様式を近代的な合理性の発現と見なし，その合理性が具体化した技術として会計を取り上げ，資本主義の発展過程の中に当該技術を位置づけようとする，その後の経済史（特に会計史）研究に，重要な影響を与えることになったのが，マックス・ウェーバーによる次のような一節であった。「今日の資本主義が存在することの最も一般的な前提条件は，合理的に資本を計算できる会計が，日々の生活に必要な商品を提供することに関心を持つすべての巨大企業にとっての標準的な手法として存在していることである」(Weber, 1927, 276)。さらにウェーバーは，「合理的な資本主義組織は，資本を計算できる会計を備えた組織であり，それは，近代的な簿記技術や素晴らしいバランス勘定（balance）を通じて，利益を獲得する能力を計算できる組織である」(Weber, 1927, 275) とも述べており，そこでは会計が単なるビジネスのテクニックなどではなく，計算的性質を帯びた合理性が広まりつつあることの例証として捉えられていたことがわかる。確かに，「資本」というカテゴリーは，会計を通じて正確に計算することの結果として現れ，そのような世界観なくしては，その概念も存在しえなかったようにも思える。ヴェルナー・ゾンバルトは，このようなウェーバーの見解をさらに押し進め，特に複式簿記という技術に基づく計算能力が，近代的な資本主義の発展をもたらした経済人にとって，不可欠の要素であったと主張している[12]。ゾンバルトは，近代経済人の精神史を記述する中で，「世界を数字の中に解消し，これらの数字を，収入と支出の手のこんだ組織にまとめあげる性向，習慣，あるいはまた能力」(ゾンバルト，2016, 196) を「計算能力」と定義し，ルカ・パチョーリによって理論的に完成した複式簿記が現れ始めた資本主義の台頭期には，イタリアを中心にさかんにこの種の計算が行われており，帳簿をつけ計算することが，「『市民的』企業家の本質的な業務の一つとなった」(199) と述べていたのである。

こうしたウェーバーやゾンバルトらの主張の弱点は，ここで繰り返して取り上げるまでもなく，会計学の領域ではすでによく知られている。会計史家バジ

ル・ヤーメイが提示したように，実際には複式簿記は，彼らが想定していたほどには利用されていなかった。ヤーメイは，16世紀から19世紀にかけての会計記録を調べながら，複式簿記という技術が，他の帳簿記録方法に比べ，特に重用されていたという事実はなかったと述べている（Yamey, 1964）。たとえば，勘定を締切ることによって残高を計算するといった行為は，決して定期的あるいは頻繁に行われていたわけではなく，元帳を整理する際や，新しい元帳へ移行する際など，帳簿そのものの特性からくる必要性に応じて行われており，「通常の経営活動において，計算や数量化が，記録の利用に比べ，それほど重要視されてはいなかった」（122）事実を明らかにしている。また，もし彼らがそのような数値による抽象化に頼っていたならば，「さまざまな事象や財産についてのより詳細な知識を手放すことになり，（結果として）過度に単純化され，またおそらく歪曲もされていたであろう会計記録を通じて，現実の複雑な細部を見なければならなかったであろう」（123）。つまり，当時の多くの商人たちは，自身のビジネスについてより深く精通しており，緻密な計算に基づいて彼らの業務がもたらす利益の大きさを提供するような技術を，必ずしも必要としていたわけではなかったのである。したがって，いずれにしても複式簿記が，資本主義の精神を発展させるための不可欠な要素であったと言うことはできないと主張したのである（132）。それではなぜ，上で例示したように，体系的な簿記会計が，資本主義の生成や発展における本質的な条件であると見なされたのであろうか。この点につき，ヤーメイは，別の論文において，次のように述べている。

　「科学的な簿記は，資本主義の生成や発展の原因，あるいは少なくともその前提条件であったという見方には，何らかの権威性がある。体系的な簿記技術と資本主義の発展を結びつけようとするこの命題は，簿記が，その初期から，特定の方法で特定の目的のために利用されていたということ，また経済生活を合理化し秩序化する効果を有していたということ，を暗に意味している。」（Yamey, 1949, 100）

　ここでヤーメイは，簿記の存在意義を正統化しようとする向きの中には，それを科学的なものと見なそうとする意図が含まれていたことを示唆しているが，簿記という技術を正統化するために科学へ訴えようとする傾向は，この例に限

られたことではなく、それを標準化し広く普及させようとする過程においても、また1つの学問領域あるいは研究領域として形成しようとする過程においても、しばしば見られた現象であった[13]。

たとえば、アメリカにおける会計専門職業家の形成過程を研究している経済史家ポール・ミランティは、1890年代のアメリカにおいて、会計を単なる帳簿記録係という技術屋から、広く社会に認知された専門職業家へと押し上げることに尽力したチャールズ・ワルド・ハスキンスという人物が[14]、当時「科学的会計」という概念を広めようとしていた様子を捉えている。アメリカに「公認会計士」という専門職業家が正式に登場したのは1896年であったが、ミランティはその前夜、イギリスの勅許会計士がアメリカ国内での活動拠点を求めて1886年に創設したAAPA（American Association of Public Accountants）[15]と、アメリカ在住の多様な会計家（public accountant）やビジネスマンらによって形成されたNYIA（New York Institute of Accountants）[16]との間の、会計の性質を巡るさまざまな政治的衝突を描いている。その後者のNYIAを率いていた3人の著名なアメリカ人の内の1人であったハスキンスは[17]、NYIAの求心力を高めるために、商業、貿易、金融に共通する土台として「科学的な会計」という概念を熱心に唱えていたのである。その意図は、以下の彼自身の見解の中にはっきりと現れている。

「会計は……1つの科学であり、これまで想定されてきたような、近似手段のための規則の寄せ集めなどではない。真の会計家は、数学的正確さをもって、企業の財政状態を解き明かす。したがって会計は、ヨーロッパのパン職人のジャックナイフや測量棒のもとであれ、チェック柄の服を着たノルマン系イギリス人の計算機のもとであれ、あるいはイタリア政府による三記式簿記（logismography）のもとであれ、1つの科学である。会計は……使用者の置かれた状況を記録し、それによって所有者——国家であれ、自治体であれ、会社であれ、政治団体であれ、個人であれ——が、自らの財政状態がどのようになっているのかを知ることができる。この会計という科学を通じて、近代ビジネスが発展し、若くたくましい私たちの専門職が生まれたのである。」（ハスキンスの言葉。Miranti, 1988, 365より引用）

先ほどのウェーバーやゾンバルトにも通じる、このような会計という専門知識に対する称賛の念が、地方政府の効率化を目指して設置された全国自治体改

革連盟(National Civil Service Reform League)において自治体会計を考案したり,ニューヨーク大学においてスクール・オブ・コマース・アカウント・アンド・ファイナンスを創設したりすることへと,ハスキンスを駆り立てることになった[18]。当初ブルックリン工科大学(Brooklyn Polytechnic Institute)において工学者としての教育を受けていたハスキンスは,会計を統計の派生的領域のように考え,物理学や工学が自然的世界を秩序化するのとまさに同じように,社会的世界を秩序化することのできる高度な専門知識であるとして,科学的な性質を備えた会計に魅了されていくことになったのであった(Miranti, 1988, 365)[19]。

このような会計の科学化を全面的に推し進め,現在の会計学の形成にも大きな影響を残しているのが,後の会計学者ロバート・スターリングである。物理学や科学史に造詣の深かったスターリングは,1979年の著書『会計という科学を求めて』の中で,科学の主たる目的とは経験的現象を説明し予測するための一般原理を法則と理論を通じて樹立することであり,これこそ会計が掲げるべき目的であるとして,次のように述べていた。

「会計を科学として再定義すべきであり,これについて,科学の主たる目的こそを採択すべきである。財務諸表によって,経験的現象についての記述と説明が与えられるべきである。また,これらの現象を(科学的意味において)予測することを可能とする法則と理論を探求すべきである。」(スターリング,1995, 17)

スターリングは,物理と会計のそれぞれの専門家に同じ内容の質問票調査を行い[20],「物理専門家は観察する訓練をされているのに対して,会計専門家は計算する訓練をされていること」「物理学における計算は中間製品であり,アウトプットである数値は観察と比較されなければならないのに対し,会計における数値は最終製品であること」「物理専門家は『仮説』のために計算し,その計算を観察と比較することによって『テスト』するのに対し,会計専門家はしばしば『慣行』に基づいて計算し,その計算を書類検査や再計算によって『テスト』すること」(スターリング,1995, 8-9)という違いを明らかにした。そして,「一般に,物理専門家は計算と観察を比較することに固執するのに対して,会計専門家は計算することに満足する」と指摘し,「会計数値はなんら

の現象も表現しておらず，その数値に現象を表現させるか否かは選択の問題である」(スターリング, 1995, 22) と主張したのである。

その一例として，スターリングは，それまで会計学において大きな争点とされてきた，減価償却の問題を取り上げている。減価償却とは，時間の経過に伴って生じる資産価値の下落を評価しようとするものであるが，スターリングは，その手続きが，慣習的に，測定の問題ではなく配分の問題として考えられてきたことを問題視していた。すなわち，歴史的原価，取替原価，将来キャッシュインフローの割引現在価値のいずれで評価するにせよ，それらは測定ではなく配分思考に基づくものであり，このような慣習的な思考を改め，何らかの種類の現実を測定するという目的を採用しさえすれば，経験的テストを実施するという比較的簡単な操作によって，減価償却費を巡る論争に終止符を打つことができるとの見解を示したのである (スターリング, 1995, 101)。そして，その具体的な評価方法として，「即時売却価額」(ある資産を即時に売却した場合に得られる貨幣額。つまり時価である) の採用を提唱している。たとえば，自動車の減価償却費の評価を考える場合，中古車市場における同じ種類の自動車の交換価格を観察することによって，当該資産価値の下落分を検証可能な形で決定することができるとする[21]。こうしてスターリングは，会計にとって測定可能な属性とは何であるのかを規定することを試み，経験的に検証可能な対象を表示するような数値を報告することが会計の基本的な目的でなければならないと主張したのである[22]。

このような主張を行う背景には，スターリングによる次のような問題意識があった。すなわち，会計を何らかの原価配分のための過程と定義し続ける限り，会計というものが「選ばれた少数の特定の個人の特異性」(すなわち，FASBやSECなどの基準設定機関を構成するメンバーと，彼らを支持する有力な企業経営者や会計士) に依存し続けていくことになる。しかし，もし会計の目的を再定義し，何らかの測定可能な属性を会計の対象とすれば，会計上の命題は，すべての者によって繰り返し検証可能なものとなるだろう。このような検証可能性を導入することによって，答えの見えない議論 (たとえば，歴史的原価を採用すべきか，それとも取替原価を採用すべきかなど) を永遠に続けることなく，それを解決することが可能となる。つまり，「立法府や裁判所に訴えるのではなく，科学的な検証に訴えることによって，議論に裁決を下すことができるのであ

る」(スターリング, 1995, 120)。こうして, 会計を科学とするためには, 何よりもまず, 測定可能な属性を会計処理の対象とすることを決意しなければならないと主張したのであった[23]。

会計リサーチの科学性

　会計実務の地位や会計測定の性質についてのこうした議論は, 会計の理論化における特徴的な伝統を構成しており, その伝統は, 会計実務家の関心や願望に関連するものであった。しかし, これらの実務に根差した理論を周辺の地位へ追いやろうとする新しい展開が起こっており, それによって会計研究の目的も大きく変わってきた。これは, 社会科学において「経験的転回」(empirical turn) と言われるものであり, いわゆる会計の「実証主義」リサーチやその関連領域の起こりがその一例である。この経験的転回の起源と発展を厳密に歴史的文脈の中に位置づけることは難しいが, 少なくとも会計の領域においては, 科学性への問いが, 一次的な会計実務についての関心から離れつつあることがはっきりとしてきた。実務を説明するための定量的プログラムの出現が, 科学性を, 実務からリサーチへと取り替えてきたのである。科学性はもはや, 会計実務家ではなく, 成長しつつある調査家集団 (researchers) にとっての正統性の問題である。こうした転換を可能にした条件についてはいろいろなことが考えられうるが, その１つは資本市場の価格データの入手を容易にする情報技術の進展であろう。これらのデータベースによって, 調査家は会計情報の影響についての経験的研究を行うことが可能になったのである。

　社会科学を通じて, 方法についてのメタ議論は, 自然科学と同様に, 哲学におけるメタ議論から借用されてきた。会計リサーチの最近の歴史はこのことをよく反映している。会計リサーチにとってのハンドブックである『実証主義会計理論』(Watts and Zimmerman, 1986) は, たとえ粗野なものであるとしても, 科学的とはどういうことであるのかについての見解によって支えられている。その著者であるロス・ワッツとジェロルド・ジマーマンによれば, 19世紀の終わりから20世紀の初めにかけての会計学者は, 主として観察される実務の描写と, その実務を体系的に説明するという教育上の目的に関わっていた。しかし, 1929年の大恐慌への対応として制定された1933年の証券法および1934年の証券取引所法が, 証券取引所上場会社の情報開示を規制したことや, 証券取引委員

会（SEC）の設立を受け，会計学者の関心は，会社がいかに報告すべきかを規定することに集中してきた。たとえば，年数が経過した資産を取替原価で評価すべきか，それとも時価で評価すべきか，といった資産評価基準に関する論争が中心であった。その中で，会計学者は政策の勧告に関わるようになり，会計理論が規範的な色彩を持ち始め，その結果どのような方法が選択されるべきかという問題意識に傾斜していくことになった。そこでは，その規範的理論に基づいて規定された事項が依拠している多様な仮説の妥当性を実証するという関心が持たれることはなく，当時の会計学者は，会計の性質や役割および異なる手続きが株価に及ぼす影響などは自明の理であると考えていたのである（Watts and Zimmerman, 1986, 4-5）。

このような会計学の動向に対して，ワッツとジマーマンは，会計理論の目的は次のようにあるべきだと述べている。

「会計理論の目的は，会計実務を説明し予測することである。……説明とは，観察される実務について理由を述べることを意味している。たとえば，ある会社が，棚卸資産評価について先入先出法ではなく後入先出法を用いるのはなぜかということを，会計理論は説明できなければならない。会計実務の予測とは，その理論に基づいていまだ観察されていない会計現象を予測することを意味している。……たとえば，後入先出法を採用する会社の属性と先入先出法を採用する会社の属性とを対比する仮説を，会計理論に基づいて提示することができよう。……理論に関する上記のような観点は，明示的にも暗示的にも，経済学における多くの実証研究に基づいている。それはまた科学における理論の観点でもある。」（Watts and Zimmerman, 1986, 2）

彼らは，科学を意識した理論についてのこのような観点から，実証的命題と規範的命題を注意深く識別することを要求する。そこで，実証的命題とは「AならばBである」という形をとり，実証可能なものが意味されている。たとえば，「会社が先入先出法から後入先出法に変更し，株式市場がその変更を予期していなかったとすれば，株価は上昇するだろう」という命題は，証拠を提示することによって実証することが可能な命題である。それに対し，規範的命題とは，「…すべきである」という形をとり，実証不可能なものである。たとえば，「価格が上昇しているので後入先出法が採択されるべきである」という命

題は,これだけでは実証不可能であり,規範的命題となる。しかし,何らかの目的が与えられれば,これらの命題は実証可能なものとなる。たとえば,「もし価格が上昇していれば,後入先出法の選択は会社の価値を最大にするだろう」という命題であれば,証拠によって否定することが可能となる(Watts and Zimmerman, 1986, 9)。そして,実証的命題をこのように定義した上で,それらの命題の検証を行うことが推奨されることになる。具体的には,調査対象となる現象を分析し理解するために,基本的な理論的前提(たとえば,効率的市場仮説,エージェンシー理論など)を設定し,その前提から予測事項として何らかの仮説が導き出され,収集されたデータをもとにその仮説が検証されるのである[24]。このように,彼らの見解によれば,会計理論家はもはや,「より良い」会計,すなわち経験的な関心のほとんどない規範的研究に興味を持ってはいけないとされる。会計理論家の役割は,新しい実務を発見すると同時に,その説明と予測を行うことである。こうして,従来からの実務に根差した会計学者と,新しく登場した会計リサーチ集団との間に,会計理論に対する大きなギャップが生まれることになったのである。

　ここでのんきな観察者であれば,これらの展開を,硬い科学の支えによって会計の学問としての基盤が固まったことの証拠と見なすかもしれない。概念フレームワークのプロジェクトを例に出すまでもなく,会計学は常にその知的基盤を追い求めてきた。しかしながら,科学的会計についての一次的関心や,リサーチ方法論への二次的な関心は,それが本当に科学であるのか否かについての厳密な議論に耐えうるほどの内容を備えてはいない。そのため,会計学における方法論に関する議論は,その知的信頼性を実演するために,会計学者に科学と戯れる口実を提供してきたに過ぎない。しかし,科学のイメージを帯びた会計の魅力について,これだけの話であれば,私たちの物語はここで終わることになる。それは,古くからある科学の権威性の広がりについての物語となり,ただその伝統的な知的領域に新たな1ページを追加したに過ぎない。しかしながら現実は,(いつものように)より複雑である。現在の私たちは,むしろ会計の権威性が科学の権威性に取って代わるかのような,つまり会計が,伝統的な知的領域である科学の存在基盤に決定的な影響を与えうるかのような現象を,日増しに観察できるようになっている。本章の冒頭で取り上げた大学改革も,そのような現象の一例である。次節では,強い科学によって会計を補強するの

ではなく，むしろ会計によって科学を正統化するかのような，興味深い現象に注意を傾けてみよう。

3　会計による科学の正統化

　近年，公共サービスに対するアカウンタビリティの要求が拡大するにつれて，科学，特に巨大科学が，精査の対象となりつつある。そこでは，こうした要求が，ますます会計の言語によって形作られるようになっている。たとえば，第5章で見ることになるように，アメリカでは，この科学に対するアカウンタビリティの要求が，科学活動における不正行為への注目の高まりと，科学の公的な任務としての信頼回復の必要性の高まりによって助長されてきた。そこでは「データ監査」と呼ばれるような取り組みが現れ，科学的調査の基礎となるデータの正しさについて精査されるとともに，科学的調査そのもののアカウンタビリティを主題とするジャーナルも創刊され，科学的不正行為についての研究が蓄積されつつある[25]。科学知識が生産される過程において特に重要な品質管理メカニズムとして位置づけられているピア・レビューの役割がますます誇張されるようになりつつあるのは，このような背景のもとであり，そこでは，科学知識の内容ではなく，個々の科学者の研究活動に関わる行為が事細かに監視されるような，異様な光景が指摘されている[26]。このような官僚的階層性の出現とともに，それらの監視システムをクリエイティブに回避しようとする動機が働くのは，財務・非財務を問わず，監査という実践の性質そのものの内に備わったものであるとまで，言われ始めている[27]。

　このような動きの背後には，それまで一部の科学者に委ねられてきた科学知識の生産過程をより開かれたものへと変えていこうとする意図がある。そこでは，科学知識の存在意義が，それを専門としない外部者の視線を交えることによって，改めて考え直されようとしている。こうした変化は，科学技術史や科学技術社会論という学問領域の中で，単に新しい方法論的視点が1つ追加されたというようなものではない[28]。そこでは，知識生産の実践的側面，つまり知識が生成される現場が注目されることによって，科学そのものが新しく管理され直そうとしているのである。そうして，科学に対するアカウンタビリティの

要求が拡大するにつれて,それらの要求がますます会計の言語によって形作られ,そこに会計専門知識が深く関わっているという事実こそが,ここでの論点である。たとえば,このような運動の標語として知られている「科学の公衆理解（Public Understanding of Science）」イニシアチブは,この新しい形態のパブリック・アカウンタビリティにおいて,科学とその「利害関係者」とのバランスを再考する要求を反映したものである[29]。そこでは,科学を専門としない外部者の視線が交えられながら,科学知識の存在意義が問い直されるようになっている。そこでの分析の焦点は,科学の社会的文脈,つまり科学が社会とどのように相互作用しているのかである。

科学的認知における会計的思考

　科学がいかに会計の影響を受けてきたのかという論点は,実際には,これまでにも繰り返し研究されてきた主題である。たとえば,科学社会学者マイルズ・ジャクソンは,ドイツの文豪ゲーテによる自然科学思想の中に,会計,特に予算概念による影響が見られることを指摘している（Jackson, 1996）。一般的に,古典的なドイツ文学を代表する文豪として知られているゲーテが,実は自然科学にも造詣が深く,当時独自の自然観を持っていたこと,また彼の文学もそのような自然観の影響を大いに受けて書かれたものであったことは,すでによく知られるようになっている[30]。会計学の世界でゲーテと言えば,しばしば複式簿記を賛美した人物として紹介されてきたが[31],ジャクソンは,その典拠となっている『ヴィルヘルム・マイスターの修業時代』（1795）が書かれた時代は,ゲーテ本人が行政管理活動と同時に自然科学的探究に,積極的に取り組んでいた時代であった点に注目している。

　1779年9月5日にゲーテが枢密院顧問として迎え入れられる以前のワイマール公国は,経済的に脆弱であり,いまだ発展途上にある共同体であった。当時,すでに発展していたフランクフルトやライプチヒではマニュファクチュアが産業の中心であったが,ワイマール経済はいまだ職人や農民に依存したものであった。ゲーテは,ワイマールの宮廷に入廷した1775年11月から,1786年にイタリアへと旅立つまでの期間,主として同公国の財政状態を健全化するという任務を引き受け,そこで積極的な役割を果たすことになる。たとえば,1777年2月にはイルメナウ鉱山の顧問に任命され,そこで鉱山業の事業化を推進し,

各地からの投資を呼び込むことに成功した。また，1779年1月には交通委員会の顧問として任命され，そこではワイマールを中心に各都市を結ぶ道路を次々と建設し，国内外の交易を活性化することにも成功した（Jackson, 1996, 60-1）。ジャクソンによれば，その当時のゲーテの特徴的な思想が，「自然とは完全な経済である」というものであり，あたかも自然が自らを管理するのと同じように，同公国の経済を効率的に管理することを目指していたという。そしてそのような中で考案されたのが，生物学において「形態学」（morphology）として知られるようになった概念であった（64）。

当時ヨーロッパでは機械論的思考が流行し始めており，生物学においてもその影響を受け，自然の秩序を機械と同一視するような見方が広がっていた。しかしながらゲーテは，このように生物に関わる現象を物理学的な要素へと還元しようとする分析的なアプローチに激しく反対し，むしろ有機的な法（organic law）が自然の秩序を支配していると考えたのである[32]。ここで，ゲーテの言うこの有機主義（organicism）とは，互いに対立する極性を念頭に置き，自然を，その互いに対立する力の統一体（unity）として捉えようとする見方である。つまり，自然とは，互いに対立する力をバランスするものと見なされていたのである。たとえばゲーテは「他の部分が何かを犠牲にすることなしに，ある部分が何かを得ることはできない」（ゲーテの言葉。Jackson, 1996, 68より引用）と述べ，有機体が互いに補償し合う作用を捉えている[33]。ジャクソンは，ゲーテによる次のような発言を引用しながら，こうした自然観の中に，会計における収支バランスという思考が反映されていたと主張している。

「ある部分により多くの力を向けようとすれば，同時にそれと同等の力を他の部分から取り除かない限り，それを達成することはできない。このようにして自然は，決して債務超過になることもなければ，倒産することもない。」（ゲーテの言葉。Jackson, 1996, 68より引用）

ここでは自然の複雑な関係性や固有の秩序を描写する上で，会計に関わる概念が重要な思考枠組みとなっている様子が指摘されている。ジャクソンによれば，ゲーテがこのような自然観に行き着いたのは，彼が同公国の要職に就きその財政健全化を図っていた頃であったが，その頃から見られる彼の膨大な量の

地質学に関する記録の中には，イルメナウ鉱山の事業化を達成するための詳細な予算概念が溢れていたという。たとえば，「地中から何らかの資源を取り出せば，その分自然の均衡は崩され，また，そうした資源から得られた利益は，採掘に必要な機械にかかるコストや，採掘を原因として起こる水災害によってすぐさま相殺されることになる」(Jackson, 1996, 73) という，ゲーテによる経済的に閉じた自然観では，予算がその閉じた自己均衡的な資源のフローを可視化するための道具として用いられている様子が窺えると分析している[34]。

技術革新における会計計算

このようなジャクソンによる議論は，会計が科学的な認知構造に影響していることを論じたものであったが[35]，科学的知識をより具体化した科学技術の革新に，会計が及ぼす影響を明らかにしようとしている研究もある。たとえば，科学社会学者トーマス・ヒューズ (Hughes, 1979) は，一般に発明家として知られているトーマス・エジソンが数々の技術革新を成し遂げた際，そこに会計を通じた経済計算が決定的な影響を与えていた様子を，彼が残した200冊以上の研究ノートを紐解きながら明らかにしている[36]。そのノートによれば，1876年に彼が実験室を設立するためにメンロ・パークへと移動したとき，そこには実験器具，科学装置，電気装備を扱う科学者や機械工だけでなく，当該実験室の運営に関わる金融問題，政治問題，ビジネス問題を扱うスタッフからなる階層構造が敷かれていた。これらの多様な能力の利用可能性から，彼が抱いていた技術というものに対するイメージの範囲がいかに広いものであったのかを窺い知ることができる。ヒューズは，その中でも特に金融の専門家であったローリー (G. Lowrey) という人物が果たした役割に注目している。ローリーは，法律，ビジネス，金融に関する専門家であり，エジソンに電球の開発を後押しした１人でもあった。彼は，ニューヨークの金融街に強いパイプを持ち，旧知の仲であったイタリアの金融家ファブリ (E. P. Fabbri) や，そのパートナーであったモルガン (J. P. Morgan) から，エジソンの開発事業のために資金を調達することに成功したのである (Hughes, 1979, 131)。このようにエジソンによる技術革新は，当該実験室における多様な人材によって成し遂げられたわけであるが，ヒューズによれば，このエジソンのシステマティックなアプローチが最もよく表れていたのが，白熱灯技術の開発であった。その中でエジソンは，

当該技術革新を，経済とは切っても切れない関係にあるものとして捉えていたのである (132)。

図表1-2は，ニューヨーク市の「パールストリート」への設置が予定されていた電灯10,000個にかかるコストの見積表である。設備投資から人件費，原材料費に至るまで，緻密なコストの計算がなされており，さらには出資者に対する配当金額まで計算されていた。ヒューズによれば，このような経済計算は，一般的に広く認識されているフィラメントの発見努力と同様に，エジソンによる電灯開発における重要な構成要素であった。事実，フィラメントの探求は，このようなコスト計算の結果を決定的な条件としていたのである。よく知られているように，エジソンは，白熱灯の開発に際し，当時すでに実装されていた低抵抗のフィラメントに代えてより高抵抗なフィラメントの素材を探求したが，この彼の意思決定の背景には，こうした緻密なコスト分析があったのである。その見積表の中で最も高額な項目は，電導線に対する設備投資である ($57,000)。その内訳は，銅線 ($27,000)，それを包含するパイプ ($25,000)，および緩衝材 ($5,000) であり，当時エジソンは，特にこの銅線の断面積と長さを縮小することによって，銅の原材料費を抑えることを目標としていた。まず，長さを抑えるために，彼は人口が密集した都市部に設置することを選択した。次に，断面積を小さくするために，次のような計算を行い，結果として高抵抗のフィラメントの発見を目指すことになった。すなわち，①当時競合製品であったガス灯と同程度の燭光を放つ電灯を提供するためには，およそ100ワットの電力を供給する必要がある。②電力公式「電力＝電圧×電流」より，①を前提に，銅線断面積の縮小化という条件を加えた場合，電圧を上げ電流を下げる必要がある。③オームの法則「電圧＝抵抗×電流」より，電圧を上げ電流を下げるためには，抵抗を上げる必要がある。事実，エジソンは，「私たちの分析では，ガス灯と商業的に競争できるためには，電灯は少なくとも100オームの抵抗が無ければならない」（エジソンの言葉。Hughes, 1979, 137より引用）と述べており，ここではっきりと，彼の頭の中では経済的思考と科学的思考が交差していたことを読み取ることができる。こうしてヒューズは，「エジソンが電灯システムを発明し開発した方法は，経済と，技術（特に実験）と，科学を，混ぜ合わせたものであった。彼の研究ノートには，経済計算が，数々の実験データ報告と混ぜ合わされた跡があり，そしてその中に，科学的思考に

第1章　会計の科学化とその諸問題

図表 1-2　エジソンによるセントラルステーション型ランプ（1万個）にかかるコストの見積表

				減価償却	
設備投資：					
電力供給棟		$	8,500	2%	$　　170
ボイラー及び関連設備			30,180	10%	3,018
蒸気機関及び発電機			48,000	3%	1,440
補助電気装置			2,000	2%	40
電導線			57,000	2%	1,140
計器			5,000	5%	250
合計		$	150,680	$	6,058

操業費及びその他費用：
　労務費（日当）
　　主任技術者　　　　　　　$　　5.00
　　補助技術者　　　　　　　　　　3.00
　　機械清掃者　　　　　　　　　　1.50
　　主要機関士　　　　　　　　　　2.25
　　補助機関士　　　　　　　　　　1.75
　　主任電圧制御担当者　　　　　　2.25
　　補助電圧制御担当者　　　　　　1.75
　　助手（2人）　　　　　　　　　 3.00
　　合計　　　　　　　　　　$　 20.50

　労務費（年間）　　　　　　$　7,482
　その他費用：
　　役員給与（年間）　　　　$　4,000
　　家賃，保険費用，税金　　　　7,000
　　減価償却費　　　　　　　　　6,058
　　石炭（年間）　　　　　　　　8,212　*1
　　石油，廃棄物及び水　　　　　2,737　*2
　　ランプ　　　　　　　　　　10,500　*3
　　合計　　　　　　　　　$　45,989

ランプ10,000個設置から得られる最低見積収益　　　　　$　136,875　*4
　　　　　　　　　　　　　　　支出　　　　　　　　　－　45,989
　　　　　　　　　　　　　　　　　　　　　　　　　　$　 90,886　*5

* 1）石炭価格は，1トン当たり$2.80。過去の実験調査より，当該蒸気機関及び発電機利用時1馬力当たり，16燭光白熱灯8個に電力供給が可能。したがって，10,000個の電灯に対し，およそ1,200馬力が必要となる。また石炭消費量は，1時間1馬力当たり3ポンド消費。この条件のもと，1日5時間操業した場合の見積額。
* 2）石炭の3分の1とした場合の見積額。
* 3）当該セントラルステーションは電灯30,000個を設置し，年間1個当たり¢35で操業。
* 4）15燭光のガス灯10,000個を1日5時間利用した場合，250,000立方フィートのガスを消費。ガス会社は顧客に対し，1,000立方フィート当たり$1.50を徴収。これをすべて電灯に置き換えた場合の年間の見積額。
* 5）資金調達は，設備投資額の2倍が予定されており，利回りはおよそ30%になると試算されている。

（出所：『メンロ・パーク研究ノート』No. 120（1880）。Hughes, 1979, 134より加筆修正のうえ引用）

基づいた推論や仮説立案が見られる。まさにその網目はシームレスである」(Hughes, 1979, 135) と主張している[37]。

工学概念と会計概念の相互作用

ヒューズが取り上げていたメンロ・パークの実験室の事例では、発明家＝企業家としてのエジソンが、電気工学や機械工学の専門家や、電灯の開発に関わる金融、政治、ビジネスの問題を専門的に扱うスタッフを適切にコーディネイトする様子が示され、その背後には、会計から技術革新への影響という方向性が暗に意図されていたが、対照的に産業技術史家デイヴィッド・ノーブル(Noble, 1977) は、エジソン以降増えてきたエンジニア＝企業管理者の役割の中に、工学概念が社会実践へと拡張していく傾向を読み取り、結果として会計が科学と相互作用する様子を明らかにしている。すなわち、「資本主義企業におけるエンジニアである彼らは、専門職業家として科学技術を活用し、利益を最大化する責任を負っている。また、企業組織の一員である彼らは、その技術事業に関わる人員を適切にコーディネイトする責任を負っている。彼らが、後者の業務を前者の業務と同じように見なし、本質的に工学的なプロジェクトと見なすようになるのは……まさにこの二重の役割のためであった」(Noble, 1977, 258)。

19世紀を通じて、企業家とエンジニアの関心は、主としていかに利益を獲得するか、また労働力に代わる機械をいかに導入するかなどにあり、労働環境の組織化にはあまり関心が払われていなかった。19世紀の終わり頃から、企業間の競争が激化するにつれてコスト削減や生産量の増量の圧力を受け、彼らは、機械ではなく、工場内部の経済が、生産の制約条件であることを認識し始めるようになる。導入されている最新の機械は、人間の生産活動が効率的な方法で適切に組織化されている場合に初めて最大稼働力を発揮できる。そのため彼らは、意識的に、自分たちの工学概念の焦点を、労働者へと拡張することになった。エンジニアは、今や産業管理者として、生産に関わる知識を積極的に活用し、アウトプットや利益を最大化できるように、生産プロセスを再構成することに取り組んでいる。こうして「生産に関わる知識がすでにエンジニア＝管理者によって独占されている、科学に基づいて管理されるようになった産業では、こうした目標がより容易に達成されることになった」(Noble, 1977, 260)。

第 1 章　会計の科学化とその諸問題

　19世紀末に企業統合を引き起こした原動力は，産業家や金融家が，無際限の競争の猛威を監視し，生産を統制し，価格を安定化し，安定的な市場を確保しようとする試みであった。一度それらが形成されると，企業は，新たに獲得した資源を巨大な工場に集約し，マニュファクチュアにおける業務を中央集権的に統制しようとした。しかしながら，こうした巨大企業主義は，工場に対する莫大な設備投資を巻き込むものであり，それらすべてが最大限に稼働したときに初めて収益をもたらすことができる。そのような資源の最大限の活用は，一方で，生産された大量の製品を吸収することができるほど大きな市場の存在が確保されていることを必要とし，他方で，生産プロセス全体の効率的な統制を求めることになる。こうして，企業帝国が誕生すると，その存在を継続するためには，資源の産出から最終製品の販売まで，すべての工程が合理化されることを求めるようになったのである。このような効率的な管理が実現されて初めて，広く知られた「規模の経済」が達成されることになる。そして，これ以降，この原則が，彼らの存在基盤となったのである。したがって，自らを経済的に存続可能なものとする近代的な管理法は，巨大企業体が形成されて初めて採用されることとなったのである。経営史家のアルフレッド・チャンドラーが分析したように，1890年代以降，産業家にとっての根本的な挑戦は，新たに登場してきた企業帝国を，できる限り効率的に管理することができるような組織構造をいかに形成するか，であった（Chandler, 1962, 24）。

　ノーブルによれば，こうした挑戦に最もうまく適合することができたのが，分析志向の強い，エンジニア＝管理者であった。彼らこそが，エンジニアリング，マニュファクチュアリング，金融，マーケティングの合理的な手続きを形成する，先駆者であったのである（Noble, 1977, 261）。ノーブルは，近代的な管理法が形成されることになった最も大きな要因は，エンジニアが，産業の中でエグゼクティブの地位を占有し始めることになった点にあると見ている（263）。1900年までにも，すでに熟練したエンジニア＝企業家の層は存在していたが，彼らは，自分たちの現場を20世紀型の工学的・機械的産業へと変換する中で，切迫した管理の必要性に対して，自らを積極的に適合していくことになったのである。また，学校で工学を学んだ若いエンジニアが，特に科学に基づく電器産業や化学産業における企業内部のキャリアステップを昇るべくして，働き始めることになる。「したがって，近代的管理法とは，単にエンジニアが作り出

したわけではない。それは，エンジニアが管理者として機能し始めたことの産物であった」(263)。つまり，「エンジニアが，産業の中で，科学的な知識・方法を，企業管理上の問題に対して，体系的に応用しようとした，初めての人々だったのである」(263)[38]。こうして，「科学的な訓練を受けた人々が管理者になる傾向が進むにつれて，管理がより科学的なものとなってきたのである」(263)。

　このような近代的管理法として，特に有名なのが，フレデリック・テイラーが1911年に著した「科学的管理法」であろう[39]。科学的管理法は，1880年に設立されたアメリカ機械技師協会（ASME）が中心となって進めていた「能率増進運動」の中から生まれてきたものであり，当時，多くのエンジニアが，製造や建設，運輸，商業などの分野で作業能率の向上に関する研究を行っていた。その中で最も体系化されたのが，今や広く知られた，いわゆる「テイラー・システム」である。フィラデルフィアの裕福な家庭の出身であったテイラーは，ミッドベール・スチール社に見習工として入社した6年後には主任エンジニアへと昇り詰め，その間，労働者の怠業を取り除くべく，ある課業（task）を最も効率的に実行する方法に関する情報を集め，それを工場における労働者による実際の行動と比較するということを繰り返した。1889年に同社を退社してからしばらくは経営管理のコンサルタントとしてキャリアを積み，1898年に入社したベスレヘム・スチール社において，重要な研究に着手する。彼は，機械の最適な速度，最適な切断角度などに関する膨大な量の情報を集めるとともに，ある特定の課業に必要な道具の最適な利用方法などについて詳細な調査を実施した。またそうした機械工程に関する研究に加え，作業現場における労働者の実際の行動を分析し，特定の課業に必要な「動作」と「時間」を追求するとともに，彼らの疲労の度合いなどについても観察した。テイラーは，単にこれらの情報を収集するだけでなく，実際の管理に役立つように，それらを体系化しようと努めたのであった（Noble, 1977, 268-9）[40]。

　ノーブルによれば，このようなテイラーの貢献は，決して狭義の「科学的管理法」を創案したことのみにあるのではない。その最も大きな貢献は，生産プロセス全体に対する管理的統制を提唱したこと，また課業全体を体系的に再編する基盤を提供したことであると述べている（Noble, 1977, 264）。事実，テイラーの科学的管理法は，その後電器産業や化学産業において積極的に活用され

るようになっただけでなく，原価計算やマーケティングといった多様な分野においても，テイラーに触発されたテイラーの門下生らが，さまざまな経営管理手法を誕生させることになる。たとえば，ハリントン・エマーソンが，標準作業を発展させて標準原価計算を創案し，また職能別職長制に代えてライン・アンド・スタッフ組織の採用を提案したことはよく知られている。エマーソンは，作業効率を重視し，実際額と達成可能な標準額とを対比させた「原価比較」表を作成した。彼は，効率性に関わる比率を算定し，その数値を，作業方法の変更を通じて最大化することを試みたのである。また，能率を高めるためには，組織はラインおよびスタッフを備えなければならないと主張した。そこでスタッフは，ラインがより効率的に作業を遂行できるような標準を設定する役割を担う。このようにエマーソンは，テイラーの時間動作研究法と同様に，理想的な標準を見ていたのであり，彼の標準概念は，私たちが今日用いているものと非常に近いものであることが理解できる[41]。

　「テイラー・システム」はその後，人間の機械視に対する反発のために，それ自体の権威性は失われてしまったが[42]，彼が提示した科学的管理という視点は，標準原価計算をはじめとする多くの経営工学実践の中に生き続けており[43]，科学と経済計算が相互作用する重要な文脈を提供している。そこでは，単に一方が他方の影響を受けるというのではなく，それらの領域を隔てていたかに見えた境界が実際には曖昧なものであり，実質的な相互作用を確認することができる。言い換えれば，先のジャクソンも述べていたように (Jackson, 1996, 72)，両者の間に一方的な因果関係を想定することは現実をあまりにも単純化し過ぎであり，むしろそこでは，科学実践と経済実践の複雑な相互依存関係が認められ，先ほどの例で言えば，発明家＝企業家，エンジニア＝管理者といった二重の役割の担い手たちが，その中心にいる。

科学社会学における会計

　ここで，科学と会計の関わりを扱おうとする多くの研究では，それを肯定するにせよ否定するにせよ，おそらく科学の進歩という概念に強く囚われてきたために（つまり，科学の文化的権威から来る圧力の大きさのために），科学の社会的文脈への注目と同程度には，会計の社会的文脈に対して注目されてこなかった点に，注意を払うことが重要である。たとえば，先に見たゲーテやエジソン

の事例のみならず，科学的管理法の事例においても，「予算」や「収益性」，そして「コスト」といった概念が，それそのものとして存在することが前提とされたまま議論が展開されている傾向がある[44]。これに対してパワーは，「『予算』，『収益性』，『コスト』といった言葉は，『信頼性の社会的生産』の一種であり，科学者＝管理者の構築にとっての中心的な要素として理解されなければならない」(Power, 1996a, 24)と主張している。

　会計が科学へと訴えるとき，そこで召喚されていたのはある種権威化された「科学性」ともいうべきイメージであった。そこでは決して科学的実践（つまり，多様な社会との相互作用を通じて，偶然的・状況依存的に知識が確定されていくプロセス）が意図されていたわけではない。それゆえ，会計を科学として見立てようとする試みは，常に批判に晒されることになる。これは，会計が厳密に科学でないからではなく，そもそもそこでイメージされていたような「科学性」といった権威性が，実際には確固とした存在ではないからである。それがある特定の文脈のもとで作られ維持されているものであることは，これまで科学社会学において繰り返し指摘されてきた。同様に，科学が「コスト」や「利益」といった会計概念を持ち出すとき，そこでは「経済性」とでも呼ぶべきある種一般化されたイメージが意図されてきた可能性がある。事実，会計学においては科学社会学の成果が比較的よく参照されてきたのに対して，科学においては「コスト」や「利益」といった概念の実在性が前提とされるばかりで，その社会的文脈における位置づけについては，これまでほとんど顧みられることがなかった[45]。しかし，科学社会学を援用した会計社会学が明らかにしてきたように，それらは決してそのものとして存在しているわけではなく，またその知的構成力の大きさも無視することはできない[46]。

　それにもかかわらず，会計に比して科学が注目される原因は，科学の文化的権威性の大きさによるものであろう。事実，現在の学問体系は大きく自然科学と社会科学に分けられており，科学的営為とは最もかけ離れたところにありそうな人文学や哲学までもが，社会科学の一分野として見なされる傾向にある。身近な例を挙げれば，科学研究費の分類を見てもわかる通り，研究資金を申請しようとする際，どのような分野の者であっても科学の外側に出ることは難しい。しかしながら，私たちの日々の行動が何によって規定されているのかという点に目を向ければ，会計は，科学に劣らず，あるいはそれ以上に，大きな影

第 1 章　会計の科学化とその諸問題

響力を有するようになっていることは，もはや疑いようがないほど明らかである。先の学問体系によれば，会計学は確かに社会科学の中に位置づけられる。しかし，すべての研究者が申請を試みる「科学研究費」そのものは，ある意味で「会計」であり，科学者であっても，会計の外側に出ること（つまり，資金を使用せずに研究を続けること）は，とても難しくなっているからである。

　第 2 章で詳しく見るように，ヨーロッパを中心としながら形成されてきた，会計を社会的文脈の中に位置づけて捉え直そうとする研究群は，こうした問題意思を背景とするものであった。その流れを先導してきたパワーによれば，これらの研究群が強調してきたことは，次の 2 点に分けることができる。1 つ目は，会計には本質などない，という観点である。先の例からも窺えるように，何が会計と見なされ，何が会計とは見なされないのかの区別は，場所と時間が異なれば，大きく変化することが予想される。したがって，会計の機能を前もって想定することはできず，教科書の中に広がる時間を超えた計算技法としての会計に対する技術的なイメージは，実際には，複雑で偶然的な歴史を伴う実践を高度に抽象化したものである。たとえば，1 つの極端な例として，会計が，他の方法を通じてすでになされた意思決定を，事後的に正統化するための象徴的な資源として機能する側面を，積極的に捉えようとする研究もある。社会学者のブルース・カルザースとウェンディ・エスペランドは，新制度派組織論[47]の議論に依拠しながら，複式簿記を通じて作成された計算書類が，実際には他人を説得するためのレトリックとして用いられてきた可能性があったことを，パチョーリ以来，複式簿記を合理的な計算と見なす見解が広まってきた過程の中に捉えようとしている（Carruthers and Espeland, 1991）[48]。

　2 つ目は，会計には重要なカテゴリーを創造し，思考スタイルや行動パターンを規定する能力があるという見方である。社会の再生産プロセスにおいて会計実践が果たす役割がますます大きくなりつつある中で，この点に関する学術的な関心が徐々に大きくなってきている。経済活動が会計概念を用いて実践される範囲が大きくなるにつれ，会計による表象は，ますますその硬さを強調する傾向にある。評価のような，本来的に主観的な行為が，広く妥当なものとして認められることを追い求め，結果として，何が正しい経済的現実であるのかについての定義が制度化されつつある。近年の会計社会学では，会計が文脈に応じて可変的であり，かつまたそれぞれの文脈において新しい経済的事実を創

造する側面が繰り返し捉えられてきた[49]。こうして新たに可視化された現実が、「コスト」や「利益」というカテゴリーを通じて、遠く離れた地点から管理可能な対象として構築されることとなる（これらの点に関する詳細については、第3章の議論を参照されたい）。

　パワーは、このような近年の科学と会計を取り巻く動向を振り返りながら、「今日的な視点からすれば、フランクフルト学派は、科学技術へゲモニーを過大評価していたようである。それよりも後のハーバーマスによる『ウェーバー理論』を修正した批判理論でさえ、会計の知識構成的役割……を過小評価している」（Power, 1996a, 27）と論断していた。後々明らかになるように、これが本書全体を通底するテーマである。

4　おわりに

　科学の文化的権威性が会計のそれに比してはるかに大きかったときには、その作られた「科学性」というイメージの観点から、会計と科学の関係を物語ること、つまり科学によって会計の発展が支えられているという見方に異議を唱えることは難しかったであろう。しかしながら、一方で、科学社会学によって科学実践の実態が明らかとなりつつあり、他方で、人々の日々の生活において会計の果たす役割が大きくなってきたことにつれて、そのような物語の説明力は徐々に弱まってきたと考えられる。科学を社会的文脈の中に位置づけようとする研究が明らかにしてきたように、科学実践における会計の役割は、これまでになく大きな存在になっている。しかしパワーが指摘していたように、科学が会計に依存している様子を捉えようとする研究では、会計概念の実在性が前提とされるばかりで、その社会的文脈、つまり会計における諸概念の可変性や、新たな概念を構築する能力にはほとんど注意が払われてこなかった。つまり、会計学において科学社会学が参照されてきたのと同じほどには、科学において会計社会学に焦点が当てられることはなかったと言える。もし、両者が同じ規範を共有し、ともに社会的信頼を獲得するための何らかの装置であるとするならば、このような近視眼的視点は、早急に見直される必要があるだろう。

　すなわち、科学だけでなく、会計においても、その存在、実在、本質の可変

第 1 章　会計の科学化とその諸問題

性を意識的に認めることが必要となる。科学の領域においては科学社会学の努力により，科学の絶対性を妄信する風潮は徐々に減退してきたようにも見える（たとえば，科学技術社会論（STS）という分野が構成され，大学においてその教育がなされ始めるなど，その社会的な認知の程度が大きくなりつつある）。しかしながら，会計に関しては，いまだに基礎言語と称され，「真実」や「公正」といった概念に訴えながら統一的な概念フレームワークの樹立が目指される風潮が続いており，そこでは，会計というものが技術的に捉えられ，万人に等しく受け入れられるべきものであるという考え方が広く行き渡っている。そのため，会計や金融に関する教育の必要性が高らかに訴えられるばかりである。もちろん本章で依拠してきたパワーらを中心に，このような問題意識を共有し，「会計の社会的転回」と称されるような流れを作ろうとしてきた人々も存在するが，その効果（影響力）はいまだ限定的である。おそらくその原因は，学会を作り，ジャーナルを創刊し，その枠組みを維持しようとする（つまり，正統な学問として専門職業化しようとする）中で，これらの問題意識が「社会学的アプローチ」（経済学的アプローチと対比されるような）といった方法論へと格下げされ，学会あるいはジャーナル共同体の「妥当性境界」という「科学性」に依拠しようとしている点にもその一因があるだろう[50]。そこでは会計が，科学と同様に偶然性や状況依存性の産物であること，また会計そのものが新たな概念を通じて人々の行動を規定する能力を有しているといった視点の重要性が，忘れ去られることになる。

　したがって，本書では，「社会学」という何らかの学問的権威性に訴えて，会計学に新しい方法論を導入しようと試みているわけではない。管見ではあるが，社会学では，研究対象が「社会」であるという点を除けば，何ら確固たる研究方法論も見られず，むしろアプローチの多様性こそ歓迎されているようにも思われた。それゆえ，仮に「社会学を会計学に応用する」と言ってみることができたとしても，それが実際に何を意味することになるのかを特定することは難しい。もちろん，社会学という領域において育まれてきた比較的新奇な研究方法を確固たるものとして扱い，会計現象をそうした方法によって捉えようとする研究が存在していることは承知しており，それが，「会計現象の説明に新しい視点を導入した」として，会計学の内部で評価されたり，また「当該新奇アプローチの適用範囲を拡張した」として，社会学の内部で評価されたりす

ることも理解はできる。

　しかし，本書のタイトルを『会計社会学』と名付けた真の意図は，そのような積極的な理由による（予想される学問的貢献を追い求めた）ものではない。むしろその社会学が許容する多様性，その曖昧さのためである。すなわち，本書では，何らかの単一の方法の応用範囲を拡張するために，その理論的補強に努めているわけでもなければ，また新たな視点によって会計現象に対する新しい説明の仕方を提示しようとしているわけでもない。本書の内容をご覧いただければわかる通り，そこにあるのはバラバラの論点の寄せ集めであり，また既存の会計学において説明されてきた現象の繰り返しである。したがって，本書に対して，こうした観点からの貢献，つまり既存の学問体系に対する貢献を期待することはできない。むしろ，本書で取り組もうとしたことは，会計現象（会計学・会計研究をも含む）について，できる限り外側から説明すること，つまり会計を，会計的に説明することをできる限り回避しようとしたことであり，そのために可能な限り慎重に言葉や表現を選んでいるつもりである[51]。したがって，本書のタイトルに「社会学」と置いたのは，このような消極的な意図のもとであって，社会学ほど雑多な学問分野であれば，本書の内容を受け入れるだけの寛容さがあるだろうという，淡い期待のもとである[52]。

　次章では，さしあたり，当該分野の既存研究を，批判的にレビューすることから議論を始めることにしたい。

◆注

1　実際，2014年8月4日に，国立大学評価委員会において出された「『国立大学法人の組織及び業務全般の見直しに関する視点』について（案）」では，国立大学はミッションの再定義を踏まえ，「特に教員養成系学部・大学院，人文社会科学系学部・大学院については，十八歳人口の減少や人材需要，教育研究水準の確保，国立大学としての役割等を踏まえた組織見直し計画を策定し，組織の廃止や社会的要請の高い分野への転換に積極的に取り組むべき」であると明記されている。
（http://www.mext.go.jp/b_menu/shingi/kokuritu/gijiroku/__icsFiles/afieldfile/2014/08/13/1350876_02.pdf）［2017.7.15］

2　この詳しい経緯については，池内（2015）を参照されたい。

3　冨山和彦「我が国の産業構造と労働市場のパラダイムシフトから見る高等教育機関の今後の方向性――今回の議論に際し通底的に持つべき問題意識について――」（2014年10月

7日)。
(http://www.mext.go.jp/b_menu/shingi/chousa/koutou/061/gijiroku/__icsFiles/afieldfile/2014/10/23/1352719_4.pdf)［2017.07.15］
4　冨山和彦「それ，会社病ですよ。──簿記もできない日本の大卒者──」Web GOETHE 記事（2015.01.20）より。
(http://goethe.nikkei.co.jp/article/105693919.html)［2017.07.15］
5　前掲注3の2014年10月7日報告資料より。
6　簿記や会計を「基礎言語」と称し，無批判にその普及を推し進めようとすることに対する本節の問題意識は，科学技術史家の隠岐（2015）から引き継いだものである。彼女はその過程で，社会空間が企業の活動空間として読み替えられ，個々人の多様な生のあり方への関心がほとんど顧みられなくなりつつあることを批判していた。本章では，この問題意識を，広く会計史的文脈の中に位置づけることを試みている。
7　以下に取り上げる，西欧人の思考様式にその原因を見ようとする，『現実世界の測定』の他にも，生物学的・生態学的要因を究明しようとしている，『ヨーロッパ帝国主義の謎──エコロジーから見た10〜20世紀──』（岩波書店）などの著作がある。
8　たとえば，エドワード・サイードをはじめとする，多くのポストコロニアリズム関連の書物を見られたい。
9　『節制』とは，ブリューゲルが伝統的な「七徳」（信仰，希望，愛，分別，勇気，正義，節制）を描いた一連の作品の中で，当時最も人気を博していたものであり，その絵の下には，ラテン語で次のような金言が記されていた。「虚しい快楽や邪欲に溺れて節度のない生活を送ってはならない。また，欲望にとりつかれて汚濁と無知のうちに生きてはならない。」
10　たとえば，Origo（1957）［オリーゴ（1997）］における，商人ダティーニの帳簿を参照されたい。
11　たとえば，以下を参照されたい。De Roover（1963, 91-2），Peragallo（1938, 25）。
12　ゾンバルト（1942）を参照されたい。
13　この点につき，ヤーメイも次のように述べている。「複式簿記は，標準化された望ましい簿記システムとして，教師や会計家によって受け入れられるようになり，その影響力や採用が，もっと単純なシステムの方が適しているようなところにも，その利用の導入を勧める，というようなこともしばしば起こりえた」（Yamey, 1949, 113）。さらに，「教師や簿記の専門職業家は，その方法の優美性，数学的正確さや均斉美によって，複式簿記に魅了されていた。この『芸術』の発展は，パチョーリ以来，数学者や算術家の関心によるところが大きかった」（113）。
14　大手会計事務所ハスキンス・アンド・セルズの創設者。
15　現在のアメリカ公認会計士協会（AICPA: American Institute of Certified Public Accountants）の直接の前身。
16　現在のニューヨーク州公認会計士協会（NYSSCPA: New York State Society of Certified Public Accountants）の直接の前身。
17　ハスキンスの他，ユニオン・ダイム貯蓄銀行の経営者スプレーグ（Colonel Charles Ezra Sprague）と，当時ニューヨークで最も成功していた簿記専門学校の創設者であっ

たパッカード (Silas S. Packard)。

18 ミランティによれば,ハスキンスによる会計への称賛の念の背景には,アメリカの哲学者ラルフ・ワルド・エマーソンの思想の影響があった。エマーソンは,統計学には物理現象と社会的世界に共通する何らかの秩序を発見する潜在力があると見なしていた。事実,ハスキンスは,エマーソンの甥である。

19 しかしながら,皮肉なことに,このようなハスキンスによる科学的会計への信念が,他方集団である AAPA との対立をさらに深めることになる。AAPA に所属していたその他多くのイギリス系勅許会計士にとって,会計とは本質的に,熟練した実務家が経済的現実を描写する際に役立つ,近似のための手段であった。AAPA 側の見解によれば,会計知識とは,科学よりも技芸のようなものであり,その効用は,究極的には,熟達した会計士の美徳や経験や堅実な判断に依存するものと見なされていたのである (Miranti, 1988, 366)。

20 原油販売会社 (Oklahoma 社) における,数回の原油受払取引後の残存量についての回答を求める質問である。FIFO や LIFO を含む複数の計算方法の中から選択する形式になっている。詳しくは Sterling (1988, 22-9) を参照されたい。また,日本語では三木 (1991) が紹介している。

21 このような即時売却可能価額を減価償却費の評価方法として用いることの問題については,すでによく知られている通り,真の資産の価値下落分は,当該資産を実際に売却するまでは観察されえない点にある。詳しくは,Dopuch and Sunder (1980) を参照されたい。

22 スターリングが1974年に創った小さな研究者集会 (ARIA: Accounting Researchers International Association) の当初のメンバーの1人であった井尻 (1979) によれば,会計における測定とは「会計を測定関数,$M(R) = N$ という形で概念的に把握する——つまり実体 R (Reality) を投入すると数詞 N (Numerals) が出てくる機械のような測定関数 M (Measurement) として会計を考えようとする——」(井尻,1979, 3) ことである。スターリングは,客観性に対するこのような見方に依拠しながら,「統計的分散を最終的には無視することによって特定の測定値へと収束する」(Ijiri and Jaedicke, 1966) という視点を繰り返している (スターリング,1995, 9)。

23 ここで,このような立法府や裁判所といった少数の者による主観的な判断に訴えることを排除し,科学的なプロセスへ訴えるスターリングが,自身の主張の支持を得るために,やはり裁判所の判決に依存していた点は興味深い。一例として,スターリングは,1938年の Mckesson & Robbins 会社事件を取り上げている。当該事件以前には,資産の実際数量を経験的に調査することは,一般に認められた監査基準とはなっておらず,当時の監査人は,このことを引き合いに出して自己防衛を試みた。しかし,最終的に監査人は敗訴することになる。法廷では,「監査人が勘定と記録で作り上げられた象牙の塔から抜け出し,資産の数量という現実の世界に入り込まなければならない」(スターリング,1995, 307) との判決が下されたのである。後に詳しく見るように,論争に終止符を打つために,科学に限らず何らかの権威性,真理性に訴えようとする傾向こそ,本書で取り上げようとしているテーマである。

24 ワッツとジマーマンら自身も,実証理論の科学性については,慎重に定義しており,実際に,「仮説の正しさを立証することはできない。仮説を反証することができるだけであ

る」。したがって理論の立証よりも，理論の批判と理論の誤謬を証明することが強調される」(Watts and Zimmerman, 1986, 8) と注記し，仮説の検証に関して，単純な論理実証主義ではなく，カール・ポパーが提唱した反証主義に則っていることを明示している。周知のとおり，ポパーは，「理論体系の反駁可能性または反証可能性がその境界設定の基準として採用されるべきである。……したがって科学者は，理論を，それが批判的に議論できるかどうか，それがあらゆる種類の批判に身をさらすかどうか，そして――もしさらすとすれば――批判に耐えることができるかどうか，という観点から見なければならない」(ポパー，1980c，448) として，理論体系の境界設定，つまり理論の受け入れにおいて，反証主義を提唱していた。しかし，仮説の検証であれ，反証であれ，その結果得られた命題が真理に近づきつつあるという前提こそが科学性の源泉である。以下に見ていくように，近年の科学論において批判されているのは，このポパーの反証主義をも含めた，仮説と検証を繰り返して客観的事実へと近接しうるという理論的前提そのものである。

25　たとえば，La Follette（1992）を参照されたい。
26　たとえば，Francis（1989）を参照されたい。
27　たとえば，Power（1997）を参照されたい。
28　たとえば，「技術決定論」という見方に代えて，「社会決定論」といった見方を提唱しようとしているわけではない。後ほど取り上げる Noble（1977）によれば，「技術決定論」とは，主として産業革命以降の技術の発展を解釈する際に支配的であった見方であり，そこでは社会の進歩の原因が技術の変化の中に求められ，あらゆる出来事が技術革新の観点に照らして理解されてきた。しかしながら，技術の発展は決して自動的ではなく，実際にはさまざまな条件が積み重なった結果として生じる。そしてそこには人間の選択が介在し，その選択は社会的な要請を反映したものとなる。すなわち，「技術的な要請はあくまでも可能性（posibility）を提示するだけであり，そこに必然性（necessity）はない」(Noble, 1977, 258)。Noble（1977）が観察した時代には，こうした区別を意識した研究は少数であったが（たとえば，マンフォード（1972）など），その後 Pinch and Bijker（1987）らの研究を嚆矢として徐々に増え始め，その流れが現在の「技術の社会的構成」論へと至る（この過程については，中島（2000）や綾部（2006）を参照されたい）。しかしながら繰り返しになるが，本書において，「社会決定論」や「社会構成主義」を，新しい方法論として提示しようとしているわけではない。ここではただ，ある知識が正統なものとして生み出される過程に注目し，そこに会計が関わる様子を捉えようとしているだけである。またそもそも，ある事象（たとえば，科学や技術）が「社会」の一部であるときに，それが生じる原因を「社会」に求めようとすること自体にも，論理的な欠陥があると言わざるをえない。この点については，Latour（2005）およびタルド（2008）を参照されたい。
29　ここで，単純な資金の委託受託関係に基礎を置く財務的アカウンタビリティとは異なり，PUS イニシアチブでは，有識者としての専門家と，無知な一般大衆という構図が強調され，その利害調整をより複雑なものへとしている。詳しくは，第5章の議論を参照されたい。
30　たとえば，石原（2010）を参照されたい。また日本では，1969年以来「ゲーテ自然科学の集い」という学会が設立されており，そこでは人文系と自然科学系の垣根を越えた学際的な研究が志向されている。
31　実際には，同書の登場人物ヴェルナーによる次のような発言による。「真の商人の精神

ほど広い精神，広くなくてはならない精神を，ぼくはほかに知らないね。商売をやってゆくのに，広い視野を与えてくれるのは，複式簿記による整理だ。整理されていればいつでも全体が見渡される。細かいことでまごまごする必要がなくなる。複式簿記が商人にあたえてくれる利益は計り知れないほどだ。人間の精神が産んだ最高の発明の一つだね。立派な経営者は誰でも，経営に複式簿記を取り入れるべきなんだ。」ただし，そのすぐ後には，ヴィルヘルムによる次のような返答が置かれている。「失敬だが……君は，形式こそが要点だと言わんばかりに，形式から話を始める。しかし君たちは，足し算だの，種子計算だのに目を奪われて，肝腎要の人生の総計額をどうやら忘れているようだね。」(以上，ゲーテ，2000，54-5より)。果たしてゲーテが本当に複式簿記を賛美していたのかどうかについての学術的見解については，中居 (2015) を参照されたい。

32 ここで，人間の理性的な認識を自然にも適用し，それらを物理的要素へと還元しようとする機械的自然観に対する形で提唱されている，ゲーテの有機的自然観は，一見本書 (筆者) の立場と近いようにも見える。実際，このようなゲーテの自然観は，現代にも引き継がれており，たとえば1981年にイギリスの生化学者ルパート・シェルドレイクが発表した「形態形成場」仮説は，ゲーテの自然観から着想されたものであり，そこでは伝統的な自然科学 (上記の還元主義的な自然科学) に対する挑戦が意図されている (詳しくは，粂原 (2007) を参照されたい)。しかしながら，ゲーテが，それでもなお——会計概念を利用しながら——自然に対して「完全な経済」(perfect economy) や「統一性」(unity) を見出そうとしている点に，「多自然主義」に依拠する本書の立場とは決定的な違いがある。つまり，「多自然主義」では，ただ1つの統一的な自然の存在が否定されることになる。したがって，ここではジャクソンによるゲーテ理解に完全に依拠することとし，ゲーテの自然観を拡大解釈することによって伝統的な自然科学への挑戦を目指すのではなく，あくまでも自然理解の中に会計的思考が反映されている例の1つとして，ゲーテの自然観を取り上げることにする。

33 このゲーテによる補償作用の例として知られているのは，特定の動物における，上あごの前歯と角の関係である。たとえばライオンは門歯と犬歯を発達させている代わりに角を持つことができなかったのに対して，牛は門歯も犬歯も発達していない代わりに角を持つことができた (Jackson, 1996, 69)。

34 ここでジャクソンは，一方から他方への一方通行的な因果関係を安易に想定すべきではないという立場を示し，ゲーテによるこのような自然観と行政管理意識は彼の中で同時に形成されたものであり，その中に何らかの会計実践が偶然史的に関わっていた様子を捉えようとしている (Jackson, 1996, 72)。

35 このような相互作用を，科学者共同体の観点から，1つの空間として描き出そうとしたものとして，クノール-セティナによる「認識横断的アリーナ」(transepistemic arena) という概念を参照されたい (Knorr-Cetina, 1982)。

36 エジソンが電灯の仕組みを開発していた1878年から80年にかけて書かれたノートである。これらは，トーマス・エジソン国立歴史記念館に蔵書されている (Hughes, 1979, 126)。

37 このような主張の背後には，科学技術が社会的に構成されるプロセスを「シームレス・ウェブ」と形容した，バイカー他 (Bijker, *et al.*, 1987) と通底する見方がある。ここで，科学的思考が経済的思考の影響を受けるということによって，単に，恣意的な予算配分に

より本来の科学技術の進歩が歪められている,というようなことが意図されているのではない。そもそも,いったい誰が,その本来の科学技術の進歩を評価することができるのであろうか。科学の理論支配的な説明を回避しようとしてきた科学社会学の貢献は,この科学技術の真理性そのものに対して疑義を差し挟むことであったと言える。そこでは,それを取り巻く環境からの影響はむしろ必然であって,それらを単純に無効化することなどできない(もしそのような空間があるとすれば,一人純粋な実験室の存在を想像することができた,純粋な科学者の頭の中に限られるだろう)。いわば,「科学的なもの」(科学性)といった理念は,「経済的なもの」(経済性)と同様に,純粋に理論的な産物であって,それらを別個に存在するものと見なし,一方から他方への影響(先ほどの例で言えば,「科学が経済の影響を受ける」という説明の仕方)は,観察者の認識に大きく依存したものである。ジャクソンも述べていたように,一方から他方への一方通行的な因果関係を安易に想定すべきではなく,そこで生じているのは,複雑な相互作用のプロセスである。

38　その証拠として,1880から1910年にかけて,工学系のジャーナルを中心に,企業管理に関する論文が多く見られると指摘している(Noble, 1977, 263)。

39　テイラーは,科学的管理法の本質として以下の4つを挙げている。①「一人ひとり,一つひとつの作業について,従来の経験則に代わる科学的管理法を設ける。」②「働き手がみずから作業を選んでその手法を身につけるのではなく,マネジャーが科学的な観点から人材の採用,訓練,指導などを行う。」③「部下たちと力を合わせて,新たに開発した科学的手法の原則を,現場の作業に確実に反映させる。」④「マネジャーと最前線の働き手が,仕事の責任をほぼ均等に分け合う。かつては実務のほとんどと責任の多くを最前線の働き手に委ねていたが,これからはマネジャーに適した仕事はすべてマネジャーが引き受ける。」(テイラー,2009, 44)。

40　しかしながら,テイラーは,労働者を,単純な「経済人」と見なしていた。彼は,労働者の作業の詳細について綿密な注意を払ったが,それでも彼は労働者を動機づけるとき,精密ではあるが心理学的には粗野な,インセンティブ-報酬スキームに依存していた。また彼は,労働者を集団(つまり組合の形成)として扱うことを頑なに拒否し,労働者を個々人として扱うことに集中した。実際,「科学的管理法」において,労働者の心理学的要素や社会的要素が考慮されるようになったのは,テイラーの死後であった(Noble, 1977, 264-5)。

41　科学的管理法と標準原価計算の関係については,これまでにもさまざまに議論されてきたが,ここでは特に,標準原価計算の発展過程におけるエマーソンの貢献を高く評価し,そこにテイラーによる科学的管理法の直接的な影響を読み取ろうとしている Epstein (1978) の議論を参考にしている。

42　人間の機械視に対する問題意識を背景に,産業社会学者エルトン・メイヨーによって指導されたホーソン工場実験とともに開かれた人間関係論を経て,現在の組織心理学の発展へと至る簡単な経緯については,占部(1980)を参照されたい。

43　たとえば,今なお大きな影響力を持つ著名な経営学者の1人であるピーター・ドラッカーも,テイラーを次のように称賛している。「ニュートンが古典物理学を残してくれたおかげで,現在私たちが量子力学を持つことができているのと全く同様に,テイラーが課業研究や組織研究を創設してくれたおかげで,現在私たちは近代的管理論に関する光輝く

新たな概念を持つことができる」(Drucker, 1967, 8)。

44　同様に，科学の統治について扱っている Dixon-Long (1971) や，巨大科学の影響について論じている Remington (1988) などの研究でも，「予算」や「コスト」の実在性が前提とされていることが見て取れる。

45　たとえば，「科学批判学の未来」というテーマについて話し合った，著名な科学哲学者金森と近藤による対談を参照されたい（金森・近藤，2014）。そこでは，国家財政の制約が科学活動の重要な制約と見なされている（金森・近藤，2014, 139）。

46　ここで，科学と経済ではなく，科学と会計の関係へと重点を移行しているのは意図的である。たとえば，本節の議論に基づき，「経済による植民地化」と表現してみた場合，真っ先に「合理的経済人」仮説による影響について指摘されるかもしれない（こうした観点から展開された議論としては，「経済人類学」関連の書籍を参照されたい）。しかしながら，この仮説に代表されるような概念は，経済学者やエコノミストの思考を規定する例は数多く見られても，実際に日々経済活動を営む人々が，必ずしもこれらの仮説に規定されながら行動しているとは言えない。この点については，経済学的仮説に代えて，心理学や行動科学に基づく仮説が提示されるようになってきた経緯を指摘するだけで十分であろう。それに対して，経済活動を営む人々が，「コスト」や「利益」といった会計上の概念と何ら関わりを持たないと想像することは難しい。これは，会計というものが，経済活動に関わる人々の慣習から体系化されてきたものであり，人々との関わりがより深いため，と理解されるかもしれないが，本書における重点移行はこのような会計の積極的理由に基づくものでもない。本書の観点は，学問的体系化（科学化）と実践との間の越えがたい断絶を重視する点にあり，経済に比べ会計の方が，学問的体系化の度合いが低いから，という理由によるものである。おそらく会計の科学化よりも，経済の科学化の程度の方がはるかに浸透しており，科学と比較しようとする場合，その高い浸透の度合いが議論をより複雑なものにする可能性を回避するためである（あるいは，科学と経済を比較するために，経済の科学性を取り除いたものとして「会計」を見ていると理解されても良いだろう）。したがって本書では，「経済活動が会計学によって規定されている」という表現に対しては，「経済学による規定」の場合と同等に，否定的であるのに対して，「経済的な影響」という表現は，「会計的な影響」と，ほとんど区別することなく用いている。以上から明らかなように，ここでは，経済学と会計学の間の競合関係には，全く関心がない。

47　Meyer and Rowan (1977) や DiMaggio and Powell (1983) らの研究を中心としながら形成されてきた学派。主として，マックス・ウェーバーの官僚制概念に基づきながら，組織存続の理由を，それが位置づけられた社会環境における正統性の獲得の中に求めようとする点にその特徴がある。

48　複式簿記を通じて計算された利益が，道徳的にも正当化されてきた可能性があったことを指摘している研究として，Aho (1985, 33) を参照されたい。

49　たとえば，Hopwood (1987) や Hines (1988) を参照されたい。

50　そこでは，アプローチの違いが強調され，研究対象である「会計」は，あらかじめ共有されたもの（つまり異論の余地の無いもの）として固定化されてしまいやすい（つまり，それが会計の研究であるのか否か，会計学の発展に貢献するのか否か，といった視点でスクリーニングされることになる）。

第 1 章　会計の科学化とその諸問題

51　もちろん，内と外の区別（境界）は常に曖昧であり，かつまたその距離は程度の問題である。したがって，あくまでも「可能な限り」である。

52　もし，本書の試みを積極的に評価しようとするなら，つまり同等の問題意識を共有する研究群の中に位置づけようとするなら，「新しい人類学」や「人類学の転回」と呼ばれている，近年の人類学における新しい試みのようなものとなるだろう。そこでは，自然の多数性が言われ，理性的認識に対する大いなる外部の存在が指摘されているが，「新しい」や「転回」という表現からも予想される通り，既存の人類学とは全く異なる研究関心に基づくものであり，実際に，人類学の内部においてもいまだに異端的位置づけにあると言える。したがって，もし本書を「会計人類学」としていれば，既存の人類学的方法を会計現象に応用した内容が予想され，そこでは，会計に関わる人々についての参与観察の結果（エスノグラフィ）が提示されるのだろうと期待され，むしろ誤解の方が大きくなることを懸念して，採用しなかった。実際，何らかの意味では参与観察を行っていたとしても，それらを人類学において認められるような正統な方法で記録したり，報告したりすることを意図しているわけではない。この点につき，詳しくは，第 5 章の議論を参照されたい。

第2章
科学的会計研究批判

　本章では，社会における会計の役割の多様性を分析することを推奨してきた，会計社会学と呼ばれる領域について概観する。具体的には，これまで科学社会学と呼ばれる領域において取り組まれてきた，3つの主要な論点を識別し，その枠組みのもとで，会計社会学における既存の研究群を整理する。1つ目は，管理会計技術の構築性に関わる論点であり，そこでは，組織内部における管理会計が，外部の様々な要因に規定されながら実演されている様子が示される。2つ目は，実証主義的な会計研究の理論的閉鎖性に関わる論点であり，そこでは，経済学に基づく理論的前提が，行動科学や社会学のもとでは，必ずしも成立しないことが示される。3つ目は，資本主義における複式簿記に関わる論点であり，そこでは，歴史そのものを振り返る視点が相対化される様子が示されることになる。

1 はじめに

　現代社会の中で，会計は，いったいどのような役割を果たしているのであろうか。会計に携わる者であれば，誰しもが一度は疑問に思うこのような問いかけは，これまで教科書の中で一般化されてきた財産管理，利益計算，情報提供といった機能を越えては，それほど深くは詮索されてこなかった。多くの者にとって，会計とは何よりもまず技術であり，その習得にはそれなりの時間と労力を要すること，また一度習得した技術を今度はいかに客観的に利用するかということに専心し，ましてや教科書に書かれている内容を疑おうなどとは思われもしなかったことが，その大きな原因であろう。それでもなお，現在，会計と呼ばれているものが，実際にどのような役割を果たしているのかを知りたく思えば，それが作動しているフィールドの中へと足を踏み入れていくほかないが，このように，教科書化されている機能を越えて会計という実践の多様な役割を，意識的に研究の対象へと据えるようになってきたのは，比較的最近のことである。

　このような，社会における会計の役割の多様性を分析することを推奨するジャーナルである『会計，組織，社会』誌を創刊した会計学者アンソニー・ホップウッドが，伝統的な会計学ジャーナルである『会計レビュー』誌へ2007年に寄稿した論文「会計研究はどこへ向かうのか？」において，次のようなコメントをしていたことは興味深い。すなわち，効率市場仮説を前提としながら，ファイナンス，経済学，統計学の知識を駆使したレイモンド・ボールとフィリップ・ブラウンによる初期の会計研究（今日で言うところの実証主義会計研究）が，会計の研究ではないという理由で『会計レビュー』誌への掲載をリジェクトされたエピソードに触れながら，「会計学者の中には，会計とは何であり，会計研究とはどうあるべきかについて理解していると思い込んでいる者が多過ぎるように思う」「多くの会計学者の第一の関心は，明らかに教育にある」と述べていたのである（Hopwood, 2007）。ホップウッドは同じ論文の中で，会計には本質などなく，それは時間とともに大きく変化し，新しい形や役割を獲得していくものであることを強調し，現在の会計もより大きな全体の一部であるために，その意味を理解するためには，その全体との関わりを常に把握で

きていなければならないとも主張していた。もちろん、何をフィールドと見なすのかを決定することは、すでに確立された研究手法を厳密に踏襲しようとすることよりもはるかに難しいものとなることが予想されるが、そのような会計の新しい役割を理解していこうとするならば、既存の概念的な枠組みの中にとどまることなく、政治学や社会学、人類学、その他さまざまな世界へと、積極的に視野を広げていく必要があるだろう。

2　会計研究の相対化と科学社会学

　社会科学の一領域としての地歩を占めつつある会計学では、これまで、科学としての正統性、すなわち科学性との関係でさまざまな議論が展開されてきた。第1章でも見たように、古くから「科学的な複式簿記」や「科学的な会計測定」など、特定の会計技術の正統化のためにしばしば科学というイメージが利用されてきた。また、現在でも、経験的研究や実験、実証主義、史料批判という研究方法の側面で、会計学の科学性が担保されている。

　ここで、科学というプロジェクトが、およそ科学的なものと非科学的なものを厳密に区別し、分類する行為であるとすれば、それは必然的にある特定の知識や技術に光を投げかける一方で、その背後には影を落とすことになる。科学哲学では、これまで主としてその判断規準やその区別がもたらす意味について考察されてきたが、会計学が科学性への訴えを強めれば強めるほど、そうした考察の持つ意義が大きくなってくることが予想されるだろう。実際、会計学では、科学哲学における新しい考察結果が直接的に援用されており、それが1つの学派を形成するまでに拡大してきたのである。

　ホップウッドは、従来までの限られた研究のあり方を乗り越えるという明確な意図を持って、会計の組織的・社会的側面を考察することを試みていた。その直接的な動機は、会計が有している現実的な機能や役割についての深い関心にあるが、それは、会計を単純に経済活動における事実を記録し報告する中立的な装置と見なし、現在流行している経済学に依拠した実証的な研究を繰り返すだけでは、決して捉えることのできなかった姿である。こうした観点から、会計は、それが置かれている組織的・社会的文脈（コンテクスト）の中に位置

づけられるべきであり，そうした特定の状況のもとで現実に作動している会計を研究すべきであるというプログラムが形成され，その成果が先の『会計，組織，社会』誌に蓄積されてきたのである[1]。

たとえば，ホップウッドの跡を継ぎ，2009年から15年にかけて同誌の責任編集者を務めていたクリストファー・チャップマンは，同じく管理会計を専門とするトーマス・アーレンとの共同論文の中で，「会計は，それ自身の文脈の形成と密接に関わっているために，単純に想定されている機能や能力の観点からは理解することができない」と述べ，こうした文脈依存的な会計実践を理解するために，①統治性，②アクターネットワーク理論（ANT），③アカウンタビリティ，④埋め込まれた機能性，という4つの視点を提示していた（Ahrens and Chapman, 2007a）。以下，それらの内容を順に紹介しておこう。

① **統治性**……会計を，体系的な知識という規律的な権力の実践として理解しようとするアプローチであり，そこでは，組織的な実践が外部の政治やシステムの観点から描写され，組織内部の成員が，単に政治目的の履行者，あるいはシステムの利用者として捉えられることになる。したがって，この統治性というアプローチのもとでは，組織を越えたより大きな社会的意味へと会計を結びつける道が開かれ，たとえば，会計が，記録・分類・採点という一般的様式（Hoskin and Macve, 1986）や，標準化という政治的努力の一形態（Miller and O'Leary, 1987）であったという点が分析されてきた。

② **ANT**[2]……このアプローチのもとでは，会計というものが常に変化しつつあり，その壊れやすい性質に対する理解が求められることになる。つまりそこでは，公式的な目的や機能もネットワークの中に構成されているものに過ぎず，常にその設計を見直していくことの必要性が強調されることになる。たとえば，ABCやERPといった会計システムの実践を観察すれば，それは当初の機能や目的を遂行しているのではなく，多様な要素が相互作用する境界を提供しているに過ぎないことが示される（Briers and Chua, 2001; Dechow and Mouritsen, 2005）。したがって，ここでのネットワークとは，多様な要素に対して行為，主体性，意図，モラルなどを提供するものとして理解されており，会計システムは単にその枠組みや場を提供しているに過ぎないと見なされることになる。

③ **アカウンタビリティ**……財務的な制約のもとで経済効率的に意思決定を行う個々人の自律性を尊重する概念として定義され，このアプローチのもとでは，会計のような新しい計算形態が組織の細部へと行き渡り，既存の伝統的な秩序とど

のように取って代わるのかについて分析されることになる。たとえば，ある製造企業が金融コングロマリットに買収された結果，それまでの中央集権的な体制から，利益責任を負う自律的な体制へと変化していったプロセス（Roberts, 1990）や，1980年代以降の資源制約的な時代背景の中で，ある鉄道事業の文化が，伝統的な鉄道工学的な言説から，商業的な言説へと移り変わってきたプロセス（Dent, 1991）が分析されている。

④ **埋め込まれた機能性**……ある行為者による特殊な技巧や，それが作用する状況，そしてその状況が発現する可能性に焦点を当てるアプローチであり，そこでは，熟練した行為者によるイノベーションの発現可能性や，それが組織戦略に影響する様子が描き出される。その背景には，洗練された技巧における全体的視野やその実行可能性は経験を積んだ行為者の実践の内に宿るという考え方があり，たとえば，上級管理者によるマネジメント・コントロールの性質が日常的な実践の記述の中に分析されている（Ahrens and Chapman, 2007b）。つまり，このアプローチでは，規範や目的，動機といったものは，状況に埋め込まれた進行中の活動の中にこそ発現するものであり，そうした行為の瞬間を切り取ることが目指される。

このような4つのアプローチを提示したアーレンとチャップマンの中心的な意図は，組織の中に実在するものと想定される，ベストプラクティスを学術論文へ写し取ろうとしてきた既存研究への批判的視点にある。なぜなら，そうした研究が行われる根底には，個別の実務がそのものとして存在し，それを明確に表現できることが前提とされているが，実際には，そのような革新的手法の言説上の境界線は不明確であることが多く，その実務を理解するためには，継続的な活動を慎重に観察するほかないという反本質主義的な観点が採用されているからである。

ここで，そもそも反本質主義とは，物事の本質を前提としない考え方であり，そこでは価値の普遍妥当性は認められず，認識は主体と客体とのさまざまな関係によって制約されるものであると考えられる。こうした思想は，古くは存在論や認識論を問う哲学において，また現代では知識の正統性について考察する科学哲学や科学社会学において，繰り返し論じられてきたテーマである。たとえば，科学とは，人間理性を擁護する啓蒙プロジェクトの一環として，近代を通じて急速に普及してきた認識枠組みであるが，そこでは，経験的に実証可能な知識の獲得を通じて，現象を体系的に説明しようとする試みが積み重ねられ

てきた。しかしながら，少し視野を広げて見ればわかるように，認識枠組みとしての正統性を確保しようとすることは，同時にその裏側には敵対視され抑圧される「他者」や「外部者」を生成することになる。これに対して，科学社会学では，科学という営みの，光と影の両面を論じようとする反本質主義的なアプローチが採用されてきたのである。

　科学史家のティモシー・ルノワールによれば，科学の歴史は主として理論の歴史として記述されてきたが，まさにそのことが批判の的でもあった。たとえば，論理実証主義や反証主義では，ある理論の正しさを実証するにせよ反証するにせよ，観察という行為が独立の事象として捉えられてきたのに対し，科学社会学では，まさにその観察そのものの理論負荷性が問題視されたのである。すなわち，後者の主張によれば，理論とは一連の証拠に応じて相対するものであるため，理論の選択は経験的に支持されうるようなものではなく，ただ証拠収集手続きをも含めた全体が受け入れられるか拒絶されるかに過ぎない。こうした観点から，科学にも歴史的な起源があり，それは社会的・文化的営みの1つであると認められるようになってきたのである。理論と実践の相互作用を重視し，知識を構築する文脈に注目するアプローチが生まれてきたは，このような過程を通じてであった（Lenoir, 1988, 3-7）。

　本章では，このような科学社会学の動向に見られる3つのアプローチを識別し，これまでの会計社会学における議論を，その枠組みのもとに整理してみたいと思う。1つ目は，「技術の構築性」（金森・中島，2002）という視点であり，これは科学知識や科学技術が発見されるものではなく，多様な社会的要素の相互作用の結果として構成される側面に注目する。2つ目は「理論的閉鎖性」（藤垣，2003）に関する論点であり，これはジャーナル共同体によって妥当性の境界が設定され，新たな知の創造が特権化されつつある点に注目する。3つ目は「近代性批判」（ラトゥール，2008）であり，これは近代の形成に大きく関わる理性的思考そのものを考え直すことで，科学というプロジェクト全体を相対化しようとする試みである。それでは，以下，順に見ていくことにしよう。

3 管理会計技術の構築性

　先に見たアーレンとチャップマンによれば,彼らが改めて会計実践を捉え直すことの重要性を指摘したのは,現在の革新的な管理会計技法に関する議論が抱える問題を明らかにすることにあった。それは,管理会計の研究者ロバート・カプランによって推進されてきたような,組織におけるベストプラクティスをケース研究としてテキスト化する方法が,単純に,特定の技法をフィールドの中に実在するかのように捉えようとしてきた点にある。すなわちカプランは,「私たちは,ただ適切な解が姿を現したときにそれを捉えれば良い」(Kaplan, 1998, 98) と述べていたが,アーレンとチャップマンの理解によれば,何が問題で,何が解となるのか,またその成否など,通常,会計実践とはもっと曖昧なものなのである (Ahrens and Chapman, 2007a, 108)。

　カプランといえば,ABC や BSC といった革新的管理会計技法を開発・普及した研究者として有名であるが,そうした研究活動の直接的な動機は,1980年代アメリカの政治経済的な背景にあった。それは,『レレバンス・ロスト』と名づけられた著書の中で,1980年代に進展した技術革新や,国際的な競争環境,またそれに伴って進められた規制緩和という政治的な背景のもと,およそ1900年前後に体系化されていた原価計算や業績評価が,もはや有用性を喪失してしまったことを嘆いていたことからも理解することができる。カプランは,こうした背景の中で,TQM, JIT, ERP といった革新的な技法を推進しようとしていた企業に注目するとともに,自らも ABC や BSC といった管理会計技法を開発・普及することに努めてきたのである (Johnson and Kaplan, 1987)。さらに,それらの技法の有効性をフィールドの中で検証するという研究方法をアクションリサーチと呼び,一見コンサルタントのように見られる彼ら自身の研究アプローチを,経験的で科学的なものとして正統化することも試みたのであった (Kaplan, 1998)。

　しかし,会計実践とその文脈を重視する会計研究者が疑問視したのは,そうした革新的手法として次々に紹介される管理会計技法,たとえば DCF, TQM, JIT, ABC, BSC, ERP と略称される技法を,無批判に推進しようとする研究動機に他ならなかった。すなわち,彼らは,革新的な管理会計技法の実在性を

信じる,素朴な実体的思考を相対化しようと試みたのである。たとえば,会計社会学者のピーター・ミラーは,企業内部の実務家が直面する問題を解決するために革新的な管理会計技法が生まれてきた,すなわち実務家の意思決定への有用性の中にその革新性の根源を見ていたカプランらの議論に反して,1960年代から80年代にかけてイギリスで普及したDCF法の革新は,決してそのような単純なものではなかったことを明らかにしようとしている (Miller, 1991a)。ミラーによれば,当時推進されていたDCF法は,実務家の必要性に応えたというよりも,むしろ当時の政策プログラムと密接に関わっていたのである。つまり,政府は,民間企業にせよ国有化産業にせよ投資意思決定自体の裁量は各組織に委ねながら,適切な割引率を提示することによってその効果を間接的に操作するという巧妙な役割を,DCF法に担わせていたのである。

　また,革新的な管理会計技法や,その企業への導入の成否を検証しようとする研究アプローチが,カプランら著名な研究者によって強く唱道されてきたのに反し,その現実的なプロセスが実際には非常に複雑であったことを明らかにしようとしている研究もある (Briers and Chua, 2001)。具体的には,1988年から91年にかけてのオーストラリア鉄鋼業界における調査を通じて,戦略的に最適な技法として認められたためにABCの導入が成されたのではなく,むしろ現場の意識をグローバルな動向へ結びつけることが主眼とされていた企業事例を紹介している。つまり,1980年代のオーストラリア企業は,政府による関税の大幅な引き下げによってグローバル競争という環境に直面していたのであり,ABCはグローバル企業としての印象を顕示するための手段として利用されていたのであった。

　さらに,マネジャーやコンサルタント,システムデザイナーによって首尾よく設計されたような戦略的管理会計技法が直接的に組織に導入されるという見方は不適切であり,むしろそれらは,設計者自身の戦略をも含むさまざまな要因の相互作用の結果として捉えることしかできない点を強調しようとする研究もある (Preston *et al.*, 1992)。具体的には,1980年代のイギリス国民健康保険制度の再建過程が例示されながら,その民間部門の予算制度の導入という一般的な見方に対して,実際には単純に導入と呼べるようなものではなく,医療制度と経済効率性の対立を含む複雑な政治的交渉の結果として捉える以外にはなかった様子が示されている。

第 2 章　科学的会計研究批判

　このように，これらの会計社会学が批判的に検討してきたのは，カプランらの経験的研究が前提とする管理会計技法そのものの実体性であった。それは単純に組織に導入できるようなものではなく，また背景にある政治的な傾向と切り離しては決して捉えられず，組織的文脈における政治的な交渉の結果としてしか理解されえない点が強調される。ここで，アメリカの政治的背景を簡単に振り返れば，建国期である1800年頃以来，政治的にはトーマス・ジェファーソンの民主主義思想のもとで，経済的にはアダム・スミスによる古典的な自由主義体制が採用されてきた。19世紀の終わり頃には，企業の大規模化による独占体制が懸念されるようになり，革新主義思想や反トラスト規制が論じられるようになった。その後，1929年の大恐慌を境に，フランクリン・ルーズベルトのニューディール政策やケインズ理論を経ながら福祉国家体制へと移行し，それまでの自由企業経済体制がしばらく影を潜めることになる。しかしながら，1970年頃にはそうした福祉国家体制の財政規模が膨張し，現在に至るまで，減税や規制緩和を掲げた新自由主義が推進されている。このように，アメリカの政治的背景は，自由経済体制と計画経済体制の狭間で揺れ動いてきたのである（嘉治, 1992）。

　カプランらが指摘した「レレバンス・ロスト」という概念は，1900年頃から利用され始め，その後急速に拡大した管理会計技法が1970年代以降の経済環境に適さなくなったことを嘆いたものであったが，それはちょうど大規模組織の中で利用されていた技法が，ときを経た新自由主義体制下で有用性を失ったことを意味していたのである。そこで，カプランらは ABC や BSC など，時代に適した革新的な管理会計技法の開発と普及に専心し，自らの活動を経験的研究として科学性を付与しようとしたのである。しかし，それに反して上で見たような会計社会学は，そうした新自由主義的な傾向に沿う技術を革新的なものとして実体化し，単純にその普及活動を行う研究者の姿勢を暗に非難していたのである。

　現在では，新自由主義が維持されたままではあるが，それが貧困問題や環境問題など，多様な社会問題の遠因となっていることへの反省から，「環境と経済の両立」や「サステナビリティ」といった政策プログラムが（特に EU 諸国を中心に）進展しつつあり，管理会計の領域では，それに伴って LCA や MFCA といった革新的技法が紹介され始めている。しかしながら，先述した

会計社会学の議論を真摯に受け止めるなら，大事なことは，どちらの政策プログラムを選択すべきなのかということよりも，無批判に一方のプログラムを受け入れ，その手段を実体的に捉えようとしてきたことへの反省にあったと言えるだろう。もちろん，進行中のプログラムの全体像を捉えることは難しく，組織的文脈の中にそのプログラムがどのように反映されているのかを読み解くことは容易な作業ではないが，研究者が単純に特定のプログラムを推進することへの自省的態度の中にこそ科学哲学の教訓があるとすれば，こうした考察の意義は非常に大きいものと言えるだろう。

4　実証主義会計の経済学的閉鎖性

　経験的管理会計研究の動向を網羅的にレビューしているクリストファー・イトナーとデイヴィッド・ラーカーの研究を見れば，近年の新自由主義という政策プログラムと呼応するかのように，管理会計研究者の主たる関心も移り変わってきていることがわかる。すなわち，1980年頃までは主として大企業のプランニングやコントロールに焦点が当てられていたが，1980年代以降の管理会計研究は，徐々に企業価値の向上につながるような革新的技法を記述的に分析することに専心するようになってきている（Ittner and Larcker, 2001, 352）。

　しかし，こうした研究の動向に対して，実証主義会計を推進する会計学者ジェロルド・ジマーマンは，最近の経験的な管理会計研究が，新しい会計実践を記述することに焦点を当てるあまり，体系的な知識を獲得することに失敗していると批判する。なぜならそれは，理論基盤を欠いているだけでなく，そうした理論から導かれる仮説を検証しようともしていないからである。経験的管理会計研究が分析の対象とする ABC や BSC などの革新的な会計技法は，一見理論のようにも見えるが，それらはすべての企業で利用されるべきであると推奨されているのみで，たとえば，どのような企業がいつ利用するのかを予測的に説明するものではなく，この意味で実証可能な理論ではないと指摘している。むしろそれらは，コンサルタントとして企業に関与することを目指すための道具であり，経験的管理会計研究は，それらの技法を記述的に説明するのみで，理論を検証しようとはしてこなかったと批判したのである（Zimmerman,

2001)。

　それに対して,ジマーマンは,実証可能な理論基盤として経済学の重要性を示唆し,そこから導かれるさまざまな理論,たとえば,効率市場仮説 (Fama, 1970),エージェンシー理論 (Jensen and Meckling, 1976),規制理論 (Stigler, 1971) などが,会計現象を説明する上でも有用であると主張する。以下では,ジマーマンが1986年に,同じく実証主義会計を専門とするロス・ワッツと共同で執筆した『実証主義会計理論』(Watts and Zimmerman, 1986) を改めて振り返ってみよう。

　ワッツとジマーマンによれば,そもそも科学的な会計理論とは,会計実務を説明し予測するものでなければならない。ここで,説明とは,観察される実務について理由を述べることであるのに対して,予測とは,その理論に基づいていまだ観察されていない会計現象を説明することである。こうした科学的な会計理論が求められる理由は,会計技術に関して意思決定をしなければならない者,たとえば公認会計士や証券アナリスト,銀行,規制機関などが,代替的な会計手段がどのように自らの期待効用に影響を及ぼすのかについて知りたがっているからである。したがって,ある特定の会計手段の選択が,彼らの効用にどのような影響を及ぼすのか,また及ぼす可能性があるのかを説明し予測する会計理論を開発するためには,すべての人が自分自身の効用を最大化するように行動するという,経済学的な仮定を設けることが必要となる。

　たとえば,効率市場仮説という経済学理論に基づけば,市場参加者の間に生じている情報への競争から,彼らは会計報告以外の情報源からも会社に関する情報を積極的に利用しようとするため,現在の株価は会計利益情報も織り込み済みであるという仮説が導かれ,結果として,会計利益と株価の関係や,会計手続きの変更と株価の関係が,実証可能な仮説として提示されることになる (Fama, 1970; Watts and Zimmerman, 1986)。

　また,経営者と株主の関係を経済学的に分析しようとするエージェンシー理論に基づけば,両者の利害が根本的に対立する関係にあることから生じるエージェンシー費用を抑えるためにさまざまな契約が結ばれることになると予想されるが,この過程で,株主を説得するために経営者が積極的に負担するボンディング活動や,経営者の怠業を減らすために株主が負担するモニタリング活動の一部として,会計が重要な役割を果たすことが期待される。たとえば,

エージェンシー費用を削減するために利用される経営者報酬制度や監査制度は，契約関係における会計の役割について，経済学的な視点から端的に表現されたものと捉えられている（Jensen and Meckling, 1976; Watts and Zimmerman, 1986）。

さらに，政治過程を資源配分に関する個々人の競争と見なす規制理論によれば，規制は産業自身によって取り込まれることもあり，そこではそれが都合よく設計され回避される可能性もある。たとえば，会計との関わりを考える場合，ある会社の報告利益が極端に大きければ独占の証拠として利用される可能性があるため，そうした政治的圧力のもとにある経営者は，利益の数値を減らすような会計手続きを選択することが予測されるだろう（Stigler, 1971; Watts and Zimmerman, 1986）。

このように，ワッツとジマーマンは，会計に関わる人々が意思決定をする際に有用な説明や予測を提示することこそ，会計理論の最も重要な役割であると理解し，その前提には，それらの人々が自分自身の効用を最大化するために行動するという経済合理的な仮定が置かれていた。つまり，そこでは意思決定者が入手可能なあらゆる情報を獲得することに努めるものであり，契約に際しては自身にとって最も都合の良い手段を講ずるものと仮定されているのである。しかしながら，これはあくまでも経済学における仮定の1つであって，現在，こうした考え方が普遍的に受け入れられているとは決して言えない。たとえば，行動科学者ジェームズ・マーチは，経済学で仮定されているような意思決定モデルは，決して現実の世界では成り立ちえないこと，つまり，それは選択の曖昧さをしばしば見落としてきたと主張する（March, 1987）。マーチによれば，人々は「限定的な合理性」のためにすべてのことを知ることはできず，常に不完全な情報のもとで意思決定を行っている。したがって，意思決定とは，代替案の中から最適な解を選択するようなものではなく，その人の主観的な印象に基づく，神聖な儀式として理解されることになる。また，同じく社会学者ジョン・マイヤーも同僚のブライアン・ローワンとともに，ある組織形態が存続しているのは，決してそれが効率的であるからではなく，社会的慣習に従った正統化（legitimacy）のため，あるいは他の組織を模倣（isomorphism）しているだけに過ぎない点を強調している（Meyer and Rowan, 1977）。

ここで，こうした社会学者らの主張を受け入れるなら，一見，経済学的な前提は反証されているようにも思えるが，この仮定が手放されることなく現在も

脈々と実証研究が続けられているのは,「たとえ多くの予測誤差を生み出すとしても,私たちがある理論を放棄しないのは,その理論に基づいて行う予測に価値があるからである」(Watts and Zimmerman, 1986, 12) という,彼らの科学的理論に対する特徴的な価値観に根差しているためである[3]。つまり彼らは,「私たちは他の理論との競争に勝ち抜いた理論を選択するのであって,その理論は,自然淘汰により,それ自体で存続するに最適な理論であることを証明している」(ポパーの言葉。Watts and Zimmerman, 1986, 12より引用) という,科学哲学者カール・ポパーの主張に依拠することで,経済学的な仮定の意味を問わないことへ暗黙のうちに合意していたのである。しかしながら,経済学的な仮定はそれが現在存続している限り最適であり価値あるものであるため,その前提を問う必要はないという,一見トートロジーのようにも思える彼らの思考が,これまで一度も問われたことがなかったのかと言えば,そういうわけではない。たとえば,会計学者であるティンカーらは,実証主義会計が想定している経済学的前提は,効用価値説という特定の価値観に依拠するものであって,決して社会的に中立的であるわけではなく,それが多くの問題を覆い隠してきた点を批判していた。具体的には,たとえば「資本」といった概念は,効用価値説によれば,富を生み出すための一要素として固定的に捉えられるが,労働時間の等価交換を想定する労働価値説に基づくならば,それは社会的関係に依存する,可変的な概念として捉えられることになる (Tinker et al., 1982)。ここで彼らの批判は,単にマルクス主義的な観点から新古典派経済学の理論的前提の視野の狭さを指摘したものに過ぎないが,大事なことは,ワッツとジマーマンが依拠していた理論的前提が容易に問題化されうる点にある。ジマーマンは,先の経験的管理会計研究を批判的に検討した論文の中でも,観察された変則的データがある理論を棄却することを科学哲学者トーマス・クーンの「パラダイム」概念に関連づけて理解していた節があるが (Zimmerman, 2001, 418),ここでのクーンのパラダイム変革と言えば,経済学的前提そのものを棄却することであろう。このような,理論的前提に関する問題は非常に根深いものであり,これを理解するためには,彼らが依拠するポパーの科学的探究の方法とその意図について,改めて詳細に検討する必要がある。

5　資本主義における複式簿記と近代性批判

　科学哲学者として有名なポパーは,『歴史主義の貧困』という書物の中で,歴史主義者が自分たちのお気に入りの歴史的趨勢を固く信じ,それが消え去る諸条件を考えようとしない点を想像力の貧困として批判し,歴史的研究の中にも自然主義的思考を取り入れることの必要性を論じていた(ポパー,1961)。ここで自然主義的思考とは,主として特定の個体(実在物)を分析の対象とする思考であり,そこでは科学の任務が,たとえば原子や光の「本質」を探究することではなく,それらの諸事物がどのように運動するのかについて説明し予測することにあると想定される。それに対して歴史主義とは,たとえば国家や市民の「本質」,つまり普遍名辞(実念物)を探究するために,必然的に変化の過程,すなわち歴史を考察するものと想定される。なぜなら,「本質」とは変化や歴史の中にしか捉えられないものであるからである。ポパーの言う自然主義的思考とは,私たちが一般的に自然科学と理解しているものと対応しており,彼は,歴史的研究にも自然主義を適応し,社会現象を科学的に分析する社会科学の基礎を提示しようとしたのであった。

　彼によれば,社会科学が対象とする社会は単なる人々の寄せ集めではなく,それ自体が伝統や儀礼的慣習を有しているために,あるがままの社会を理解しようとすれば,どうしてもその歴史を調べなければならない。しかしながら,歴史主義者は,しばしばこうした観点から紡ぎ出した歴史的趨勢を歴史法則として理論化し,やがてその法則に適合した計画や行動を合理的なものと見なすようになる。すなわち,彼らは大きな歴史法則に適合するように社会全体の変革を目指すようになり,そこでは歴史的趨勢という大きさゆえに,法則自体を批判しその成否を検証する可能性が排除される傾向にある点が問題として指摘される。つまり,私たちにとって,「われわれ自身の過ちに批判的であることが,十分に難しいことであるのだが,多くの人間の生命をまきこむような自分の行動の過ちに対しても,批判的な態度をとりつづけることは,われわれにとってほとんど不可能に近い……別の言い方をすれば,非常に大きい過ちから学ぶということは,極めて困難」(ポパー,1961,137-8)なのである。そもそも科学的方法の本質は批判的精神に基づく試行錯誤であるにもかかわらず,歴

第 2 章 科学的会計研究批判

史主義は全体論的であって，扱う問題も大き過ぎ，誤りが受け入れられにくいため，科学の対象とはならないというのが，ポパーの主張の核心である。こうした主張を展開するポパーの動機は，歴史主義が提示する法則が教条化し，やがて全体主義へと至る可能性を忌避していた点にあったが[4]，これに対してポパーは，目的を所与として問わず，ただ多様な目的が相互に両立しうるか否か，あるいは実現可能か否かを問う，「ピースミール工学」という経験的・個別的アプローチを提唱し，社会科学で利用することを求めたのである。すなわち，そのアプローチは，ちょうど物理学者や技術者が多様な機械を設計したりそれらを作り直したりするのと同じように，社会制度を有機体ではなく機械であるかのように取り扱おうとする方法であり，そこには社会現象を自然主義的に捉えようとする思考が反映されている。

　ここで，ポパーが論じていた歴史主義と自然主義の背後には，実は観念論（idealism）と実在論（realism）という哲学上の大きな対立があり，歴史的研究の中に自然主義的思考を取り入れようとした彼の試みは，その対立を解消するどころか，単に社会現象においても実在論の立場を採用することを主張していたに過ぎない。そもそもこの哲学的対立については，中世には実念論（realism）と唯名論（nominalism）の間で，普遍的対象の存在を巡って大きな論争が繰り広げられ，また近代では，理性論（rationalism）と経験論（empiricism）の間で，人間の認識の方法について論争され，実際のところいまだ解消されてもいない。実は，当の歴史的研究の文脈でも，ポパーが論じるずっと以前からこの哲学的対立のもとで異なる研究アプローチが論争し合ってきたのである。

　たとえば，哲学者ゲオルク・ヴィルヘルム・フリードリヒ・ヘーゲルは，『歴史哲学講義』において，「ごく普通の平凡な歴史家が，自分は史実をそのまま受けいれているだけだ，と考えたり，言明したりする場合でも，その歴史家の思考は受動的ではなく，彼は自分の思考の枠組をもちこんで，それによって事実を見ています」（ヘーゲル，1994，27）と述べ，理性がなければ世界を認識できないこと，したがって，そもそも歴史とはその理性が現れる過程，具体的には自由の意識が人間精神の中へ浸透していく過程であると主張している。すなわち，人間精神の本質である「自由の原理を世俗の世界に適用し，世俗の状態に自由を浸透させ確立するには，長い時間の経過が必要で，その経過が歴史自体なのです」（ヘーゲル，1994，40）。

これに対し，歴史家レオポルト・フォン・ランケは，歴史の中に人間精神の段階的な発展があることは認めながらも，この普遍史的な運動に参加しているのは全人類の中でも限られた系統に過ぎず，そうした運動に全く関与していない文化や民族が存在することを指摘し，歴史とは，どの時代であっても，その個々の個性的な記述そのものに独自の魅力がありまた意味があると主張する（ランケ，1998，15）。したがって，ランケは，人間精神といったような原理に頼るのではなく，個々の歴史的事実を具体的な史料に基づいて考察することの重要性を訴え，ここに厳密な史料批判を基礎とする近代歴史学の確立を見る者もいる[5]。

　もちろん，会計学における歴史的研究も，こうした哲学的対立から無縁ではいられなかった。第1章で触れたように，その対立は，資本主義の発展と複式簿記の役割に関する論争の中に反映されている。資本主義の発展を，社会生活が合理化されていく過程の中に捉えようとしたウェーバーは，「貸借を一致させるという近代的な簿記手法を通じた計算によって収益を決定する会計は，資本主義のための合理的な装置である」（Weber, 1981, 275）と述べ，資本主義の発展と複式簿記の関係に注目していた。すなわち，ウェーバーは，複式簿記を技術的に最も進んだ利益計算装置（Weber, 1978, 92）であると見なし，複式簿記を中心に据えた歴史的研究のための視点を提示したのであった。また，同僚であったゾンバルトも，「資本主義の発展の最も本質的な意味において複式簿記が決定的に重要であり，もし複式簿記が存在しなければ人は資本主義を想像することすらできなかった」（Sombart, 1953, 38）と述べ，この視点をさらに強化していた。ゾンバルトによれば，複式簿記によって事業資産を個人資産から分離することが可能になり，結果として企業が営利活動に専念できるようになったのである（Sombart, 1953, 39）。

　これに対し，会計史家のヤーメイは，1494年にパチョーリが著した『スムマ』以降次々と出版されるようになった簿記書の中に記されている商人や簿記係の言葉等，厳密な史料批判に基づきながら，実務的には複式簿記がそれほど広くは利用されていなかった点を指摘し，先に見たウェーバーやゾンバルトの見解を反証した（Yamey, 1949; 1964）。具体的には，勘定の締切りが利益の計算のためではなく余白との関係で行われていた事例や，ジョイント・ストック・カンパニーが複式簿記なしで機能していた事例を示しながら，「大半の商人は，

おそらく自分たちの事業内容について直接的に関わっていたために，資産規模や事業結果について間接的にしか教えてくれないような，精密な会計計算を必要とはしていなかった」(Yamey, 1949, 111) と述べている。しかしながら，このようにゾンバルトが提示した見解の当否がいずれであるにせよ，ここでは両者の間に潜む哲学的な対立，すなわち歴史研究における理性的・普遍的アプローチと経験的・個別的アプローチの関係をもう少し詳細に検討してみたい。

　こうした対立関係に真正面から取り組んだ歴史哲学者であるエルンスト・トレルチは，もし理性的な観点から論理的に歴史を解釈していくとすれば，現実の歴史を大きく抑圧してしまう可能性があり，これこそヘーゲルが犯したことであったと指摘する。また他方で，ランケのようにあらゆる時代を神に直接するものと考え，個々の史料からその時々の傾向を読み取ろうとすれば，今度は歴史全体を見渡し，歴史を歴史として捉える統一的理念がたちまち見失われてしまうと指摘する。すなわち，「現実の歴史に没頭していけば，理念が消え，理念から構成していけば，現実の歴史が消える」(トレルチ，1980, 199) ことになり，歴史研究における理性的・普遍的アプローチと経験的・個別的アプローチの根本的な対立関係を端的に明示したのである[6]。しかしながら，トレルチによれば，当時史料編纂に関わっていた指導的な歴史家たちは，歴史記述に際してあまりにも多くの事柄に注意を払わなければならず，またこうした哲学的問題について考察する訓練を十分には受けていなかったため，彼らに代わってその考察のための基礎を提示することが，トレルチの大きな研究動機となったのである。

　トレルチによれば，歴史家が経験的・個別的アプローチを採用するとき，そこでは普遍的なものは自分で考え出すものではなく，個々の事物を考察するうちに，姿を現してくるものであると捉えられている。しかしながら，そもそも「純粋に観照的で，純粋に客観的な事実を再現する普遍史というものはおよそ存在しない」(トレルチ，1982, 8) と述べ，これはランケの世界史にしても決してその例外ではなかったと主張する。つまり，彼が利用した諸概念の本質を鋭く観察すれば，それが当時の世界観に即して叙述されており，厳密には，実はしばしば対立的に捉えられてきたヘーゲルの理念世界から強い影響を受けていたのである[7]。ここで，こうしたトレルチの主張の意味を理解するためには，現在の歴史観が，近代的認識の1つであり，それは近代の倫理や文化と極めて

密接につながっていたという彼の思考の全体を把握する必要がある。

　しばしば対立的に捉えられてきた「自然主義と歴史主義とは、近代世界の二つの巨大な科学的創造であり、この意味においてそれらは、古代にも中世にも知られていないものであった」(トレルチ, 1980, 159)。トレルチは、このように述べながら、一方で自然主義とは空間における物的大きさを認識することであり、他方歴史主義とは精神の自己理解であり、それらは、デカルトによって基礎づけられてきた意識、つまり人間の認識を分析する近代哲学を共通の根源としている。そして、この認識論に重心を置くことが、近代哲学を古代哲学や、また古代哲学を宗教的に改造した中世哲学とも異なる点であると指摘する。すなわち、「古代と中世の哲学は、どんなに詳細に考えられたものでも、存在論から出発していた」(160) のである。トレルチによれば、近代的な影響のもと、それまでとは異なる意識の分析から出発したとき、物体に関する普遍法則を認識しようとする方向と、自己に関する歴史的、発生学的意識へ向かう方向が生まれ、ヘーゲルやランケもこうした認識の影響下にあったのである。すなわち、「人々は基本的な生の内容に関して人間の『本性』の同質性から出発し、自己認識が同時に人間一般の知であると仮定したのである。(また) 多くの歴史家たちはこの想定の上に……歴史一般の認識論を基礎づけてきたのである」(トレルチ, 1988, 312-3)。

　こうしたトレルチの思考と対応するかのように、現在では、理性論を経験論によって退けようとする不毛な試みは回避され、むしろ認識論そのものが相対化されるようになっている。たとえば、次章で詳しく見るように、哲学者ミシェル・フーコーは、そのような認識の基礎となる言葉の布置に注目し、人間とは「物の秩序が知のなかで最近とった新しい配置によって描き出されたひとつの布置以外の何ものでもない」(フーコー, 1974, 22) と述べ、今やその布置が崩壊しつつあり、そこに人間が死滅しつつある兆候を読み取ろうとしている[8]。また、こうした認識論の相対化に対応する形で、会計学の領域においても、会計に関わる言葉の布置の中に近代的な人間が構成されてきた側面を記述しようとしたり[9]、いまだ人間の認識が中心になかった時代、つまり神が存在した世界における会計の役割を描き出そうとしたりすることが試みられている[10]。

　こうした観点からすれば、歴史主義を想像力の貧困として退け、逆に「ピー

スミール工学」という経験的・個別的アプローチを社会科学の普遍的な方法として確立しようとしたポパーの単純な発想は，根本的な論理的矛盾を見落としていたことが明白になってくる。たとえば，歴史主義が採用する理性的・普遍的アプローチは全体論的であるがゆえに全体主義に陥るとして，ポパーは，全体主義を歴史主義に固有の問題として捉えていたが，本節で見てきたように，全体論は決して批判不可能ではなく，実際フーコーが批判しており，またその成否は問わずとも，ポパー本人も試みていたのである。

ここで，ポパーとは異なり，個々人の心の中に潜む「凡庸な悪」，つまり思考を停止させ体制を支持するよう人々に迫る性向の中に全体主義の起源を見出していた政治哲学者ハンナ・アレントの視点を借りるなら（アレント，2007），むしろ仮説の批判的精神より，検証行為を重視する現在の科学活動こそ，ピア・レビューを重視する，経験論による全体主義に陥っていると言えるかもしれない。彼女は，複数のパースペクティヴを許容することが全体主義の解消につながると論じていたが，これを受け入れるとすれば，経験的・個別的アプローチが複数の視点を生み出すことが必要となる。しかしながら，その個別性は，全体の一部という意味ではありえても，必ずしも多様な視点を生み出せてはいないのである。

6　おわりに

近代会計学の大家アナリアス・チャールズ・リトルトンは，かつて次にように述べていた。

> 「会計は相対的でありかつ進歩的でもある。それを形成する現象は絶えず変化している。変化した環境のもとでは古い方法は有効性を失い，また従来の思考は新しい問題の前では有用性を失う。このようにそれを取り巻く環境が新しい思考を生み出し，新しい方法の創造力を刺激する。そして，この新しい思考や方法は，周りの環境をも作り変えて初めて成功する。私たちはこれを進歩と呼ぶ。」(Littleton, 1933, 361)

相対的思考とは，主体や客体の関係によって，また時間や空間の変化によって，一切のものが変化すると考える立場である。本章では，会計を相対的に捉えようとしてきた会計社会学を振り返りながら，その現代的な地平を求めてきた。そこでは組織内部における管理会計が，外部のさまざまな要因に規定されていることが示され，また経済学に基づく理論的前提が，行動科学や社会学のもとでは必ずしも成立しないことが指摘された。一見，歴史の中の会計が相対的であることはある意味自明のことにように思われるが，歴史そのものを振り返る視点もまた相対化され，そこでは近代を基点とする進歩的な歴史観が退けられていた。リトルトンが指摘したように，会計を取り巻く環境が絶えず変化しているのであれば，私たちは，これからもこうした視点を慎重に吟味し続けることが求められるだろう。次章では，その一例として，近年の会計社会学が積極的に開拓しようとしてきた視点について，その代表例であるミラーの議論を取り上げながら，詳しく見てみることにしよう。

◆注
1 　同誌創刊当初より当該領域の開拓に貢献し，その発展を牽引してきた主要な研究者らの関心については，Hopwood and Miller（1994）を参照されたい。
2 　このアプローチの理論的背景に関する詳細については，第3章を参照されたい。
3 　これは，彼らが，理論の成功や存続を決定する要因として，「その利用者にとっての価値」（Watts and Zimmerman, 1986, 11）を第一に想定していることからも理解することができる。しかしながら，本章の観点からすれば，問題は，その利用者そのものの性質が，ポパー同様，それほど深くは詮索されてこなかった点にある。
4 　同書の扉に差し挟まれた「歴史的命運という峻厳な法則を信じたファシストやコミュニストの犠牲となった，あらゆる信条，国籍，民族に属する無数の男女への追憶に献ぐ」という表現に端的に現れている。また，同様の主旨で，プラトン以来の観念論を批判的に検討している『開かれた社会とその敵』（ポパー，1980a；1980b）も参照されたい。
5 　たとえば，佐藤（2006）の解説を参照されたい。
6 　こうした歴史研究における哲学的な対立を，トレルチはさらに以下のように説明している。「もし人々が理念や基準から出発するならば，歴史なき合理主義に落ち込み，経験的歴史とその実践に対する関連を喪失する。しかしまた，もし歴史的・個性的なものから出発し，それによって歴史研究に同調し続けるならば，際限なき相対主義や懐疑主義に脅かされることになる。この両方の道を巧妙な発展概念によって相互に接近させようと試みると，この二つの構成部分は繰り返し互いに分裂し合う。そこで思いきって現在の決断と形成の中に立場を取ると，今度はあまりにも簡単に歴史と理念の両方を一度に喪失するはめ

に陥る。この問題の大変な困難さを十分に受け取ると，今度はそれがいよいよ苦しいものになり，教会の権威や啓示に是非とも逆戻りしたくなる。それはちょうど昔も今もロマン主義者がきわめてもっともな理由から行ってきたことであり，また再び行うであろうことである」(トレルチ，1980，244)。

7 会計学における歴史的研究においても，同様の傾向を看て取ることができる。たとえば，複式簿記を中心とする史料編纂の全体像がどのように形成されてきたのかについて検討している会計学者ミラーとネイピアは，資本主義の発展との関係を反証したヤーメイの分析を批判的に振り返りながら，それが会計史研究の分析対象を措定するだけでなく，その分析方法や証拠の評価規準までをも規定してきた側面を指摘している（Miller and Napier, 1993）。

8 フーコーは，この人間という存在の儚さを次のように表現している。「人間は，われわれの思考の考古学によってその日付けの新しさが容易に示されるような発明品にすぎぬ。そしておそらくその終焉は間近いのだ。もしもこうした配置が，あらわれた以上消えつつもあるのだとすれば……そのときこそ賭けてもいい，人間は波打ちぎわの砂の表情のように消滅するであろうと」(フーコー，1974，409)。

9 たとえば，Miller and O'Leary (1987) を参照されたい。

10 たとえば，Quattrone (2004) を参照されたい。

第3章
計算可能な人間と空間

　本章では，会計による計算の結果として現れる，統治可能な対象としての人間と空間について考察する。具体的には，他人の行動の潜在領域を可視化し，その中で起こりうる行為に対して，間接的な影響を及ぼすことを可能にするような，統治手段としての会計に注目する。このような論点は，会計社会学と呼ばれる領域において，これまで主要な研究テーマの1つであった。本章では，その意味を理解するために，会計という計算を通じて，いかに人間と空間が統治対象として構築されるのかを明らかにする。そこでは，まず，フランスの哲学者フーコーの議論を紐解きながら，会計計算の中に人間が統治可能な対象として可視化されることの意味を明示する。続いて，同じくフランスの哲学者ラトゥールの議論を紐解きながら，会計数値を蓄積していくことの結果として現れる，統治のための中心点について明示する。

1　はじめに

　19世紀フランスの小説家オノレ・ド・バルザックは，その風刺の効いた作品『役人の生理学』を通じて，当時フランスの官僚組織の性格を次のように形容していた。

> 「個人的利害と金銭に基礎を置く現代の社会では……数字こそは最も説得力を持つ根拠のひとつであり，またインテリ大衆なるものを納得させるには，数字の列挙以上に効力を発揮するものはない。我が国の政治家が言っているように，要するにすべては数字で解決されるのである。」（バルザック，2013，23）

　その直前に「現代の政治家は，数字が即計算だと思いこみ，なにかというとすぐ統計を持ちだしたがる……」（22-3）と置かれていたことからもわかる通り，ここでのバルザックの直接的な批判対象は統計数値であったが，その内容からも読み取れるように，会計数値もまたそこに含まれることに異論はないだろう。社会における数字や計算の影響力の大きさは，今なお計りしれないほどである。

　官僚的な支配構造の歴史的展開において，数値や計算が重要な役割を担ってきたことを，いくつかの西洋型近代社会（具体的には，アメリカ，イギリス，フランス）の事例を紐解きながら，詳細な分析を行った科学社会学者セオドア・ポーターは，社会科学における定量化手法には，ある重要な特徴があると述べる。それは，人々を特定のカテゴリーに分類して計測することであり，それによって，彼らから彼らの個性を取り除くことである（ポーター，2013，113）。こうした観点から，ポーターは，会計や統計を，単純かつ機械的な作業として片づけてしまうことのないように注意を促している。それらは，国家や市場という世界を組織化するための重要な方法であり，「会計や統計はつまらないという評判が，かえってそれらの権威を維持することを助長している」(79) と指摘する。すなわち，社会現象としての会計は，一般的に考えられているよりもはるかに有力であり，かつ問題を含むものである。本章では，ポーターによって提示されていたこのような論点が，これまで会計社会学の領域において，どのように取り上げられてきたのかについて，振り返ってみることにしたい。

2　会計数値による統治

　会計学において同様の論点を深く掘り下げ，会計社会学と呼ばれる領域を率先して開拓してきたのが，第2章でも触れた，イギリスの会計学者ピーター・ミラーであった。ミラーは，現代社会の広範囲にわたって実践されている経済計算装置，すなわち会計が，その領域の外側では（たとえ比較的近い分野においても），数値による統治という研究関心のもとでは，ほとんど議論の対象として取り上げられてこなかったことを嘆いていた（Miller, 1994, 239）。一般的に会計に対するイメージは，経理担当者が目立たない所で帳簿をつけ，元帳を整理し，その結果をコンピュータ上の表の中に入力しさえすれば，害のない数値として現れるものと思われているのかもしれない。しかしながらミラーは，実際には会計が，個々人の責任を計算可能かつ比較可能なものとして確立することに顕著な特徴を持つ，重要な専門知識体系であると主張する（240）。ミラーによれば，会計は，人々の関心をある設定された財務上の目標の達成へと向けることによって，個々人を計算可能な人間として抽象的な空間の中に位置づけ，そうして長い年月を経ながら，ある特定の権力者の意思へ無意識のうちに服従する仕組みを編成してきたのである（240）。

　このような計算実務の編成は，今日，管理会計と呼ばれる領域において顕著である。そこには，原価計算，予算編成，差異分析，ROE計算，DCF法など，多様な技法が含まれ，今や管理会計は，民間企業だけでなく，保健や教育，社会福祉など広範な公的部門を管理するための実践としても捉えられるようになりつつある。ミラーは，このように計算によって個々人を特定し，その責任関係を明示化することが，西洋国家における統治戦略のもとで，ますます日常的な実践となっていることに注意を向けようとしたのであった（Miller, 1994, 242-3）。

　周知のように，標準原価計算や予算編成，差異分析といった管理会計上の計算技法が，アメリカの製造企業を中心に現れ，広範かつ体系的に導入されるようになったのは，20世紀以降のことである。また，それらの計算技法が，経済効率性の名のもとに，公的部門管理のための新しいモデルとして捉えられるようになってきたのは，比較的最近のことである。こうして20世紀を通じて，詳

細で正確さを備えた計算技法への希求が会計家を活気づけ，次々と新たな技法の開発に取り組まれてきた。その過程で開発された計算技法が，徐々に生産現場を離れ組織階層を上るにつれ，経営者による管理の可能性がますます広がることになった。ミラーによれば，そのような管理可能性の拡大は，会計による可視性，計算可能性，比較可能性の創造を通じて初めて達成されたのである。こうして「数値による統治」が，少なくとも西洋型経済社会においては，合理的な経営管理の顕著な特徴の1つとなり，会計という計算技法の利用が，管理者にとっての必須の活動となり，さもなければ主観的な判断ともなりやすい意思決定に，客観性や中立性，そして正統性をもたらすものと考えられるようになったと分析している（Miller, 1994, 250）。

ここで，ミラーの分析の特徴は，そのような管理会計の発展過程を，計算可能な「人間」と「空間」の構築という，2つの側面から捉えようとしている点にある。まず，会計という計算技法は，経営者や労働者だけでなく医者や教師に至るまで，それらすべての個々人を計算可能な対象へと変換できる点に，その大きな特徴があると述べる。ミラーによれば，そのような人間を計算可能な対象として描き出す契機は，1900年から1930年頃にかけて，工場を効率的に管理しようとする中で生まれてきた，原価計算の再編にあった。この時期に，原価計算の語彙と技法が大きく変化し，事前に定められた「標準」となる原価と，実際にかかった原価を比較するという標準原価計算の開発が，その変化の核心であったと主張する（Miller, 1994, 248）。それによって，特定の業務にかかる標準原価や平均原価を事前に計算できるようになり，実際の原価がその「標準」からどの程度離れているのかを分析することが可能となったのである。また，それに伴いながら生まれてきた差異分析や予算統制といった技法が，生産に必要な原材料と労働力のレベルから全社的な利益計算のレベルに至るまで適用することが可能となり，それによって，経済的な規範が，すべての個々人の内面へと浸透することになった（247-8）。

しかしながらミラーは，会計という計算技法が，人間の能力や特性に変化をもたらした側面だけではなく，企業や組織の中に人々や事物の階層関係を可視化することによって，個々人を配置する「計算可能な空間」を構築した側面にも注目している（Miller, 1994, 253）。たとえば，管理者が管理する「部門」，センター長が責任を負うことになる「コストセンター」や「利益センター」，そ

して個々人が管理する「予算」などが、会計を通じて編成される「計算可能空間」の例である。建築家が工場の物理的レイアウトを設計し、システムエンジニアがシステム上の組織体系を整備するのと同じように、会計家が、管理者や従業員を配置するための抽象的な空間を構築する (254)。そして、この会計による計算の魅力は、計算可能空間が、物理的な空間配置と必ずしも対応している必要のない点にあり、地理的・物理的境界を飛び越えて個々人やその活動を結び合わせ、それによって機械設備や事務所の配置に物理的な変更を加えることなく、個々人の責任を制度化し変換することができる点にあると主張する。すなわち、「計算可能な空間の創造は、管理可能な空間の創造である」(255)。

このような、数値や計算を通じた間接的な統治技術としての会計こそ、前章で触れたフランスの哲学者ミシェル・フーコーの影響を受けた会計学者が大きな関心を向けてきたものであった[1]。彼らによれば、このような意味で統治すること、すなわち権力を行使することは、他人の行動の潜在領域を構造化し、制約し、定義することであり、その中で起こりうる行為に対して影響を及ぼすための位置を作ることである。たとえば、差異分析、部門ごとのROI計算、投資機会の正味現在価値などの計算は、すべてこれらの特性を満たすものであり、その数値の1つひとつが、耐久的な参照点となり、やがて計算ネットワークの中に統治可能な人間とその活動を配置することになる。またミラーによれば、より最近では、この数値を通じて他人の行為に影響を及ぼす会計実践が、同じくフランスの哲学者ブルーノ・ラトゥールらによって唱えられた「遠隔操作」(action at a distance) 概念を用いて分析されるようになっている[2]。そこでは、権限を付与された「中心」が、遠くに離れた事物、人々、プロセスに対して、間接的に行為することを可能にする様子が描き出されている。ある特定の地点に、組織の物理的な流れを変えるような多数の計算を集積することは、他人の行為に影響を及ぼすことを可能にするという限りにおいて、権力と呼ぶことができるだろう。営業管理者や本社のオフィスのみならず、このような計算と数値が集積された場所であればどこであれ、こうした計算可能空間の特定の配置の結果として、権力を行使することができるようになる。こうして、事物、人々、プロセスに対して、その距離にかかわらず影響を及ぼすことのできる「計算の中心」が捉えられてきたのである。

以下では、主にミラーによって切り開かれてきたこのような会計学の展望を

より深く理解するために，フーコーとラトゥールの議論を順に振り返りながら，その枠組みを採用した特徴的な会計学を整理しておくことにする．

3　計算可能な人間の構築

　1984年にこの世を去ったフランスの思想家ミシェル・フーコーは，後の世代の人々にさまざまな課題を遺して逝った．彼が生涯をかけて取り組んだ，知と権力の関係，統治実践の変容，人間の消滅といった主題は，社会学を中心とするその後の研究領域の形成過程において，貴重な学問的資源となっている．会計現象を社会学的な視点から分析しようとしてきた会計社会学もその例外ではなく，当該領域の形成に及ぼした彼の影響は，極めて大きいものであった．たとえば，既存の歴史研究の枠組みを超えた視点から会計技術の変化を記述しようとする，会計の歴史的研究[3]，また会計における記録や計算書の中に文化的な意味合いが反映されていると想定し，会計を一種の言説として分析しようとしてきた研究[4]，さらに制度や構造に埋め込まれた行為者にいかなる行為・抵抗の余地が残されているのかを分析しようとする，行為者に関する研究[5]，そして慣習や儀式的実践の中に意図されない意味が含まれていることを会計実践の中に見出そうとしてきた，新制度論的会計研究[6]には，程度の差こそあれ，それぞれの論点の中にフーコーの視線の跡を見出すことができる[7]．

　以下では，このようなフーコーの議論を概観した上で，それが会計の理解へ及ぼした影響の大きさを見ていくことにする．具体的には，まずフーコーの議論を，「近代理性の生成に潜む影」，「語り，生き，働く主体の形成」，「知の考古学」，そして「個々人を規律する権力」という4つの主題に分けて整理し，彼が抱いていた分析視角の全体像を明示する．その後，先に見た，ミラーによる「統治可能な人間」の構築を直接的に扱った論文を紹介し，そこにフーコーの視点がどのように応用されているのかを詳述する．

近代理性の生成に潜む影

　『狂気の歴史』という初期の作品の中で，フーコーは啓蒙主義や機能主義的な進歩史観とはきっぱりと距離をとっている．フーコーは，狂気というカテゴ

第3章　計算可能な人間と空間

リーが生成される以前の歴史的条件を描き出すことを試み、いまだ理性と狂気がくっきりとは分離されていなかった時代へと遡ろうとする。

「原初にあるのは、理性と非理性の距離をつくっている断絶である。……どちらが勝利者であり勝利の権利を持っているかを想定しないで、理性と非理性のこの原初の論争について語る必要があるだろう。……理性の主張する理性の完全さを根拠としないで、理性と非理性のあの断絶の働き、両者のあいだにつくられたあの距離、理性と理性ならざるものとのあいだに設定されたあの空白について語る必要があるだろう。……そこでは、狂気と非狂気、理性と非理性とが雑然と入り組んでいる。」（フーコー、1975, 7-8)

フーコーによれば、18世紀末に狂気が精神病として認められて以来、両者の間の対話が完全に途絶し、両者の区別が確定した事実となり、体系的な規則を欠いた不完全な言葉のすべてが影の方へと追いやられることになった。言い換えれば、今ではどのように発せられていたのかを想像することすら難しい不完全な言葉のすべてが、狂気というカテゴリーの登場に伴って、理性側の独白に過ぎない精神医学の言葉の裏側に沈黙させられてきたのである。

『臨床医学の誕生』の中で、フーコーは近代的な医学という公式的で権威的な表現（言説）の裏側に隠されてきたシステムに焦点を当てようとする。彼は、医学的知識、病気および治療の関係性の性質の変化に注目することによって、身体がますます医学専門家の理解や診断の中心的な対象となってきたことを明らかにする。病気が独立した物理的現象と見られるようになれば、そこには必然的に対象としての身体が浮かび上がり、それ以外のシステムはその背後に隠されることになる。たとえば、医師による患者への問診の表現が、18世紀末頃を境に、「どうしたのですか？」という問いから「どこが具合が悪いのですか？」という問いへと置き換わっていった現象を指摘し、その中に「意味するもの」（諸症状）と「意味されるもの」（病気）との関係全体が再編成されていく様子を読み取っている。つまり、後者の質問の中には、臨床医学の実践とその知識体系全体の原理が認められ、このような変化が医学的経験のあらゆるレベルにおいて生じていたことを明らかにしたのである。

ここでのフーコーの関心は、ある医学の肩を持って他の医学に反対しようとするものでもなければ、医学に反対して医学の不在を擁護しようとするもので

もない。また，精神医学や狂気に関する既存の歴史に付け加えられるような新しい歴史の記述を試みているわけでもない。むしろ彼の狙いは，自身が「歴史的なものの厚みの中で，歴史自体の諸条件を解読しようと試みるものである」（フーコー，2011, 25）と述べているように，精神医学が専門的な知識体系として生み出されてきた歴史的条件を描き出すことであって，その中にいかに身体が対象化され，主題化されていったのかを明らかにすることである。

語り，生き，働く主体の形成

このような彼の関心は，使い慣らされた知識や当然と思われている実践が，実は歴史的偶然の結果に過ぎないことを示し，その偶然的な実践がいかに機能し，ある種の知識体系を作り上げてきたのかを，その外側から思考することにある。そうした傾向は，『言葉と物』という著作の中でよりいそうはっきりと示されている。そこでは，知識の体系化の歴史的条件を描き出すために，具体的に3つの知識体系が18世紀末を境に大きく転換したことが並列的に分析されている。

フーコーによれば，西欧文化において，18世紀以前には，一切の認識に先立って物を知の中に設定していたのは，つまり物の存在に固有な空間を設定していたのは，「秩序」であったのに対し，19世紀以降には「歴史」が，経験的なものの誕生の場所，つまり経験的なものが一切の時間継起の設定に先立って固有の存在を獲得する場を規定するものとなった。

> 「今日われわれは，この出来事――西欧文化に起こったおそらくもっとも根源的な出来事――の大きな部分を把握することができずにいるが，それはおそらく，われわれがまだこの出来事の拡がりのなかにあるからなのだ。……あれほど多くの実証科学の成立，文学の出現，哲学による哲学自身の生成の考察，知であると同時に経験性の存在様態でもある歴史の登場は，いずれもひとつの深い断絶のしるしにほかならない。」（フーコー，1974, 240-1）

彼は，この「断絶のしるし」を明らかにするために，それまで「一般文法」「博物学」「富の分析」の中で規定されていた「語」「諸存在」「必要の対象」が，19世紀以降，私たちにもなじみ深い「言語学」「生物学」「経済学」の中で新たな存在様態を獲得するようになった出来事を詳細に記述する。

フーコーの記述は，まず，言語に関する分析から始まる。彼によれば，17世紀以降，言語は他の物を表象する機能を負わされ，結果としてその表象において全く透明で中性的な存在となった。言い換えれば，言語自体の実在性が薄れていったのである。そこで言語が果たす中心的役割は，「ある」という動詞を基礎としながら，「名」の網目によって顕示される同一性と相違性からなる命題体系の中に，類似物を収めていくことであった。つまり，この時期の言語の基本的な任務は，物に名を付与し，この名において物の存在を名指すことであった。

　しかし，こうした機能は18世紀末に大きく転換することになる。それはもはや物を指示し人に見られるようにすることではなく，人のなすことあるいは蒙ることを最初から言おうと望むものとなったのである。言語は，その文法という建築物全体の中で，人々が有する基本的意志を顕在化させ，人々に対して言語を話す力を与えるものとなった。そこでは，もし言語が表現するとすれば，それは言語が物を模倣しなぞるからではなく，「言語が話す人々の基本的意志を顕示し，翻訳するからである」（フーコー，1974, 311）。言語はもはや物の認識につながるものではなく，人々の自由な意志と結びつくようになった点に，大きな断絶のしるしを見ている。

　同じような断絶のしるしが，自然物の記述を試みた学問すなわち博物学から，生命の存在を前提とする生物学への転換の中にも読み取られている。彼によれば，17世紀の半ばまで，埋もれているすべての語に再び言葉を与えることによって記録と記号の集大成を作り上げることを務めとしてきた記述者（イストリアン）が，17世紀半ば以降には，まず物それ自体に細心の視線を注ぎ，ついでその視線から採集したものを，滑らかに中性化された忠実な語で書き写すこととなった。そこで記述の対象となる資料は，他の語やテクストや古文書よりも，押し葉にした植物や蒐集された標本など，物と物とが並べられた平らな空間であった。したがって博物学（イストワール・ナチュレ），つまり自然物の記述とは，まさに可視的なものに名を与える作業だったのである。それは，名指すことの可能性を見越した分析によって表象の内に開かれた空間，言い換えれば語と物の間に開かれた空間であった。

　しかしこうした空間は，18世紀と19世紀の曲がり角に西欧文化において起こった生物に固有の歴史性の成立，すなわち生活条件の中における生命維持の

歴史性の発見によって，大きく転換させられることになる。彼によれば，18世紀の思考にとって継起する事物の時間上の列は，諸存在の秩序の特性の1つに過ぎなかったが，19世紀以後，それは物と人間に深く関わる歴史的な存在様態を表現するものとなったのである。そうした歴史性の中で生物が示すものとは，もはや諸特徴の静止したイメージではなく，呼吸や食事を通じて無機物から有機物への絶えざる移行，生から死への運動である。そこでは生命があらゆる実在の根源となり，非生物，生命のない自然は，堕落した存在以外の何ものでもないという考え方が広がることになった。

　さらにフーコーは，経済学の成立においても，同様の転換があったことを指摘する。一般的に，科学的な経済学の成立は，「正当な価格とはいかなるものか」「利子をとることは正当であるか否か」といった利潤や収益に関する道徳的な問題によって長い間はばまれてきたが，18世紀になって初めて経済学にとって本質的な区分が確立し，実証経済学が適切な道具を用いて分析を行うことが可能になったと考えられている。たとえば，ウィリアム・スタンレー・ジェボンズやカール・メンガーが価値というものを有用性（＝効用）に関する一般的な理論と結びつけ，アダム・スミスが分業発達の過程を明示し，デヴィッド・リカードが資本の役割を示し，そしてジャン－バティスト・セイが市場経済に関するいくつかの基本的法則を明らかにするにつれて，経済学は固有の対象と内的整合性を持って実在するようになったと考えられている。しかしながらフーコーは，「後世の眼から見た統一性しか認めないような，回顧的な読み方は慎まなくてはならない」（フーコー，1974, 187）として，経済に関わる知においても，言語学や生物学と同様の断絶のしるしが認められることを指摘する。

　フーコーの分析は，まず貨幣の表象機能に関する議論から始まる。そもそも貨幣はそれ自体が「貴重」であり，他のすべての値打の「尺度」となり，さらにそれを値打のある他のあらゆるものと「交換」できるのも，すべて貨幣の鋳造に使われていた貴金属自体が「貴重」なものであると想定されていたからである。ところが17世紀になると，美しい金属そのものの「貴重」さではなく，次第に「交換」機能が他の2つの特徴の基礎となり，フーコーはそこに貨幣による富の表象機能を見ようとする。つまり，貨幣が可能な限りのあらゆる富を表象する力を持ち，それを分析し表象する際の普遍的道具となり，富の全領域

をくまなく覆っていくものと考えたのである。こうした貨幣による表象空間を前提とすれば，世界のあらゆる富は，1つの交換体系に所属する限りにおいて互いに他の富と関係づけられることとなる。

しかしフーコーは，19世紀になり経済学の世界に労働に由来する価値という考え方が導入されるようになって以降，経済学が人間の自然的有限性に関わる言説に依拠するようになったことを指摘する。すなわち，あらゆる価値の源泉は，もはや等価関係の全体的な体系，つまり貨幣が富を表象する能力から出発して規定されるようなものではなく，人がその物を生産しようと望むときに捧げなければならない労働量に依存することになる。言い換えれば，経済の実定性は，もはや相違性と同一性の同時的空間の中にではなく，継起的生産という歴史性の中につなぎ合わされるようになったのである。

> 「じじつ，労働——つまり経済活動——が世界の歴史に姿を現したのは，人間が土地から自然発生的に生じたものを糧とするにはあまりにも数おおくなってしまった日以後のことにほかならぬ。生存するのに必要なものを持たずいくにんかが死に，他の多くの人々も，土地に働きかけようとしなかったなら死んでしまったに違いない。……その歴史の一刻一刻，人類はもはや死の脅威のもとで労働するよりほかない。」(フーコー，1974，275)

こうした条件のもとでは，経済学がその原理を見出すのは，もはや表象の働きの中にではなく，生命が死と直面する領域の側においてである。このようにフーコーは，経済の歴史性，人間存在の有限性，そして人間を世界の中心に置く「歴史」の終焉に関わる展望が，同時に姿を現わす知の配置が，経済学の登場とともに19世紀の初めに成立したことを明らかにしようとしたのである。

このような3つの領域を通じて観察される，18世紀末に起こった大きな転換は，有限である主体が客体との関係において経験一般のあらゆる形式的条件を決定する先験的な場を提供するようになったことである。そこでは，一方では主観の先験的な場が開かれるとともに，他方では擬・先験的な客体，すなわち語る主体，生命，労働といった客体が成立させられている。フーコーは，こうした転換の中心点こそ，「人間」に他ならないと析出したのであった[8]。

フーコーが提示した3つの領域の分析が，彼の目的に照らして妥当な例証であったのか否かは置いておくとしても，「人間」というカテゴリーが現代社会

の隅々にまで張り巡らされているという主張は，おそらく否定することのできない事実であろう。現在，私たちは，人間というカテゴリーを抜きにして世界を語ることはできないほど，重要な概念となっている中に生きている。この「生きている」という表現すら，生物としての人間を前提に語りうるものであろう。

知の考古学

『知の考古学』という著作において，フーコーは，最も明白に，しかし非常に抽象的な表現ではあるが，自身が行った分析の方法論に関して，すなわち自らが「知の考古学」と呼ぶものについて解説している。しかし，『知の考古学』を一読すればわかるように，彼は決して「知の考古学」というものが何であるのかについて語ってはいない。むしろ，「いかなる中心にも特権を与えない脱中心化を行うこと」（フーコー，1981，310）とあるように，何でないのかを繰り返し説明することによって，その特徴を明らかにしようと試みている[9]。たとえば，「知の考古学」は，単なる諸観念の歴史（思想史）ではない。「知の考古学」が明確化しようとするものは，決して個々の言説中に見え隠れするさまざまな思考，印象，主題などではなく，それらの言説そのものを，諸規則に従う実践として描き出すことである。そこではある言説を，それに先立つものからその後に続くものへと結びつけるような，連続的な移行の中に見出すのではなく，さまざまな言説がそれぞれの特殊性において示されることになる。したがって，「知の考古学」は言説の諸類型および諸規則を明確化するものであるが，それは決して作品の至高の形象に向かって整序されうるようなものはなく，そこには統一的で創造的な主体といった審級は存在しない。またそれは，人々が言説を発する瞬間に彼らが思考し，意欲し，目指したであろうものを復元しようとするものでもない。すなわちそれは，秘密的な起源への復帰ではないとされている（フーコー，1981，210-3）。

したがって，その概念をはっきりと規定することは難しいが，その最も大きな特徴は，それが単純な歴史ではないという点，つまり単純な歴史記述との相違の上に見受けられる。フーコーによれば，歴史とは，ある社会に関わる大量の記録に規約を与え，その統一性を明確にし，諸関連を記述する方法である。そこでは，常に記録が役立てられ，それが真実であるか否かが問われ，その記

録の背後に消え去った過去を，再構成することが試みられる。したがって歴史は，書物，教科書，物語，帳簿，証書，建造物，制度，取決め，技術，慣習などの物質的記録に関わる仕事であり，その物質性を作品化することである。

　それに対して，「知の考古学」とは，こうした歴史における記録の作品化を仕上げる際に，これまで歴史家によって前提とされてきた人間学的な隷属を絶とうとする試みであるとされている。むしろ，歴史という文脈の中で，いかにしてこれらの隷属が形作られてきたのかを示そうとする試みこそが，「知の考古学」である[10]。フーコーによれば，19世紀以降，絶えず人々は，人間から逃れ出て行ったものをすべて人間へ取り戻そうと努力し，そうした過去の記録を「歴史という古い城砦のなかに山と積み，この城砦を堅固なものと信じ，神聖視してきた」（フーコー，1981，26）。こうした観点からすれば，歴史とは，意識の至上権のもとで，主体の総合に関わる記録の編纂を求める運動と見ることができるだろう。その中心に据えられてきたものこそが人間であり，人間が自己自身の観念や認識の跡をたどろうとする歴史では，非連続的で特殊な諸秩序からなる差異の記述がいかに難しいことであったのかが指摘されている。すなわち，

　　「起源を求めること，無際限に先立つ系譜を遡ること，伝統を再構成すること，進化の曲線をたどること，目的論を打ち出すこと，絶えず生の隠喩に立ちかえること，などに慣れてしまったところでは，差異を考え，偏差や分散を記述し，同一なものの，心を静めてくれる形態を解体させることに，独特な嫌悪を感じていたがごとくである。」（フーコー，1981，23）

　このように，『知の考古学』におけるフーコーの狙いは，人間学的な主題から解放された歴史分析の方法を明らかにすることであった。そこでは，語る主体，記述する主体の存在が徹底的に回避されており，あたかもフーコーの手を通じて，言説自らがその色彩の濃淡について語りかけているかのようである。

個々人を規律する権力

　このように近代の始まりとともに形成されてきた人間像が，すでにそれ自体において服従化の成果であることを，フーコーは人間を規律し訓練づける力，すなわち規律訓練権力として描き出す。近代の始まりとともに，ある1つの精

神がこの人間像に住みつき，その実在性が高められてきたが，その実在性こそ権力が身体に振るう支配の一形態，つまり規律訓練権力なのである。フーコーは，このような権力の出現を，18世紀から19世紀にかけての処罰技法の変化の中に，つまり身体刑から監獄刑への移行の中に読み取ろうとする。

　身体刑とは，苦痛を計量化する技術に基づく制度であり，身体への打撃の型，苦痛の質・強さ・時間が，犯罪の軽重，犯罪者の地位身分，犠牲者の位階と比較されながら実施されるものである。それは，傷つけられた君主の権威を回復するための儀式であり，君主を軽んじた犯罪者に対して人々の面前で無敵の力を振るうものとなる。したがって，罪人が責苦を受けて悲鳴をあげ大声を出すということは，恥ずべき側面ではなく，自らの力を誇示する儀式そのものであり，それは，敵対者の身体に襲いかかりそれを支配する君主の物理的な力の優越性を意味する。すなわち，「法を犯すことによって犯罪者は君主の人格そのものを傷つけたわけであり，その人格こそが……被処刑者の身体につかみかかって，烙印を押し付け，打ち負かし，痛めつけたその身体を見せつけるのである」（フーコー，1977，52）。苛酷な刑罰が必要であるのは，その見せしめによって君主の荒々しい姿を人々の心の奥底に刻みつけるためであり，それによって権力が挽回されるものと考えられていたからである。

　しかしながら，19世紀以降，それまでは残忍さが決して恥ではなかった刑罰に代わり，人間的であることが名誉と考えられるような懲罰が生まれてくる。どれほど凶悪な犯罪者の場合にも，処罰を行うに当たって少なくとも1つの事柄だけは尊重されなければならない。それこそ，彼／彼女の人間性である。19世紀以降，犯罪者の中にも見出されることになったこの人間性こそが，刑罰の対象となり，また犯罪論などの学問の対象ともなったのである。このような刑罰の人間化の背後に見出されるものは，権力の適用される場が，もはや身体ではなく，精神へと移行している点である。つまり，「身体刑の祭式における極度の苦痛と派手な烙印をもたらす祭式中心の営みであってはならない。それは精神でなければならない，いやむしろ，すべての人々の精神の中に，控えめに，だが明確に，是非とも，拡がってほしい表象と表徴の作用でなければならない」（フーコー，1977，103）と考えられるようになったのである。フーコーは，このような人間精神への権力作用が，身体機構の細部へ至る可視化，監視方式の一般化を通じて形成される過程を，いわば「人間精神が身体の監獄」（フー

コー，1977，34）として成立する過程を，詳細に描き出そうとする。

　人間精神へ権力を作用させるためには，まずその前提として精神が住まう身体そのものの細部が徹底的に可視化され理解可能になっている必要がある。すなわち，身体を不可分な統一単位であるかのように，1つの塊としておおざっぱに扱うのではなく，細部にわたって身体に働きかけることが重要となる。フーコーは，このように「身体の運用への綿密な取り締まりを可能にし，体力の恒常的な束縛をゆるぎないものとし，体力に従順＝効用の関係を強制する」（フーコー，1977，143）方法を規律訓練（ディシプリン）と呼び，その規律・訓練が軍隊，工場，学校を通じて組織化されてきた過程を明らかにする。そこでは，身体の構成要素，動作，行為が計算され，それによって個々の身体が空間的に配置される。言い換えれば，規律訓練こそが個々人を作り出すのであって，個々人は権力行使の客体あるいは道具として確立されるものである。そこでの規律訓練の行使は，視線の作用によって強制されることになる[11]。

　このように閉鎖され，細分化され，各所で監視される空間の中に個々人が組み入れられ，そこではどのような些細な動きも取り締まられ，あらゆる出来事が記録され，絶えず個々人は評定され検査され，権力は，階層秩序的な組織図をもとに一様に行使される。このような権力行使の仕組みがより効率化されたものこそが，「一望監視施設」（パノプティコン）として紹介されるものである。「一望監視施設」とは，円環状の建物であり，その中心には塔が配されていて，塔にはそれを取り巻く建物の内側に面して大きな窓が円周状にいくつも設けられているような施設である。周囲の建物には独房が区分けされており，その1つひとつに塔の窓に面する窓が設けられている。つまり，その塔から内庭越しに，周囲の建物の中を監視することができるような造りになっている。各独房には狂人なり，病人なり，受刑者なり，労働者なり，生徒なりを1人ずつ閉じ込め，閉じ込められている者に，中央の塔からの可視性を永続的に自覚させることがその特徴である。つまり，閉じ込められている者が監視されていることを知っている状態が重要であり，いわば閉じ込められている者の精神を通じて，権力を各個人へ自覚的に作用させる方法である。このような一望監視の視線を社会全体の至るところへ配備することによって，規律訓練の力が社会の隅々へ浸透する様子が浮かび上がることになる。そこでは権力の源泉はもはや君主の人格にあるのではなく，各個人を空間的に配置することを可能にする身体の細

部へ至る可視性の網目の中にある[12]。

　『監獄の誕生』において展開されたフーコーの分析において大事なことは，ある行為や作用を可能にしたり構成したりする権力が，決して中央の優越した存在に由来するものではなく，人々が見たり聞いたり，書いたり話したりする知識の中にすでに埋め込まれているものであることが示されたことである。つまり，フーコーによれば，このような知と権力の関係は，法や国家の権威性に直接的に由来するのではなく，たとえばゆっくりと物質化されてきた文書の中に体現されているローカルで専門的な知識に由来するものである。言い換えれば，フーコーは，会計実務に見られるような，絶え間ない記録という仕組みによって人々の身体や行動や知覚が規律されてきた側面に，注意を向けようとしたのであった。18世紀末に起こった認識論的な転換が人間諸科学の成立を可能にし，いかに人間という行為者の行動を作り上げてきたのか。次に見るように，会計社会学が応用しようとしたフーコーの視点は，まさにこの点に焦点を当てたものであった。

近代的権力装置としての標準原価計算

　上で見たようなフーコーの視点を，最も直接的に援用し，その後の会計社会学における参照点の1つとなっている研究が，ミラーとオリアリーによって書かれた標準原価計算に関する，以下のような内容の論文であった（Miller and O'Leary, 1987）。彼らは，20世紀初頭のおよそ30年の間に，標準原価計算と予算の理論が形成された事実に焦点を当て，それが単純に会計技法の洗練や正確性の進展といった出来事ではなかったこと，むしろ個々人の社会生活をよりいっそう管理可能にし，効率的な主体として扱うようになった世紀の変わり目に起こった大きな変化の一環として，つまり近代的権力装置の1つとして登場した計算実務であったことを明らかにしようとしたのである。彼らによれば，1900年から1930年にかけて出版された会計学の教科書の中に標準原価計算と予算の概念が登場し始めたとき，それらは大きな技術革新として取り上げられ，人々はもはや実際原価の記録にのみ携わる必要はなくなったと，各コスト集計単位において絶えず標準原価と実際原価の差異を分析することができるようになったと，評価されていた。会計技法の発展過程を捉えようとした研究も，標準原価計算の導入の重要性を指摘し，標準原価と実際原価の差異分析のみなら

ず，原材料費，人件費，間接費を事前に科学的に決定することができる合理的な理論および技法として捉えていたが，ミラーとオリアリーはそこに暗黙的な判断規準が前提とされていたと指摘する。それは，標準原価計算と予算技術の登場が，当時の当該技法の開発者の言説をもとに語られていたこと，そして「進歩」というレンズを以てその新しい実務の形成が眺められていたことである。ミラーとオリアリーは，こうした社会的に有用な理論や技術が開発されたとする狭い視座を回避し，企業の中で個々人の非効率性を可視化しようとするこれらの技法が，20世紀初頭のイギリスそしてアメリカで起こったより大きな言説的・実践的変化であったことを明らかにしている。すなわち，一方では国家の効率的な運営という観点から個々人のより良い社会生活の実現を目指す積極的な介入の意図があり，他方では優生学や精神衛生学の発展に見られるように，社会への介入を実現するためのさまざまな技法の開発があり，標準原価計算と予算編成の生成はこうした大きな変化の一部であったことを示したのである。同論文の中では，介入のための監視や統制に関わる実務の網の目が，個々人の無駄を排し効率性を高めるように配備されていく様子が紹介され，そのような文脈においては，会社はあたかも監獄のような様相を呈し，標準原価計算が，科学的管理法や産業心理学などとともに，個々人を統治可能な客体へと作り上げていく模様が描き出されている。

「原価計算はその領域を拡大させ，期待の計算過程の中に人々を巻き込んでいくことになるだろう。標準原価計算と予算編成は，人間をこのように構築することを促進する技術を提供してきたのであり，それによって近い将来，人々の業績を改善するための多様な介入が可能となるだろう。」(Miller and O'Leary, 1987, 262)

「今日の会計は，たとえその姿を大きく修正されていたとしても，今世紀（20世紀）初頭の2，30年の間に導入された権力作用の様式の一部であるとみることができるであろう。」(263)

ここで特徴的なのは，新しい会計実践の出現が，フーコーが述べていたような言説空間において，すなわち見たり聞いたり，書いたり話したりすることを可能にするような言説の結節点として，生じたものであったことを指摘している点である。そこでは，個々人や組織が可視化される様子が詳細に描かれ，会計計算が，人々を可視化し統治することが可能な客体として構築する側面を有

する重要な統治手段の1つとして位置づけられている。そこで計算可能な人間とは，それを可視化する計算を通じて現れる。つまりそれは，言説空間の中に新たに生み出された，それ自体が分離不可能な知識＝対象である。先にも触れたように，このような権力の作用は，近年，ラトゥールらによって提唱されてきた「遠隔操作」概念を用いて説明されるようになっている。彼によれば，この概念に触発された研究は，管理会計の領域において開発されてきた種々の計算技法を（特に公的部門の管理という文脈において）詳細に描き出すことを試みてきた。次に，その様子を見てみよう。

4 計算可能な空間の構築

先に見たように，部門，コストセンター，利益センター，ビジネスユニットなどといった抽象的な空間が作り出されるのは，会計という計算技術を通じてであった。そのような実践を通じて初めて，これらの抽象的な空間が，計算可能で比較可能なものとして可視化されることになる。そうしてある特定の地点に，多数の計算結果が集積され，それを通じて他人の行為に対して間接的に影響を及ぼすことを可能にする力を生むことになる。たとえば，営業管理者のデスクや本社オフィスにとどまらず，財務省や大学における調査機関に至るまで，それらの計算可能空間における配置の結果として，ある特定の影響力を行使することが可能となる。そこでは，事物，人々，プロセスに対して，その距離にかかわらず権力を行使することのできる「計算の中心」が構成される。そうして，1つひとつの数値が耐久的な参照点となり，その計算ネットワークの中に対象となる人間とその活動を結びつけるための装置となるのである。

ミラーによれば，他人の行為に対して間接的に影響を及ぼす，このような会計計算に関する研究は，フランスの科学哲学者ブルーノ・ラトゥールらによって提唱された「遠隔操作」(action at a distance) という概念に関連づけて捉えられる傾向にあり，現在，行使可能な権力のメカニズムを考える上で，有用な方法の1つを提供していると言う。そこで次に，ラトゥールの議論，特に「科学実験室の人類学」に関わる議論を振り返り，その中で導かれたさまざまな概念が，会計社会学の形成，特に「計算可能な空間」の構築に，どのように関

第3章 計算可能な人間と空間

わっていたのかについて見ておくことにしたい。

ブルーノ・ラトゥールとは，フランスの科学哲学者であり，現在，パリ政治学院（Sciences Po.）の教授である。1975年にトゥールーズ大学で哲学の博士号を取得したラトゥールは，その後国立技術工芸学校で助教授を勤め，続いてパリ国立高等鉱山学校・科学技術社会学センターの教授を経た後に，現職へと至っている。ラトゥールにはすでに多数の著作があるが，「計算可能な空間」の構築を理解する上で欠かせない研究は，『実験室生活』（*Laboratory Life*）と『科学が作られているとき』（*Science in Action*）の２つである。これは，この２つが科学社会学の中においても頻繁に引用される，古典的な書物となっていることと無縁でない。実際に，実験室において科学的知識が作られるプロセスを詳細に追った記述と，そうした科学的知識が社会において果たす役割についての説明は，科学論内部でもさまざまに議論されてきた[13]。以下では，これら２つの書物を，「製作段階の科学知識」と「計算の中心」という観点に分類した上で，それらの概念が会計社会学においてどのように利用されてきたのかを整理しておく。

製作段階の科学知識

ラトゥールが同僚のスティーブ・ウールガーとともに公表した『実験室生活』は，彼らが1975年から77年にかけて，アメリカのカリフォルニアにあるソーク研究所に滞在し，当時，神経内分泌学の研究を進めていた生理学者ロジェ・ギルマンの実験室を参与観察した結果に基づいて書かれたものである。同書では，ある特定の実験室における科学者の日常的な活動を詳細に記述することに焦点が当てられており，そこから興味深い分析結果が導き出されることになる。彼らの問題意識は，「科学者による巧妙な実践が，どのようにして体系的に整理された研究報告へとまとめられるのか，すなわち科学的実践という現実が，どのようにして科学的言明の実現へと変換されるのか」（Latour and Woolgar, 1979, 29）を明らかにすることにあり，こうした目的を達成するために，比較的長期間にわたって実験室に潜入し，科学者の日々の活動を観察したのである。

具体的な事例として，彼らは，1950年代から70年代にかけて神経内分泌学における重要な研究目標として設定されていた，甲状腺刺激ホルモン放出因子

(Thyrotropin Releasing Factor: TRF）の同定に関する研究を挙げている。そこでは，ラトゥールが調査対象としたギルマンとその論敵であったアンドルー・シャリーとの間の論争の結果[14]，次第に TRF が構成されていったプロセスが観察されている。まず，注意しなければならないことは，それが何トンもの視床下部からわずか数ミリグラムしか抽出することができないような，ごく微量の存在でしかなかったという物質的な前提である。したがって，その構造や成分や機能を確認するためには，高度に洗練された技術や装置が必要であり，それらを欠いてはその存在を「見る」ことができなかったのである。そのような TRF は，1962年の時点ではまだ発見されたとは言えない状態にあった。なぜなら，アミノ酸の成分も配列もまだ明確ではなかったからである。しかし，その後の研究者らの努力によって，徐々にアミノ酸が特定され，その配列が想定されるようになり，ついに1969年にシャリーがその構造を確認したのである。

そのプロセスの中で，ラトゥールらは，TRF を論じている専門論文に注目している。彼らはその引用分析を通じて，TRF を扱う論文が他の TRF 論文を引用し，そうした引用の反復によって徐々に TRF の同定という問題が既存の問題系になっていったことを示そうとしている。そこでは次第に技術的な操作の基礎が確立され，また当時進められていた他の放出因子の検出技術の借用などを通じて，TRF が徐々に構成されるようになった様子が示されている。こうして，1969年の11月に TRF の構造が決定されると，それは1つの科学的言明となり，今度はそれが発見された個別の実験室を離れ，多様な人々によって多様な文脈の中で用いられるようになっていく。その結果，その当初の歴史は忘れ去られ，TRF は巨大な研究プログラムの中で利用される道具の1つとなっていったのである（Latour and Woolgar, 1979, 126-48）。

このような観察結果から導き出された彼らの主張は，TRF が社会的構成物であるというものであった。ここで社会的構成とは，実験室におけるさまざまな装置から得られた数値や指標を重ね合わせることによって説明を組み立てようとする，実践的で技能的な作業のことが意味されており，それらの作業を通じてある言明が客観的事実へと変換されることになる。そして，彼らはこうした社会的構成プロセスの分析を通じて，「実在（reality）が論争の決着の原因ではなく，その結果であることを示そうとした」（Latour and Woolgar, 1979, 236）のである。さらに彼らは続ける。「もし事実が，作業を通じて構築された

ものであるならば，……もし実在がこの構築の原因ではなく結果であるならば，これは科学者の活動が，『実在』ではなく，こうした言明に関わる作業に向かい合っていることを意味する。そして，これらの作業の全体的結果が『論争場』（agonistic field）である。ここで論争という概念は，科学者が少しでも『自然』と関わっているという一般的な見解とは大きく異なる。……自然とは，『論争場』の副産物として用いることのできる概念である」(237) と。そうして，そのようにして構築された科学的事実が，今度は当初の個別的な実験室を越えて，その後のさまざまな研究へと巻き込まれて行くことになる。すなわち，「それが生成されたあらゆる形跡を追跡することが極端に困難となり」(176)，いわゆる「ブラックボックス」として，科学的事実が世界のさまざまな文脈へと波及していく過程が描かれているのである。

　ラトゥールは『科学が作られているとき』の中でこのような考え方をさらに発展させ，より広範な社会的文脈の中で事実が構築されていく過程を描き出そうとしている。そこでは，人間および人間以外の「アクター」からなるネットワークが構想されており，それら「アクター」の集団的行為の結果として事実が構築されていくという斬新な見方が提示されている。ラトゥールは，その実験室を超えた事実の構築について，ディーゼルエンジンの開発プロセスを例に取りながら，次のように説明する。ディーゼルエンジンの父がディーゼルであることは広く知られているが，そのエンジンが，突然ディーゼルから生まれてきたわけではない。ディーゼルは，カルノーの熱力学の原理に則って作動する完璧なエンジン，温度を上昇させることなしに着火することができるエンジンを着想しその特許を取得したが，その実現には，実際に彼の二次元の計画および特許を三次元の作動するプロトタイプへと変換する必要があった。彼は機械の組み立てを引き受けてくれる企業を探さなければならず，MAN 社とクルップ社の 2 社がそれに協力することになった。両社は，1890 年代の蒸気機関があまりにも効率が低かったので，完璧なカルノー機構による能率性の向上に関心を抱いたのであった。ディーゼルは，MAN 社から得た機械工具や少数の技術者の助けを借りて，4 年間にわたりエンジンの試作品の製作に努めたのである (Latour, 1987, 104-5)。

　ここでラトゥールは，「エンジンの『実在化』の段階的進歩は，実験室の場合と同様，あらゆる利用可能なリソースを作業場に導入することによって達成

された」(Latour, 1987, 105) と指摘する。たとえば，そこで必要とされたピストンやバルブを製作する技能や工具は，MAN 社における30年にわたる実践の結果であった。また，空気と燃料を一瞬にして混合させなければならないという燃焼の問題は，圧縮空気を噴射するという解決法が見出されたが，それには空気用の巨大なポンプと新しいシリンダーが必要になるなど，エンジン全体の設計は何度も修正されることになった（105）。

このように，ディーゼルエンジンの製作には多数の「参加者」が結び付けられていたのである。それは，カルノーの熱力学に始まり，MAN 社やクルップ社，少数のプロトタイプ，ディーゼルを補助する2人の技術者，局所的なノウハウ，新たな空気噴射システムなどである。ラトゥールは，このように結び付けられた多数の「参加者」のことを，それが人間であるか否かを問わず「アクター」と呼ぶ。したがって，ここで「アクター」とは，ディーゼルエンジンの製作に関わる多数の要素を意味することになるが，重要なことは人間と人間以外の要素が同等に扱われている点にある。

しかし，ラトゥールは続ける。「もしディーゼルがこれらの諸要素のすべてを一度にまとめて保持できなかったとしたら，何が生じるであろうか？」と。そして，「答えは単純である。それらが集められたのと同じくらいたやすく『ばらばらになる』だろう。各々の要素は独自の道を行くことになるだろう。MAN 社は蒸気機関の製作を続け，助手は別の職に移り，資金は別のところに流れていき，カルノーの熱力学は基礎物理学の謎めいた部分にとどまり，定温での着火は技術的袋小路として記憶され，ディーゼルは歴史書にほとんど痕跡を残さぬまま他の作業に没頭するだろう」(Latour, 1987, 122) と。すなわち，エンジンの実在化という事実構築には，多様な「アクター」を巻き込む必要があり，さらにその行動を管理しなければならないが，その方法として考案されたのが「翻訳」という概念であった。

ラトゥールによれば，「翻訳」とは多様な「アクター」の役割を新たに定義し，その動きを一定の方向へと誘導するシナリオを描くことを意味する[15]。そして，その中でも特に重要な概念が，特定の問題をそれよりはるかに広範な問題へと固く結びつけるという「問題化」(problematization) 戦略であり[16]，一度この戦略に成功すると，動員された「アクター」にとってその「翻訳」の道筋は避けて通れない「必須通過点」(obligatory passage point) となる。した

がって，ディーゼルエンジンの例で言うならば，MAN社やクルップ社にとって，ディーゼルエンジンの製作という特定の問題が，蒸気機関に代わるより効率的なエンジンの必要性という全社的な問題に結びつくことによって，その関心が「翻訳」され，その製作プロセスへと巻き込まれることになり，その結果，ディーゼルエンジンの実在化が，それらの「アクター」にとっての「必須通過点」となったのである。

　そして，このようにエンジンの製作が多数の「アクター」を巻き込む「必須通過点」となったことによって，ディーゼルの当初の発案は，特許を取得し，青写真を経て，プロトタイプとなり，複製可能な型となり，最終的には何千ものサブタイプを有するエンジンとなる。その結果，それは自動車のボンネットの下に安全に設置され，カルノーの熱力学や特許に関わる法律を全く知る必要のない運転手がキーをまわすだけで始動する製品となる。すなわち，ディーゼルエンジンはついに「ブラックボックス」と化し，その製作経過とは全く無関係な顧客に販売されることになったのである。

　しかし，そうした顧客はどれほど無関係でいられるのだろうか，とラトゥールは問う。たとえば，確かにその顧客は，バルブを回したり，新しいシリンダーに穴を開けたり，空気噴射システムを改良したりしてエンジンを再設計する必要はない。しかし，定期的にオイル交換をしたり，冷却したり，オーバーホールをしたりといった手入れをしなくてもよいほど無関係であってはならない。すなわち，開発や改良が終了した段階でも，ブラックボックスは，ある程度関わりを持つ顧客によってその存在を維持されなければならないのである。

　さて，ここでラトゥールは何を言おうとしていたのであろうか。それは，「ブラックボックスがより自動化し，より黒いものになるにつれ，それはより多くの人々を『伴う』ことになる。……ブラックボックスは能動的な顧客を必要とするし，その存在を維持しようとするのであれば他の人々を伴わなければならない。それは単独では『慣性力』(inertia) を有しないのである。……ブラックボックスは，多くの人々の行動を通じてのみ，空間を移動し，時間的に持続するものとなる」[17] (Latour, 1987, 137) という，自身の言葉にはっきりと現れている。すなわち，「ブラックボックス」とは決して固定化された概念ではなく，そこに巻き込まれた人々によって常に変動する，相対的な概念なのである。その「黒さ」は程度の問題であり，その維持，存続には多くの人々の積極

的な参加が必要となる。たとえば，ディーゼルエンジンの製作には，ディーゼル自身や技術者だけでなく，カルノーの熱力学の原理や新しい空気噴射システム，そして MAN 社で培われてきた局所的なノウハウなど，人間以外の「アクター」も参加していた。すなわち，ディーゼルエンジンとは，これら多数の「アクター」のネットワークの中に，初めて成立するものなのである[18]。

計算の中心

　ラトゥールの研究の意図は，上で見てきたように，「ブラックボックス」となった事実や技術がどのようにして生み出されてきたのかを明らかにすることであった。そこでは，多数の「アクター」が実験室や作業場に結び付けられることにより，ある特定の事実や技術が作られていく過程を詳細に検討する方法が示されていたが，その方法は，人間と人間以外の要素を区別しないという極めて斬新な見方であった。

　ラトゥールが，「遠隔操作」や「計算の中心」といった概念を説明しているのは，主として『科学が作られているとき』の第6章である。これまで見てきたように，同書の意図が，一貫して科学的事実や技術的対象の構築過程を追いかけることにあったのに対して，第6章の内容は，これまでの章における議論とは微妙に異なっている。それは，個々の「ブラックボックス」がいかにして構築されてきたのかを，そこに参加する「アクター」の結び付きから明らかにしようとする関心から，どのようにして世界の情報がある一点に集められるのかという関心へと，重点が移行されているからである。ここで，ラトゥールは「野生の思考の家畜化」(the domestication of the savage mind) という表現を用いているが，離れた対象へ影響を及ぼす「遠隔操作」の前提となる考え方がこれであり，それこそ，ミラーが会計数値による統治現象を明らかにしようとして援用していた概念である。

　ラトゥールはまず，「いかにして，遠くにある事物，人々，出来事となじみになるのか」(Latour, 1987, 220) という疑問を提示する。そして，これに答えるべく，科学における「蓄積のサイクル」(cycle of accumulation) という運動に注目する。たとえば，遠くに離れた異国の事物や人々や出来事となじみになるためには，それらを自国に持ち帰る必要があるが，それらすべてをそのまま持ち帰ることは不可能であり，それを達成するためには何らかの手段を開発し

なければならない。その手段の条件として，ラトゥールは，持ち帰ることができるように動かせるものであること（可動性），動かしても変形，破壊，腐朽されないこと（安定性），そして，どのような性質のものであれ蓄積でき，結合できるものであること（結合可能性）という3つの条件を挙げ，「こうした条件が満たされるならば，地方の小さな町でも，たいしたことのない実験室でも，ガレージにある取るにたらない小さな会社でも，最初は他の場所と同じくらい弱いが，遠く離れて多数の場所を支配する中心になることができる」(Latour, 1987, 223) と主張する。

その一例として，地図が挙げられている。ヨーロッパにいながらにして，どれほど未開の地のことを知りたいと思っても，土地そのものを持って帰ってくることはできない。そこで開発されたのが地図である。それは，航海用時計や四分儀，六分儀，専門家，航海日誌，既存の地図などを備えた船を現地に送り込み，その土地の形状を計測させ，それを緯度と経度という数値に記号化することによって，見たことのない土地をヨーロッパで再現することを可能にする。そして，このように記号化された数値こそ，遠く離れた土地を支配することを可能にする不変で結合可能な可動物であり，彼はこれを「銘刻」(inscription) と名付けている。したがって，「蓄積のサイクル」とは，こうした手段を備えて次々と世界を横断し，現地の事物や人々や出来事を何らかの「銘刻」に変換することによって，それをある特定の中心に持ち帰り，蓄積していく運動のことである。その結果，「中心にとどまり何も見なかったために最も弱かった人々が最も強くなっていき，どの現地人よりも……多くの場所になじむ」(Latour, 1987, 224) ことができるようになる。そして，ここで重要なことは，そうした地図を通じて始めて，現地について知ることができるということである。

では，このような「蓄積のサイクル」の中心では，いったい何が行われているのであろうか。ラトゥールによれば，その中では，標本，地図，図表，日誌，質問票などの蓄積されたあらゆる種類の「銘刻」が，科学者や技術者によって，証明競争を拡大するために用いられている。しかし，少し考えれば想像できるが，「たとえば，統計局の局長が調査員によって持ちこまれた何億もの質問用紙を同時に見ることはできない」(Latour, 1987, 234)。したがって，その内容を把握するためには，「質問用紙が人々に対して行ったことを質問用紙に対して

行うこと，すなわち，それからある要素を抜き出し，他のより可動的でより再結合しやすい用紙にそれを記載すること」(234)が必要となる。つまり，蓄積された「銘刻」は互いに結合され，目的に適合した形で再構成されるのである。こうした過程はとどまることなく，第n段階から第n＋1段階へとカスケードのように繰り返されることになる。

そして，このようなカスケードにおけるポイントは，「論争の場合に，他の集計，記号，指標，計量器，計数器は，反対者が第n段階の最終結果から，記録室に保存されている質問票へと戻ることを可能にし，そこから，その土地の人々へと戻ることを可能にすることである。すなわち，幹部の机の上と人々の間に双方向の関係が確立している」(Latour, 1987, 234)ことが重要であり，こうした関係を確立できた場合にのみ，中心における机上の計算に基づいて，外部の世界を支配する「遠隔操作」が可能となる。ラトゥールは，その中心を，「計算の中心」(centres of calculation)と呼んだのである。

ラトゥールは，この例として，多数の渦の関係を定式化した流体力学の専門家オズボーン・レイノルズの仕事を取り上げている。レイノルズが定式化する以前は，渦の複雑な関係は，たとえば「流れが速ければ速いほど，より多数の渦ができる」や「流れが衝突する障害物が大きければ大きいほど，より多数の渦が生じる」，「流体の密度が大きければ大きいほど渦が多い」，「流体の粘性が大きければ大きいほど，渦はますます少なくなる」といった形の文章ではまとめられていたが，レイノルズはこうした第n段階の「銘刻」を，「$R=SLD/V$」という第n＋1段階の「銘刻」へと定式化したのである。ここでは，可能性のあるすべての渦の係数を表す「レイノルズ数」Rが，S（流れの速度），L（障害物の長さ），D（流体の密度），V（流体の粘性）に関係することが示されており，その方程式によって，川の流れや，空中を舞う羽や，宇宙の銀河を，実験室にいながらにして観測することが可能となり，そこでの計算を通じてそれらを支配できるという点において，「遠隔操作」が達成されることになる。そうして，そこでの実験室がラトゥールの言う「計算の中心」となるのである(Latour, 1987, 237-8)。

会計技法を通じた遠隔操作

以上，見てきたように，科学実験室の人類学的考察におけるラトゥールの意

図は，ブラックボックスとなった事実や技術がどのようにして作られてきたのか，つまり製作段階の科学を追いかけることにあった。そこで明示されていたことは，それらの事実や技術がそのものとして以前から存在していたのではなく，社会的に構築された結果として実在化されるというものであった。したがって，ラトゥールの観点を会計の領域へと積極的に応用しようとしてきた会計社会学者らも，やはり会計技術が構築される過程に注目してきた。

たとえば，プレストン他によって書かれた「予算を製作する」(Preston et al., 1992) は，そのタイトルからもわかるように，その顕著な例の1つである。彼ら自身が「予算技術の生産を理解するために，ラトゥールと同様に，その技術が固定され，知れ渡り，問題のないものとされる以前に行くことを試みている」(Preston et al., 1992, 564) と明言しているように，同論文では，ある特定の組織において経営予算システムという新しい会計技法が構築されていくプロセスが分析されている。具体的には，1980年代のイギリス国民健康保険制度 (National Health Service: NHS) における一連の経営予算イニシアチブが取り上げられている。当時，福祉国家体制の結果逼迫していた財政状態を改善するために，1979年に成立したサッチャー政権のもと，極めて経営効率の悪かったNHSの建て直しが試みられていた。その一環として，1983年に，医療サービスの供給における資源利用を規制するために，民間部門の経営予算システムをNHSへと導入することを提案する「グリフィス・レポート」が公表され，同論文は，この1983年から1986年にかけて，特定の組織 (Osgood District) におけるその導入プロセスを分析している。

その中で，プレストン他は，会計システムをあらかじめ設定された目的通りに履行するというよく定義されたものと捉えるのではなく，むしろ曖昧な性格，目的のもとに着手され，その設計および実行のプロセスの中で新しい意思決定の可能性や責任の定義が生まれてくるもの，すなわち「製作」されるものであると主張する。ここで，「製作」とは，①その予算システムが「仕様書」に適合するように，いかに設計され生産されたのかを示す「技術の建築」的性格，②製作された予算システムは，もしそれを維持するためのリソースが不足したり，そのケアが不十分であれば簡単に崩壊してしまうものであることを示す「技術的製品の脆弱性」，そして，③予算システムの目的や効果に関する説得的な物語をつくるといった，言葉によるレトリックを用いて疑い深い者を説得す

るという,「技術の機械化,促進,売り込み」的性格を包含する概念であるとされている (Preston et al., 1992, 565-6)。予算システム自体は,その後1986年に健康社会保障省 (Department of Health and Social Security: DHSS) から保健通達 (Health Notice) が公表され,その中でその失敗が公式的に認められたと記されており,「これらすべての念入りな製作にもかかわらず,このケースでは経営予算は確立した事実とはならなかった」(Preston et al., 1992, 589) と締めくくられている。

次に,世界の情報を収集・蓄積することによって「計算の中心」となり,そこからの「遠隔操作」を実行する際に欠かせない手段が「銘刻」であった。そうした「銘刻」という概念を会計へと導入しているのが,ウェイ・フォン・チュアの研究である (Chua, 1995)。チュアは,同論文の中で,オーストラリアの病院組織の中に,DRG 会計が導入される過程を分析している。ここで DRG 会計とは,内部予算目的のために個々の DRG[19]ごとに財務的資源を配分するシステムのことを意味している。この分析では,その結果として,「会計が単に問題のない経済的現実を受動的に描写していたのではなく,病院組織およびその活動に関する既存の表現を能動的に変換した」(Chua, 1995, 137) ことが示されている。すなわち,DRG 会計が導入された病院組織では,「患者」が希少資源を消費する製品となり,「医者」が資源需要を決定する資源管理者となり,「病院」が複数ライン工場となり,「健康管理の提供」が一種の生産プロセスとなったことが示されている。チュアは,「そのような会計のレンズが無ければ,重症の心臓発作に苦しむシドニーのパッカー氏と,彼の食事を準備した調理師と,医療記録をつける記録係と,多数の計算表を作った会計士と,健康管理部門に財源を配分するキャンベラの政治家を明白に結びつけることはできない」(Chua, 1995, 137) と指摘している。

このような「銘刻」としての会計,および会計の能動的な性格を前提としながら,ラトゥールが主張していた「遠隔操作」という現象を会計研究の中に積極的に見出そうとする研究も見られる。その1つとして,オグデンの「組織パフォーマンスのための会計——民営化した水道事業における顧客の構築——」(Ogden, 1997) を挙げることができる。同論文では,イギリスの民営化された水道事業における顧客概念の構築プロセスが分析されている。

オグデンによれば,イギリスの水道事業は,それまでの独占的な性格のため

に，1989年にイングランド・ウェールズ地方水道当局が民営化されることになった。しかし，そうした民営化にもかかわらず，水道サービスの提供において競争的な市場環境を欠いたままであったため，政府は水道局（Office of Water Services: Ofwat）という新しい規制機関を通じて，顧客の利益を保護しようとした。そして，Ofwat は「サービスレベルの指標」という一種の会計システムを各水道会社に導入することによってこの目的を達成したのである。すなわち，この「サービスレベルの指標」を通じて，顧客の便益が知覚可能かつ測定可能な方法で定義され，その結果，個々の会社が顧客サービスを提供する能力が計算され評価されるようになったのである。このように新しい会計手法を用いることによって，会社の実績を測定・監視し，また他の会社と比較することが可能となり，望ましい顧客サービスを達成した会社を特定することができるようになった（Ogden, 1997, 552）。

　オグデンは，こうした文脈から「サービスレベルの指標が，管理者の活動の中に『顧客サービスを満たす』ことの重要性を刻み込むように作用したことは疑いようがない。サービスレベルの指標は，顧客サービスに関する情報の記録に関係していただけでなく，水道会社の管理者に影響を及ぼす方法をも構成していたのである。それは表現の手段であり，かつ介入の手段でもあった」(553)と指摘する。そしてそれは，「民営化された水道会社の公式的な自律性を侵害することなく起こった。……Ofwatは，規制的権限を持っていたが，顧客サービスの向上というその目的を，管理者の目標と本来的に結び付けることによって，管理者を説得したのである」(545)。ここでオグデンは，「サービスレベルの指標」を，「遠隔操作」を可能にする間接的な統治メカニズムの一例として理解していたことがわかる。

　さらに，ラトゥールらによって提唱されたこのような概念を全面的に援用した研究が，ミラーの1991年の論文である（Miller, 1991a）。同論文「企業を超える会計革新――1960年代イギリスにおける，投資意思決定の問題化と経済成長のプログラム化――」は，そのタイトルの通り投資意思決定を支援する技法としてのDCF法と経済成長の関係を論じたものである。そこでは，DCF法の採用という会計革新が，企業を超えた，すなわち国家的な戦略として生じたプロセスであったことが詳細に分析され，その中で「翻訳」や「問題化」といったラトゥールらの概念が援用されている。

ミラーが，分析対象としていた文脈は，1960年代のイギリスであり，当時，各企業において投資意思決定に有用な技法としてDCF法が普及しつつあった。ミラーによれば，DCF法を含む会計技術の発案，普及を巡る議論，すなわち会計革新の研究はそれまでにもあったが，そのほとんどが実務家による実務的な問題解決を目指すもの，また学者による新たな技法の開発の事例を提供するものに限られていた。しかし，実務家と学者を実際に明確に区別することは困難であり，またそうした概念自体が一定でないとする。また，もう少し視野を広げれば，会計革新は，実務家や学者だけでなく，企業を超えた政府機関や，その時代の論調や主張など，さまざまな要因が影響し合った結果として捉えることができると主張する。ミラーはこのように確認した上で，その当時の状況を次のように説明する。

　　「イギリスでは，経験則よりも優れているという点で，そして算術的に正確な測定値が提供されるという理由で，DCF法が支持されていた。予測は困難であったが，それに挫折することはなかった。しかし，投資意思決定にDCF法を採用することには個別企業を超える意味があることが繰り返し主張されていた。それらは，成長というマクロ経済の目標に関係していたのである。DCF法という優れた手法に基づいて投資意思決定を行うことは，個別企業の収益性だけでなく，国家の経済成長にも本来的に貢献すると言われていたのである。」(Miller, 1991a, 744)

　ミラーは，こうした当時の状況の中に重要なポイントがあると指摘する。それは投資意思決定という問題が，国家の経済成長という問題に結び付けられていたことである。そして，この点を説明するために，「問題化」や「翻訳」という概念を用いている。ここで「問題化」とはある問題を別のより大きな問題に結びつけるという意味であり，また「翻訳」とは特定の問題に新しい解釈を与え，人々の思考を特定の方向へ向かわせるという意味であり，当該文脈では，個々の経営者の投資意思決定にDCF法を利用することが，マクロ経済の成長に結びつくということを理解するための枠組みとして利用されていることがわかる。
　その上で，政府による間接的な統治メカニズムとしての会計数値による「遠隔操作」が指摘されている。ミラーによれば，当時の労働党政府は，企業，特に国有化産業に対して，直接的な干渉を回避しながらその意思決定を望ましい

第 3 章　計算可能な人間と空間

方向へと操作することを望んでいたが，DCF 法がまさにそれに応える技術だったのである。つまり，国有化産業の場合，継続的かつ詳細な干渉は望ましくなかったが，そうした計算技術の導入によって，対象企業が経済的規範を参照しながら自己規制することが可能となり，またその規範からの逸脱も明確に可視化できるようになったのである。すなわち，DCF 法は，政府が民間企業の意思決定に直接介入することなく，その経済性を「遠隔操作」することを可能にしたのである（Miller, 1991a）。

最後に，この「遠隔操作」概念をより直接的に援用していたのが，モーリトセン他による「知的資本と『有能な会社』」（Mouritsen et al., 2001）である。彼らはその中で，知的財産報告書というある種の会計が，このような「遠隔操作」を可能にするプロセスであったと主張している。まず「知的財産の測定，報告，管理といった直接的な関係を想定することなく……どのようにして『知的資本』という概念が，異質な要素を安定化し明白化する論拠として用いられるようになるのか」（Mouritsen et al., 2001, 741）という問題が立てられ，デンマーク企業17社へのアンケート調査と，その内 3 社の事例研究を通じて，知的財産報告書が作成され，またどのような役割を果たしているのかが明らかにされている。

モーリトセン他によれば，知的財産報告書において表示されているそれぞれの要素は，報告書に持ち込まれることによって初めてそれ自体が実在物として認められるようになり，それらの要素を通じて雇用方針や組織の競争力源泉，組織文化，生産性向上メカニズムに関わる新しい力関係が構築されることになる。すなわち「知的財産報告書という銘刻は，単に『ことのありさま』の叙述，視覚化，数値化ではない。そうした銘刻は，翻訳の中心が，物事を変換する，あるいは『人々の習慣を変える』ことを助ける働きをした」[20]（Mouritsen et al., 2001, 758）と述べる。そして，「知的財産報告書を通じて考案されたカテゴリーが，管理者による遠隔操作を可能にする。なぜなら，管理者が持つ変革への願望が，管理技法を媒介して，どの組織行動が『正しいのか』『賢明なのか』『正当なのか』あるいは単に『適切なのか』という判断を助けることになるからである」（759）と指摘する。

モーリトセン他によるこうした分析の本質は，「知的財産報告書を通じて……知識が個々人の内部の目に見えない場所から，統治可能な明るい場所へと

引き出された」(Mouritsen *et al.*, 2001, 759) という彼らの言葉に端的に現れている。彼らは，知的財産報告書のこのような特徴を，財務会計と比較しながら，次のように締めくくっている。すなわち「財務会計が詳細な日常生活というカオスの中から経済性を引き出すというプロセスであるのと同様に，知的財産報告書は，異質の要素を含む日々の状況の中から知識を引き出し，それらを新しい方法で比較し，新しい関係を同定する。そしてそれらは，日々の意思決定へと『戻され』，会社全体における新しい協調形態が設定され，新しい可視性の形態に基づいて行動されるようになる」(761)。

　これらの研究からも明らかなように，会計は，その中に規制対象を作り出し，またそこに関わる人々の行為を規律するための条件となっていることがわかる。ミラーらによって積極的に開拓された会計数値による統治可能性という観点は，会計の重要性が増す現代においても，今なおそのアクチュアリティを失ってはいないと言えるだろう。本章で紹介してきた事例は，そのほんの一部を開示したものに過ぎない。

5　おわりに

　本章の冒頭でも見たように，ポーターは，官僚的支配の歴史的な展開の中で，数値や計算が果たしてきた役割について興味深い研究を行っていた。たとえば，社会における専門家への信頼が低いときには，定量化や手続きの標準化が進み，こうした傾向は，国ごとの置かれた文化的状況に応じて異なることが，事例を挙げながら説明されている。確かに，これらの変数が置かれた文化的状況に応じて変動することは十分に考えられ，その詳細な事例分析は大変興味深い。しかしながら，本書が取り組もうとしている視点との大きな違いは，ポーターが，定量化や手続きの標準化を「科学的客観性」にとって必要なものと見なし（ポーター，2013, 25)，究極的には個人の恣意性やバイアスを排除し，「規則が統治しなければならない」(297) と主張していた点にある。本書ではこれと異なり，いずれにせよ意思決定過程から恣意性やバイアスを排除することはできないという立場を採用している（詳しくは，第5章における議論を参照されたい)。事実，標準化された規則の増大化によって，官僚制の逆機能が生じることは，

第3章 計算可能な人間と空間

ウェーバー以来よく知られている現象である。

では，この「科学的客観性」の典型とされる数値の1つである会計計算は，規則の増大に伴う弊害と，どのように関わっているのであろうか。昨今の原則主義と細則主義を巡る争いにも通じるこのような論点が，次章における中心的なテーマである。そこでは，科学とは異なる専門知識体系である「法」を議論の中へ導入しながら，会計社会学によってもたらされた理論的知見の制度的な広がりを眺めてみたい。すなわち，統治技術としての会計というテーマを，会計規制という具体的な制度的文脈の中へと位置づけ直すことによって，会計数値や計算による可視性の創造が，増大する会計規制の中にどのように描かれることになるのか。次章では，この点について詳しく見ていくことにしよう。

◆注

1 たとえば，Miller and Rose (1988, 1990), Rose (1988, 1999), Rose and Miller (1992) を参照されたい。
2 たとえば，Miller and Rose (1990), Rose and Miller (1992) を参照されたい。
3 たとえば，Hopwood (1987), Miller (1991a) を参照されたい。
4 たとえば，Ferguson (2007), McWatters and Lemarchand (2013) を参照されたい。
5 たとえば，Kilfoyle and Richardson (2011), Englund and Gerdin (2011) を参照されたい。
6 たとえば，Burns (2000), Lounsbury (2008) を参照されたい。
7 これら4つは，パワーが，会計社会学の発展におけるフーコーの影響を論じる際に，重要な論点として列挙していたものに依拠している (Power, 2011, 45)。
8 『言葉と物』におけるフーコーの狙いは，「人間」こそが，知という造物主がわずか二百年ほど前に自らの手で作り上げた，全く最近の被造物に過ぎないことを示すことにあったと記されている（フーコー，1974, 328)。
9 したがって，「考古学」という用語そのものには，何らの価値をも持たせていない。このことは，「私は決して考古学を一個の科学として，未来の一科学の最初の基礎としてさえ，提出しなかった」（フーコー，1981, 311）と述べていることからも窺い知れる。
10 フーコーは，こうした考古学の特徴を，連続的な記述と，差異の記述を対比させることによって説明している。連続的な記述とは，あらゆる現象を唯一の中心の回りにまとめ上げていくものであり，そこでは「時間」が語る主体を分散させないことの保証として機能してきた（フーコー，1981, 23)。
11 たとえば，試験は，そうした可視性を個々人に対して設定するための制度である。そこではある可視性を通して個々人に差異がつけられ，またそれによって制裁が加えられるような監視の形式である（フーコー，1977, 188)。

12 したがって厳密には，監獄は単に犯罪者を物理的に閉じ込めることによって社会から排除する役目を担っていたわけではない。むしろそれは，監獄という制度を運用する中に「非行性」という新しい形式を客体として生み出し，それを正常な行為から切り離し種別的に管理することによって，いわば間接的に個々人の行為を取り締まってきたのである。すなわち，非行性というカテゴリーを強調することによって，人々にその非行性を極めて卑近なものとして，全く無縁なものとして，そして日常生活に脅威を与えるものとしての印象を持たせることによって，人々は自ら自身の行動を律するようになる。このようにして監獄は，この非行性という客体を媒介に，社会全体の取り締まりを可能にしてきたのである（フーコー，1977，274-5）。

13 この詳しい動向については，金森（2001）を参照されたい。

14 両者はともに，1977年にノーベル生理・医学賞を受賞することになる。両者の間の論争の詳しいいきさつについては，ウェイド（1992）を参照されたい。

15 ラトゥールは，「翻訳」（translation）という用語を用いることによって，「ひとつの言語における型を別の言語における型に関係づける」という言語学的な意味だけでなく，「ひとつの場所から別の場所への移行」という幾何学的な意味も表そうとしている（Latour, 1987, 117）。

16 『科学が作られているとき』の中で直接的に「問題化」という概念が取り上げられているわけではない（ただし，それを意識して書かれた箇所は見受けられる。たとえば，Latour, 1987, 117を参照されたい）。それは，その概念が，ラトゥールではなく同僚のミシェル・カロンによって考案されたものであったからであると思われる。カロンは，ラトゥールとともに「アクターネットワーク理論」を先導してきた人物であり，「翻訳」戦略を次の4つに分類していた。①「問題化」（problematisation），すなわち問題の定義とその解決策の提示によって必須通過点をつくること。②「関心づけ」（interessement），すなわちアクターを特定の役割へ固定化すること。③「巻き込み」（enrolment），すなわち役割の定義とその分配を行うこと。④「可動化」（mobilization），すなわち動員されたアクターを適切に管理すること（Callon, 1986）。

17 ここで「慣性力」とは，事実や技術が空間を移動し，時間的に持続することを意味しており，ラトゥールは，同書の中でこれを事実や技術の「拡散モデル」と呼び，「翻訳モデル」と対峙させている。

18 このような分析を行っているラトゥールの意図は，次の一文に端的に現れている。「私たちは，科学が高度に創造的な活動であることを否定していないことを強調しなければならない。ただ，この創造的という言葉の正確な意味が広く誤解されているだけである。私たちは，それまで発見されていなかった真実を探求できる，他人よりも優れた特別な能力を持った個人を言及するために，創造的という言葉を用いているのではない。そうではなく，科学的活動が知識を構築するための唯一の社会的舞台（social arena）であるという私たちの前提を意味しているのである。」（Latour and Woolgar, 1979, 31）

19 DRGとは Diagnosis Related Groups の略であり，日本語では疾病別関連群である。これは，類似した疾病ごとに分類された集合を意味する。

20 ここで「翻訳の中心」とは，ラトゥールの言う「計算の中心」と同義である。

第4章
会計規制のトリレンマ

　最近，会計不正に関わる不祥事のたびに「会計不信」が言われるが，そこに含まれる意味合いは，会計を扱う人々に対する不信であって，会計規制そのものに対する不信ではない。それに対して本章では，会計規制が根本的に失敗するメカニズムについて考察する。具体的には，会計規制を規制立法の1つと捉え，規制立法が失敗するメカニズムを明らかにした法社会学の議論を紹介し，それを会計規制論へと応用することを試みる。まず，「法化」現象という，近年の規制立法の増大の意味を捉えるために，ある法社会学者によって唱えられた「オートポイエシス・システム」という分析視角を解説する。続いて，当該分析視角から会計規制を捉え直そうとした会計社会学における議論を概観する。結果として，一方では政策的主張による要請，他方では特定社会領域による要請の間で，会計規制が独自の「トリレンマ」に陥っている様子を明らかにする。

1　はじめに

　法と会計の関わりを扱おうとする既存のアプローチは，たいていの場合，会計規制の有効性に関わるものであった。2001年に起こったエネルギー商社エンロンや通信会社ワールドコムの破綻が，会計数値操作の問題に対する世間の関心を集め，経営者不正を防ぐことができなかった当時の会計や監査に関わる規制の不備が大きく問われたことは今でも記憶に新しい。アメリカ政府がとった対応策は企業改革法（サーベンス・オックスリー法）に見られるように会計規制の強化であり，その後日本にも同様の規制が導入されることになった。会計規制に関わるこのような一連の流れ，つまり規制の失敗に対する規制の強化という対応は，これまでの会計制度を振り返る限り，ごく自然なことのようにも思える。たとえば，1929年の大恐慌に伴って制定された証券諸法に見られるように，会計に関わる事件の後には，決まって会計規制が強化され，こうした流れは過去何度も繰り返されてきた。

　ここで一般に会計規制とは，「政府等が強権力を背景に企業会計法等を制定し，それに基づいて個別企業の会計方針を特定の公共目的の達成に向けて制御すること」と解され，それは「規制機関，規制目標および規制手段の3要素から構成され」（中村，1992，10-1）るものと見られている。ここでの規制機関とは，政府機関だけでなく，それを補完する基準設定団体等の民間機関まで含んでおり，規制目標としては，たとえば，投資家の保護あるいは出資者や債権者等の利害関係者間の利害調整が想定される。また，規制手段としては，会社法や金融商品取引法，一般に認められた会計基準（GAAP），会計専門家集団による解釈指針，そして昨今ますます重要性を増してきている国際会計基準などがその中心となる。会計規制をこのように整理して捉えれば，現行の会計制度が，どのような規制機関のもとで，どのような規制目標が掲げられ，どのような法・基準が設定されているのかについて，明確に理解することができる。したがって，何らかの会計規制上の失敗に直面した場合，この枠組みのどこにその原因があったのかが直ちに分析され，それに基づいて新しい法・基準が整備されることになる。実際，先のエンロン，ワールドコム事件への対応としては，監査人の独立性に関わる問題点が特定され，コーポレート・ガバナンス，特別

目的会社の連結に関する会計基準の設定など，会計規制が大幅に強化されることになった。

しかしながら，この政策志向的な会計規制をより良いものにしていこうとする一般的な関心のもとでは，実際にその中で法と会計がどのように関わり合っているのか，またその複雑な交差の結果としてどのような種類の規制が表面化されると同時に，どのような種類の規制が隠されていくことになるのか，といった問題についてはあまり関心が向けられない。したがってそこには，より良い規制を求めようとする関心よりも前に問われるべき多くの問題が潜むことになる。たとえば，こうした会計基準や監査体制のきめ細かな整備は，果たして会計規制の失敗という問題に対する適切な対応策なのであろうか。規制が強化されたにもかかわらず，すぐまた次の失敗が起こる歴史を振り返れば，自然とこのような疑問が生じてくる。また，そもそも会計規制の失敗の原因は，会計基準や監査体制等の不備にあったのであろうか。

こうした課題と取り組むべく，本章では，会計規制を広く規制立法の1つと捉え，規制立法が失敗するメカニズムを明らかにしようとしてきた法社会学の議論を紹介し，その会計規制論への応用を試みる。法社会学者であるギュンター・トイプナーは，社会学者ニコラス・ルーマンの社会システム論を援用しながら，1970年代から80年代にかけてドイツで起こった「法化」(juridification)現象を分析し，規制立法の増大に潜む根本的な問題を指摘していた。ルーマンの社会システム論とは，社会を高度に自律化した「オートポイエシス・システム」が並存する状況として捉える理論であり，トイプナーは，そうした観点から，「オートポイエシス・システム」としての法が他のシステムとどのような関係にあるのかを整理し，規制立法が失敗するメカニズムを明らかにしようとしたのである。こうした議論はすでに会計社会学においてもその応用が試みられており，同じく社会システム論の観点から会計が捉え直され，会計という専門技術を通じた規制に潜む問題が指摘されている。

そこで以下では，まず法と会計の交差に関わる制度状況について整理し，続いてドイツにおける規制立法の増大を捉えるために法社会学者トイプナーによって唱えられた「オートポイエシス・システム」という分析視角について概観する。その後，同じ分析視角から会計規制を捉え直そうとした会計社会学における議論を紹介し，ミラーとパワーが，「一方で政策的主張による，他方で

特定社会領域による要請の間で，会計が独自の『規制のトリレンマ』に陥っている」（Miller and Power, 1992, 235）と指摘した，会計規制の失敗の意味を明らかにしていきたいと思う。

2　法と会計の交差

　さて，現実的な制度に目を向ければ，会計の発展を，それを基礎づけてきた法規制から切り離して考えることは難しい。事実，法と会計の交差に関わる歴史は，両者が知的にも制度的にも複雑に相互作用してきたことを示している。それは，会社法規制や公認会計士法規制を見ても，はっきりと認められる。しかし，それらの関わりは，常に安定した状態にあったわけではなく，両者の関係は常にある種の緊張関係にあったと言うことができるだろう。たとえば，「株式会社の会計は，一般に公正妥当と認められる企業会計の慣行に従うものとする」（会社法431条）とされる条文を引き合いに出すまでもなく，伝統的に会計は法に従属するもの，つまり法によってその効力が認められるものと理解されてきた。こうした見方は，会計専門家の扱う領域が，破産関連法のような法規のもとで制度化されてきた過去を振り返れば，当然のことのように思われるかもしれない。しかしながら，この法のもとにおいて初めて効力を有するかのような会計の位置づけが，これまで常に安定した状態であったかと言えば，必ずしもそういうわけではない。現在会計は，その領域を拡張しようとして財務情報開示の範囲の拡張を求めたり，規制機関による直接的な監視の目からある程度独立した職業専門家による自己規制のあり方を追い求めたりしながら，多くの点で法と対立していると言えるだろう。こうした法と会計の対立が端的に現れている例として，近年の「実質優先主義」（substance over form）に関わる議論を挙げることができる。その定義の曖昧さそのものが，どちらの専門家が正統性を持って活動することができるのかを決定する，中心的な争点になっているとも言われている（Freedman and Power, 1992, 17-9）。いわばそこには，法律家と会計専門家のどちらが経済的・社会的現実の裁定者であるのか，という専門領域間のなわばり争いが暗示されているのである。

　このような対立の背景の1つには，法と会計を別個の伝統と見なし，厳密に

区別しようとする見方がある。一方で法のイメージは，深い判断を必要とする解釈的で交渉的なものと思われており，他方で会計は，これまでの章でも見てきたように，科学性へと訴えながら，経済計算に基づく技術的で実証的な特徴を有するものと考えられるようになってきている。こうした見方に従えば，会計は法とは異なり，経済的現実を測定するに際し，判断や交渉をできる限り排除するべきであると考えられる。たとえ実際の計算過程においてどれほど判断や解釈が伴われているとしても，会計はその概念レベルにおいて計算を希求し，ますます判断を排除するようになっている[1]。そこでは，これら両者の領域が実際には複雑に交差している現実が顧みられることなく，それぞれが異なった重心を持ち，異なる機能を果たすものと理解されてきたのである。しかし，このように法と会計を別個のものと見なす見方はいずれにせよ静的であり，両者が相互に作用し合う動的な関係を捉え損ねることになるだろう。そのような限界を克服するために，以下では，近年ドイツで観察された「法化」現象という枠組みを援用することによって，両者の関係を捉え直すことを試みたい。

　「法化」とは，社会生活を徐々に植民地化するようになってきた，官僚的な規制の増大として定義される現象である。その提唱者であるトイプナーによれば，福祉国家を実現するための媒体としての役割を背負わされた法が，その自由裁量性を獲得するにつれて，ますます規制対象である社会構造にとって不適切な合理性を帯びるようになっている。その意味は，望ましい法的規制の達成の成否にかかわらず，問題となっている社会構造を破壊する，というものである。トイプナーによれば，「法化」現象は，近年の介入主義的な福祉国家体制のもとに顕著に見られ，国家による経済システムの統制という試みと密接に関わる問題である。労使間の団体交渉，従業員保護という規範，複雑な社会保障ネットワーク，ますます洗練化されてきた会社法制，そして市場における反トラスト規制などが，この「法化」現象の具体的な例である。

　ここで，もしこの「法化」現象が現実化しているとすれば，そのような現象の歴史的展開を逆行させようと望むよりも，むしろその機能不全に直面しつつある現実を正確に捉えることが重要であろう。その機能不全とは，「法化」の限界，つまり規制立法がそれ自体の手段だけでは克服できない有効性の限界に到達していることである。すなわち，一方ではますますインフォーマルに専門化，専門職業化，内部システム化しつつあり，他方ではますます社会環境，特

に福祉国家からの実質的な要求に晒されるようになりつつある，法の現実的な姿を描き出すことである。

　こうして「法化」という現象を引き合いに出すことによって，規制プロセスの核心に潜む深い緊張関係を識別することが可能となる。その緊張関係とは，法の形式的自律性の強化と，その社会環境からの要求の増大，との間の緊張関係である。トイプナーによれば，この一方に自律性を推し進めようとする圧力があり，他方で相互依存性が増大しているという状況こそが，「法化」現象の根本的な問題である。トイプナーは，法とその環境との動的な関係を描写するために，「オートポイエシス・システム」という分析視角を導入し，それ独自の統合性，妥当性，規範性を有すると同時に，他の領域からの要求を具体化する媒体としても機能している，法の現実的な姿を捉え直そうとしている。そこでは，これらの関係性が単純な「因果」関係によって操作化されるのではなく，外部的な要求が，特定の規準によって濾過され，法というシステムの自律性論理の中に翻訳されることになる。こうした見方のもとでは，効果的な外部規制という考え方そのものが問い直されることになる。なぜなら，もし法やその他のシステムが，それぞれに自律性を有していると仮定すれば，ただその自己規制プロセスを引き起こすきっかけを提供することを望むことしかできなくなるからである。したがって，その枠組みのもとでは，「規制の失敗」は例外ではなく，むしろ原則と見なされることになり，トイプナーは，このような緊張関係，および相互影響の可能性を，「規制のトリレンマ」として問題化したのであった（Teubner, 1987）。それでは，このような動的な分析の枠組みを提供してくれる「オートポイエシス・システム」とは，果たしてどのような見方なのであろうか。

3　規制立法の社会学的考察

オートポイエシス・システムという見方の起源

　オートポイエシス（autopoiesis）とは，ギリシア語のオート（自己）とポイエシス（制作）からなる造語である。これは，1970年代以降，生物学や社会学

で徐々に注目されてきた概念であり，その意味は，言葉からもわかるように，「自己を制作する」というものである。オートポイエシスという用語自体は，1970年代の初めに，チリの神経生理学者ウンベルト・マトゥラーナとフランシスコ・ヴァレラによって初めて用いられたものであり，彼らは，神経システムをモデルにこの概念を構想し，その後，細胞システム，免疫システムとその適用範囲を広げ，生命システム一般の論理として拡大していった。

　今日まで支配的になっている生命システムの概念は，開放系動的平衡システムと呼ばれるものである。これは，環境との相互作用，環境への適応，物質代謝を介した自己維持と自己形成，等をその特徴とするものであり，自己形成について研究する遺伝学や，環境と生命システムの関係を研究する進化論が，今日の生物学の主流となっている（河本，1991，250）。したがって，生命体が栄養分を補給しながら老廃物を排泄し，また気温や湿度などの外部環境の変化に対応して体温や血流量，血液成分をある一定の範囲に保っているといった見方は，開放系動的平衡システムという概念に基づいていると言える。それに対して，オートポイエシス・システム論では，システムの「閉鎖性」が主張されることになる。しかしこれは，単純にこれまで開放系動的平衡システムにおいて想定されていた生命システムの「閉鎖性」が提唱されているのではない。ヒトが日々栄養分を補給し老廃物を排泄していることを考えれば，「開放性」であることは明らかである。では，ここでの「閉鎖性」とは何を意味しているのであろうか。

　オートポイエシス・システム論では，「システムが環境との境界を，どのように自分自身で画定するか，また環境世界との関係をみずからどのようにつくり出すか……（すなわち）システムのあり方を，システム自身との関係で明かにしようとする」（河本，1991，251）点に，注目が置かれる。つまりそこには，観察者によって空間的に区切られたシステムではなく，システム自体の作動を通じて成り立つシステムが浮かび上がってくることになり，これによりそれまでの分析対象が相対化されることになったのである。従来の開放系動的平衡システムという概念のもとでは，環境の中に生命システムが存在し，その生命システムが環境と相互作用することによって自己を維持しているというように，いわば観察者の視点から生命システムが捉えられていた。それに対して，オートポイエシス・システム論では，生命体として継続的に生起している作動様式

に焦点が当てられ,そうした作動そのものによってもたらされる一定の構造が,生命システムと見なされることになる。

　ここで,生命システムの作動様式そのものに焦点を当てた場合,そこには,自らの構成要素を繰り返し生産する,継続的な生産プロセスが描かれることになる。つまり,生産した構成要素が自己自身を構成し,そしてまた構成要素を再生産するというように,生産した構成要素を継続的な生産プロセスに巻き込んでいくような,循環的に作動する様子がイメージされることになる。たとえば,有機体は自己を構成する要素である細胞を循環的に生産しており,また,細胞も自己を構成する要素であるタンパク質を循環的に生産している。つまり,このシステム論のもとでは,観察者の視点から空間的に区切られた対象がシステムとして捉えられるのではなく,構成要素を継続的に生産するプロセス自身のネットワークとして,システムが定義されているのである。したがって,オートポイエシス・システムとは,あくまでも継続的な作動様式そのものに焦点を当てようとするものとなる。

　このような見方を,社会に対する分析視角として社会科学の領域へと導入したのが,社会学者ルーマンであった。ルーマンは生物学におけるオートポイエシス・システムの特徴に基づきながら,社会科学における新しい方法論を確立しようとしたのである。また,後に見るように,トイプナーによる規制論上の分析も,その大部分がルーマンの枠組みを踏襲したものであり,会計規制が失敗する可能性を理解するためにも,彼の議論が鍵となる。

社会学におけるオートポイエシス・システムという視座

　ルーマンは,生物学において発見されたオートポイエシス・システムという概念を,単純に社会システムに導入することを試みていたわけではない。それは,「社会システムを,生命システムをモデルとして解釈する必要はない。両者を単純に類推したり,社会学において生物学用語を比喩的に用いるだけではいけない」と述べていることからも明らかであり,むしろ「さまざまな現実基盤と関連し,生活や意識や社会的コミュニケーションのようなさまざまな領域における経験を扱いうる,オートポイエシス・システムの一般理論を作り上げる努力が必要である」(Luhmann, 1989, 137)と主張し,独自のシステム理論を展開した。

第4章 会計規制のトリレンマ

　ルーマンはこのような目標を掲げながら，まず，社会が通常想定されているような個人の集合ではなく，コミュニケーションから成り立っていると考える。つまり，コミュニケーションを構成要素としたオートポイエシス・システムとして社会を理解しようと試みたのである。そこで，社会システムとは，自らを構成するコミュニケーションを継続的に生産し，その生産されたコミュニケーションがコミュニケーションの生産プロセスに巻き込まれ，また次のコミュニケーションを再生産するという，循環的なコミュニケーションの再生産プロセスとして理解されることになる。

　社会システムがコミュニケーションをその構成要素とする限り，コミュニケーションとして表出したものをシステムの内部と理解すれば，社会システムは，システム外部からの作用を通じて，つまりコミュニケーション以外の要素によって自己を維持しているわけではない。すなわち，コミュニケーションとして表出していないものは社会システムにとっての外部環境であり，この環境とシステムとの境界線は，継続的な生産プロセスを通じて，社会システム自身によって引かれることになる。そのため，全体としての社会システムは，コミュニケーションが外部から直接的に入力されるのではなく，あくまでもコミュニケーションの継続的な生産プロセスの上に成立することになり，この意味において，社会システムとは「自己言及的に閉じたシステム」(Luhmann, 1987, 338) と理解されることになる。

　その上でルーマンは，こうした社会の中に，機能的に分化したさまざまなオートポイエシス・システムが併存していると考え，法をその1つとして位置づける。すなわち，「法システムとは，社会の中で分化した機能システムである。したがって，法システムは，その作動において，自己のみならず社会システム全体の自己再生産（オートポイエシス）の実行にも継続的に関わっていくことになる。……これは，法システムが社会的機能を果たしている——社会において『役立っている』——ことを意味しているだけでなく，社会的現実を構成することにも参加していることを意味しており，したがって，法においても社会のどことも同じように，通常の言葉（名前や数，対象や行為の呼び方など）が用いられることになっているのである」(Luhmann, 1989, 138-9) と述べ，法システムが，社会システムの中に位置づけられるサブシステムであることを主張する。そして，他のシステムが法の機能を代替することが不可能であること

を理由に，法の自律性を認め，その「自律性は，追求されるような目標ではなく，宿命的にして必然的である」(Luhmann, 1985, 112) と主張する。

ルーマンによれば，法の自律性とは，法システムと環境世界との差異，つまり法規範を再生産すると同時に，それに依拠しながら法システムの要素である法律行為を再生産することによって保持されることになる。すなわち，法システムは，あらゆる事象に対して法的な意味を付与することを通じて，環境世界との境界を自ら決定すると同時に，その中では法的に有効な行為を継続的に再生産しているのである。このように「規範的に閉鎖したシステム」である法システムにおいては，ある「事象が法的か否かを決定するのは法規範だけであり」(Luhmann, 1985, 113)，また法の変更も法に準拠して行われることになる。したがって，法に対する社会からの要請がそのままの形で法システムの内部に持ち込まれることはなく，法に固有の論理，すなわち合法／不法の二項コードに基づいて加工されることによって，初めてシステムを構成する要素となることになる。

しかしルーマンは，こうした閉鎖性を指摘しながらも，同時に法システムが「認知的に開放したシステム」でもあることを主張する。すなわち「システムの開放性は自己言及的な閉鎖性に基づいており，閉鎖したオートポイエシス的再生産は環境世界を参照する。……法システムは，情報を認知するために開放しているが，規範的統制のために閉鎖している」(Luhmann, 1985, 113) と，法システムの規範的閉鎖性と認知的開放性の同時性を強調したのである。これは，法システムが社会システムの中に位置づけられるサブシステムであることと無縁ではなく，法システムにおいてもコミュニケーションが構成要素となっているためである。つまり，法システムにおいて再生産されているものは法的コミュニケーションであり，それはあくまでもコミュニケーションの1つである。これは，法システムの外側におけるコミュニケーションを，合法／不法という法に固有の論理に基づいて，いわば内部スクリーンに環境世界を投影することによって，法システム自身が学習していることを表していると言えるだろう[2]。

こうして，法システムが，オートポイエシス・システムとして理解されることになるが，ルーマンによれば，現在，社会システムの中でこのような分化を遂げているのは決して法システムだけではないとされる。つまり，「支払う／支払わない」という二項コードによって分化した経済システムにおいては「価

格」が再生産されており,「与党／野党」という二項コードによって分化した政治システムにおいては「政治的権力」が再生産されている。また,「真理／非真理」という二項コードによって分化した学問システムにおいては「理論」が再生産されており,「超越／内在」という二項コードによって分化した宗教システムにおいては「啓示」が再生産されているというように,さまざまなオートポイエシス・システムの並存状態として,社会が捉えられている（ルーマン, 1992）。そして,そこではそれぞれのシステムが固有の論理に基づきながら,独自の世界を構成していると見なされており,社会学者である清水（2000）は,こうした状況を捉えて,「この多元的な現実を統一する共通の視点ないし現実は存在しない」(165) と主張している。

　このように,ルーマンによる社会システム理論は,オートポイエシス・システムの観点から社会を観察し,独自の理論体系を作り上げようとするものであった。そこでは,社会や法について新しい捉え方がなされていることが見て取れる。先に触れたトイプナーは,こうしたルーマンの社会システム理論に基づきながら,より具体的にドイツの「法化」現象を分析し,「規制のトリレンマ」という問題を提示したのである。

オートポイエシス・システムとしての法

　トイプナーの研究関心は,1970年代から80年代におけるドイツの「法化」と呼ばれた現象である。「法化」現象とは,論者によってさまざまな捉え方がなされていたが,トイプナー（1990）によれば,それは大きく規範の氾濫説,紛争の収用説,非政治化説,そして実質化説の4つに分類することができる。規範の氾濫とは、法の量的な増大現象を指しており、また紛争の収用とは,人々の紛争が裁判へと引き渡され,つまり法的事件へと移られることによって,それが解決されるのではなく,単に遠ざけているにすぎないとする説である。非政治化とは,主として労使間の階級闘争に焦点が当てられており,労働法の整備によって被雇用者の一定の利益が保護され,労働組合の一定の活動が保障されるが,それは同時に労働組合の戦闘的活動の余地を徹底的に制限することにより階級闘争が石化,すなわち非政治化される現象を意味している[3]。

　トイプナー（1990）は,これら3つの説に対して,規範の氾濫説は「単に法

素材の増大という量的側面を強調しているにすぎ（ず），……むしろ，質的側面が重要である」(239)，紛争の収用説は「全く法の古典的な任務（紛争の規制）に限定されており，現に危ぶまれている現代の法化の諸側面（社会の統御）に関してはせいぜい部分的な取り組みしかなされていない」(241)，そして非政治化説は「労働組合の視点に限定され，法化の社会構造的解明を自制している」(242) と，それぞれ批判することにより，「法化」現象の説明として，実質化説を採用している。トイプナーによれば，実質化とはウェーバーによる「法の形式的合理性と実質的合理性」[4]という区別に依拠した概念であり，概念上抽象化され手続的に合理化された形式的法が，産業や労働世界といった自律的な社会的諸領域への福祉国家的介入手段としての規制立法（労働法，社会保障法といった特別法）へと実質化される現象を指すものとされる。そして法が，このように福祉国家による自律的社会領域への介入のための統御メディアとして用いられていることこそが，「法化」現象の最大の特徴であるとしたのである。

トイプナー (1990) は，分析対象をこのように整理した上で，規制立法あるいは介入手段としての法の限界を指摘することにより，「法化」現象の根本的な問題を明らかにしようとする。すなわち，上述したような形式的法の実質化は，対立する2つの傾向が同時に生じていることを表しており，「一方で法システムはその『形式的』特定化と専門化，内的体系化を強め，他方では次第に法的諸利害の『実質的』要求に，すなわち民主制の持つ社会国家的要求にさらされる」(252) ことを意味しているのである。つまり，一方で法は，自己を構成する要素を自ら再生産する自己準拠的なオートポイエシス・システムと理解されるほどに，その自律性を強化させており，これは，「法はその妥当性の点ではただ規範性に支えられているだけであり，それゆえ法は，究極的にはあらゆる非法的な関係――政治，道徳，科学――や自然法的根拠づけから自由であって，法は法内在的にしか自らを再生産しえない」(253) という今日の法の特徴からも明らかであると言う。しかし他方では，「法システムが事後処理的な紛争の規制による予期の創出という機能に特定化されればされるほど，それは未来志向的な行動統御に用いられうる規範と手続とを発展させる」(253) ことになる。すなわち，「法は，その機能の点で自律的になることによって――形式性――，ますますその社会的環境から出される目標達成の要求に左右され

るようになるのである——実質性——」(253)。そして，このように，「自律的で，実定的で，高度に形式化され，専門化された法は，もしそれが社会国家的統御の目的のために道具化された場合には，一方で政治的な特定の要求に，他方で規制対象たる生活領域の特定の要求にさらされる」(253) という，自律性の強化と依存性の強化とのパラドックスこそが，「法化」現象の根本的な問題であるとしたのである。

　こうした問題を，オートポイエシス・システムの観点から整理するならば，社会において高度に自律化した諸部分システムは，環境世界からの影響を常にそれぞれに固有の論理に基づいて学習することになり，それゆえ外部からの介入による直接的な統御は，原則としてありえないという視点が導入されることになる。したがって，世界を，法，政治，社会生活領域という3つのシステム間の関係として単純化して見た場合，「外部からの有効な統御という考え，つまり法や政治は社会の諸部分領域を目的志向的に統御し，それに影響を及ぼすことができるなどという考えは捨てなければならない。むしろ規制立法の効果については，単なる自己統御過程のきっかけ，つまりその方向や効果の程を前もって予測することはほとんど不可能なものとして，はるかに控え目に述べなければならない。……社会生活領域に対する外部からの影響は確かにありうるが，しかし——このことが重要なのだが——各々の自己統御と自己維持の軌道の限界の中でしかありえない」(254) と主張されることになる。そして，「これらの限界を越えた規制的介入はどれも，実効性を欠くか，または社会的生活領域に分裂的結果をもたらすか，さもなければ規制立法の分裂的結果をもらす」(254) とされ，これをトイプナーは「規制のトリレンマ」と呼んだのであった。

　要約すれば，オートポイエシス・システムとしての法や政治や社会生活領域は，それぞれが自律的で自己統御的な社会的部分システムであるため，相互に直接的に調整し合うことはできず，ただ「それぞれに固有の自己統御の境界を尊重するという条件の下で」(254)，それぞれの自己統御プロセスにきっかけを与えることができるに過ぎないとされる。したがって，こうした観点からすれば，「『規制の失敗』とは，実際には例外などではなく当然のことであって，……政治，法および社会的生活領域における不適切な『構造的カップリング』(structural coupling) の問題」(Teubner, 1987, 21) と理解されることになる。

そして，トイプナーは，政治と法，法と社会的生活領域という2種類のシステム間における不適切な「構造的カップリング」の問題を「規制のトリレンマ」と呼び，これを次の3つに分類して説明しようとしたのであった。

① **相互無視**……たとえば，政治と法の境界を見るとき，オートポイエシス・システムとしての法は，政治システムからの要請を自己に固有の論理に基づいて学習するが，そうした学習には限界があり，その限界に達したときに，法システムがそうした政策方針を無視するようになることを指している。トイプナー（1990）はこれを，「異なる自己準拠性を備えたシステムである法と政治という構造に不可避的に伴う葛藤である」(256) と説明している。また，こうした関係は，法と社会的生活領域の境界においても現れるとされ，「規制立法が社会の自己統御メカニズムの有意性基準をとらえそこなった場合，規制領域はそれを無視する反応を取る」(257) ことになる。
② **法による社会の不統合**……上の「相互無視」という異なるシステム間における必然的帰結に対して，それでもなお強引に他の社会システムへと法が介入して行く場合に生じるとされる。たとえば，「法化」現象についての「非政治化」説がこの顕著な例とされ，労働法の整備による協調的な労働組合の方針が本来の戦闘的な組合方針を犠牲にしている現象は，労使関係における純粋な階級闘争の崩壊を招いていると説明される。
③ **社会による法の不統合**……オートポイエシス・システムとしての法に対して，その固有の論理を維持することができないほど過度の要求が出された場合に，法システム自身が崩壊してしまう現象を指している。たとえば，法システムは，裁判における判例や法解釈を通じて法規範を自己再生産しながら徐々にその構造を変化させているが，立法機関における頻繁な法改正や結果志向的な規制立法の定立によって，そうした構造変化の限界を超えた規制要請を認知した場合に，いわば規範的閉鎖性と認知的開放性の軋轢に晒される形で，法システムそのものが瓦解してしまうと説明される。

このように，トイプナーは，1970年代から80年代にかけてドイツで議論されていた「法化」現象について，オートポイエシス・システムの観点から捉え直すことにより，そこに潜む社会構造的な問題を明らかにしたのである。つまり，自律的単位の並存として社会を認識した場合，法システムも決してその例外ではなく，それ自身を高度に自律化させており，それが社会国家による介入手段

として利用されれば，いわば必然的に他の自律的システムとの「構造的カップリング」の問題が生じてくることになる。トイプナーは，オートポイエシス・システムの観点から社会を政治，法，社会生活領域という3つの自律的単位へと単純化することにより，特に統御メディアとしての法に焦点を当てながら，「法化」現象が孕む根本的な問題を思考可能にし，それを「規制のトリレンマ」と名づけたのであった[5]。

オートポイエシス・システム論から見た会計規制

　今や会計も高度に自律化した専門技術であることを考えれば，オートポイエシス・システムという分析視角から会計を眺めた場合，そこにどのような問題が見えてくることになるのだろうか。ここでは，ミラーとパワーによる「『システム的』に完結しており，独自の妥当性規準や固有の論理を備えているという点において，法から会計を類推することが可能である」(Miller and Power, 1992, 235) との指摘に従い，会計が，ルーマンやトイプナーによる社会システム論の中で，どのように描かれることになるのかについて見てみることにしよう。つまり，「一方で政策的主張による，他方で特定社会領域による要請の間で，会計が独自の『規制のトリレンマ』に陥っている」(235) という彼らの主張の意味を理解することが，ここでの焦点である。

　しかしながら，パワーによれば，会計をオートポイエシス・システムとして捉えようとする場合，事態はそれほど単純ではない (Power, 1994a)。というのも，会計を「『ビジネスの言語』」とする場合，その計算的合理性は経済に属することになる。したがって，この観点からすれば，会計は経済システムの公式的コードであり，さらに言えば，支払う／支払わないという二項コードが複式簿記に具現化されている。しかし，社会統制のテクノロジーとする場合，会計は法の延長線上に現われ，規制の目標となる。そして，この場合，合法／不法という二項コードが，少なくとも理論上監査人によって制御される，情報開示の方法を決定することになる」(Power, 1994a, 371)。つまり，本来共約不可能であるはずの2種類の二項コードが，会計という1つのシステムの中に共存することになり，そこに矛盾が生じてくる。

　パワーは，こうした矛盾を克服すべく，まずルーマンのシステム理論における「『窓のないモナド』に対する私たちの理解を組み替えなければならず，

……これらの（法，経済，政治，科学といった）壮大なシステムのカテゴリーを，専門技術の制度的台座という，より微妙な概念に置き換える必要がある」（Power, 1994, 372）と述べた上で，ルーマンの理論ではアプリオリに想定されていた，特定の二項コードから成るシステムの境界が制度的分化を表しているという前提を否定し，制度間における二項コードの移植可能性を捉えようとする。そして，移植可能なさまざまな二項コードが交わるところに専門的実践が構成されるとし，そうした複数の二項コードが競合する場としての専門技術を中心に，オートポイエシスを捉え直すことを試みている。したがって，パワーによれば，たとえば「会計という専門技術は，資源／請求権（借方／貸方）というコードの中で，異なる公式的二項コードが同時に作動する『混成的サブシステム』として理解されうる」(374)[6]ことになる。すなわち，借方／貸方という二項コードの裏側では，支払う／支払わない，合法／不法，真／偽，善／悪といった二項コードが混成的に競合しており，それらのコードのどれに重点を置くかによって，会計がさまざまな形で制度化され，またその概念の解釈がコントロールされることになる。

　このようにパワーは，「二項コードとは単に既成的な専門技術の台座を描写しているのではなく，その制度化可能性によって流動するものである」（Power, 1994a, 374）と，二項コードの移植可能性，流動性を認めた上で，さまざまな二項コードが競合する場としての専門技術を中心にオートポイエシスを定式化し直し，その上でトイプナーが指摘した「構造的カップリング」の問題を，専門知識の枠組みで捉え直すことを試みたのである。言い換えれば，さまざまなコミュニケーションを促進したり抑制したりすることができる専門家によって，さまざまな二項コードが制度的に具現化されるという観点から，「構造的カップリング」の問題が捉えられることになる。以下では，パワーに従いながら，組織的文脈における，統御メディアとしての会計の位置づけを見ていくことにしたい。

　自律的単位における自己再生産を強調するオートポイエシス・システム論を展開していたトイプナー（1994）によれば，組織とは，「経済システム内部におけるシステム形成の原理的に別個の形態である。組織は，それ自身オートポイエシス・システムであり，その要素は支払いではなく決定（decisions）である。組織は決定によって成り立ち，その決定が成り立つ決定を，決定によって

みずから作成するシステムである」(トイプナー, 1994, 217-8)。すなわち, オートポイエシス・システムの観点からすれば, 組織は, 経済的意思決定という基本的要素を自己言及的に再生産する自律的なシステムとして経済システムを内部分化したものである。

このように, 組織をオートポイエシス・システムと見るならば, 組織に対する外部からの直接的な規制は, 原則としてありえないことになる。なぜなら, 意思決定を継続的に自己再生産するプロセスとして組織を見るならば, そうした意思決定は, 決して外部から直接的に取り入れられるものではなく, あくまでも自己言及的に決定されるものと理解されるからである。したがって, 組織を何らかの形で統治しようとするならば, その自律性を前提としながら, その自己再生産プロセスを促進することによって, より間接的に影響を与えるという規制手段が求められることになる。パワーによれば, そうした期待に応えられる新しい専門技術こそが, 会計である。

そこで会計とは,「経済的環境世界と組織の間の媒体である」(Power, 1994a, 375)。言い換えれば, 自律的に閉じた組織内部のスクリーンに経済環境世界を映し出すための媒体として捉えることができる。その中で「会計は, 環境世界におけるさまざまな形態の不確実性のフィルターであり,『自然発生的な』外乱を, 意思決定に際して『管理可能な』ものへと翻訳する」(375) 役割を果たしており, そのフィルターを通じることによって, 組織内部に会計情報, すなわち経済的現実が構成されることになる[7]。こうした観点からすれば「会計とは, ……規制対象領域にとって外部的なものではなく, ……しばしば内部的なものとなり, 対象領域の情報的現実性を構成するもの」(375) であると言えるだろう。パワーは,「このことが, 会計に, 規制装置としての特別な潜在能力を授けている」(375) と主張する。

このようにパワーは, 組織を, 意思決定を構成要素とするオートポイエシス・システムとして理解し, そのような組織と経済的環境世界の媒体として会計を位置づけているのである。そこで会計は, 対象組織についての経済的現実を構成する特徴を持っており, これを規制手段という観点から見た場合, それは, 規制対象組織にとってより内部化されやすいものと捉えられ, 新しい規制的役割が授けられることになる。しかし, パワーは,「このことが会計にその特徴的な規制的潜在能力を与える一方で,『規制のトリレンマ』の亡霊が消え

ることはない」(Power, 1994a, 376) と述べ，法社会学者トイプナーが指摘していた規制立法の問題を，同じく規制手段として登場してきた会計についても生じることを示唆したのであった。すなわち，経済的現実を構成することができる，媒体としての会計は，組織の経済的意思決定に何らかの影響を与えうるという点で，その自己再生産プロセスを促進しながら，規制対象組織に介入することができるため，法に比べ，容易に規制対象組織に内部化されうるものと予想されるが，しかしこの場合においても，「規制のトリレンマ」という問題が付き纏うことになると主張する。つまり，「会計による介入は，……常に，特定の組織環境において，効果的でなくなるか（ディカップルド），植民地化するか（コロナイジング），取り込まれる（コロナイズド）という，危険を冒すことになる」(376) のである。

　ここで，まず「ディカップルド」とは，トイプナーが言っていた「相互無視」に対応しており，たとえば，政府と会計の境界を見れば，オートポイエシス・システムとしての会計が，政府からの要請を自己に固有の論理に基づいて学習するが，そうした学習には限界があり，その限界に達したときに会計がその政策方針を無視するようになる現象を指す。また，こうした関係は会計と組織との間にも見ることができ，会計規制が対象組織の自己統御メカニズムの有意性基準を捉え損なった場合，その組織が会計規制を無視するようになるような現象を指す。次に「コロナイジング」とは，トイプナーの「法による社会の不統合」に対応しており，会計と組織の間において「ディカップリング」が生じているにもかかわらず，それでもなお強引に組織に対して会計規制が介入していく場合に起こるものと考えられる。そして最後に「コロナイズド」とは，トイプナーの「社会による法の不統合」に対応する概念であり，オートポイエシス・システムとしての会計に対して，その固有の論理を維持することができないほど過剰な要求が出された場合に，システムとしての会計自身が崩壊してしまうような現象を意味している。

　こうしてパワーは，トイプナーが主張した「規制のトリレンマ」という考え方を会計へと導入し，会計規制が構造的に孕む問題を明らかにしようとしたのである。では，このような分析視角から，実際の会計規制はどのように描かれることになるのだろうか。最後に，これまでの枠組みを参考にしながら，会計規制が失敗する可能性を，3つの具体例をもとに見ておくことにしよう。

4　会計規制におけるトリレンマの実際

　これまで見てきたように，ルーマンの社会システム論によれば，社会は，法，経済，政治など，さまざまなオートポイエシス・システムの並存状態として捉えることができ，それぞれのシステムは，固有の論理に従って固有のコミュニケーションを再生産している。たとえば，オートポイエシス・システムとしての法を考えれば，法システム外部のコミュニケーションが直接内部に持ち込まれるのではなく，あくまでも法に固有の論理に従って学習され，法的コミュニケーションとして初めて内部に現れることになる。

　こうした視座において，政府，法，生活領域の三者間関係を捉えるとすれば，他のシステムの中で生産されたコミュニケーションは固有の論理に従って初めて内部に現れるという点において，政府の意図が直接法に持ち込まれることはなく，また法的要請が直接生活領域に現れることもない。すなわち，外部からの直接的な規制は原則として不可能であると考えられることになる。そして，自律性を原則とした各システムに対して，外部からの無理な介入（規制の増大や強化）を試みようとする場合，それは対象システムに無視されたり，あるいは対象システムでのコミュニケーション・プロセスを完全に支配し，本来のコミュニケーションを崩壊させる結果につながったり，また逆に，法自身が社会からの要請によって崩壊させられる可能性があり，トイプナーは，規制立法が失敗するメカニズムをこのように分析し，明示したのであった。

　それに対してパワーは，法社会学におけるトイプナーの議論の定義を少し緩め，法だけでなく広く専門技術が規制手段とされる場合の問題を取り上げ，同様のメカニズムから会計規制が失敗する可能性を見ようとしていた。すなわち，同様に政府，会計，組織という三者間関係を想定するとすれば，政府の中で生産された政治的目的（プログラム）が，会計の中に学習されて初めて会計的知識として現れる。たとえば，政府において「投資家保護」というプログラムが生産された場合，それは「意思決定有用性理論」という会計的知識として会計システムの中に現れることになる。そして，そうした会計規制要請が対象組織に学習され，それらの会計の知識に基づく意思決定コミュニケーションが生産されたとき，初めて会計規制は成功することになる。しかし，このような規制

メカニズムを前提とすれば，会計規制の無理な強化は，上で見たような失敗を引き起こす可能性が予想されるだろう。ここでは最後に，3つの事例を紹介しながら，会計規制の失敗の可能性を概観しておきたい[8]。

会計規制の量的増大

　本章冒頭でも触れたように，2001年に破綻したエンロンやワールドコムにおける会計不正が会計制度への不信感を募らせ，投資家からの信頼の回復を目指して設置されたのが，先のサーベンス・オックスリー法（SOX法）であった。そこでは何よりもまず投資家からの信頼回復が優先され，さまざまな会計制度改革，具体的には，内部統制規制，経営者責任の強化，監査人の独立性の強化，監査法人を監督する監督機関（PCAOB：Public Company Accounting Oversight Board）の創設など，が急速に整備されることになった。こうした会計規制には，その実施に伴う巨額のコストが，果たして実施される規制の利益に見合うのかといった疑問が，当初から唱えられてきた[9]。日本では，このようなアメリカでの経験が参考にされ，同様の制度（J-SOX法と呼ばれている）が導入される際には，特に内部統制の実施に伴う文書化作業に対する懸念への対応が早くから図られてきたが，そうした対応が功を奏したとは言い難い[10]。金融庁は，日本版SOX法の導入後間もない2008年に，『内部統制報告制度に関する11の誤解』と題するQ&Aを公開し，そこでは日本の制度はアメリカの制度とは異なること，監査人に対して過度の負担を強いるような規制ではないことが，丁寧に説明されていた。たとえば，内部統制に関連する文書化に関しては，フローチャートや業務記述書の作成は必ずしも求められておらず，企業が作成・使用している記録等を利用し，必要に応じて補足すれば良いこと，また，記録の保存に関しては，すべての文書を保存する必要はなく，適切な範囲・方法によって保存すれば良いことなどが記されていた。しかしながら，その改訂の都度ページ数を膨らませつつある実務指針[11]の内容からも窺えるように，その現実的な実施作業量への影響の大きさは，決して過小評価されるべきではないだろう。そして，本章の観点から見て最も大事な点は，その具体的な解釈作業が，実務家に委ねられている点である。なぜなら，これこそトイプナーがドイツの福祉国家体制をもとに分析した，「法化」現象における規制の氾濫の，大きな要因であるからである。

第 4 章 会計規制のトリレンマ

　実務の複雑さに直面して、いわば「上からの」規制は、「下からの」規制を伴わざるをえなくなる。こうして多様な自己規制組織から次々と生み出される実務指針を規制当局が容認するというプロセスが、会計における「法化」現象を加速させることになる。そこで自己規制組織が行っていることは、決して単に現行実務を合理化しているわけではなく、自らが規制する領域の維持・拡大を意図しながら、外部のシステムから来る多様な要求の間に折り合いを付けようとして、ますます詳細な規則を作り上げていくことになる。こうした観点からすれば、私たちはもはや、国家か市場か、といった対立を単純に受け入れることはできない。言い換えれば、この会計規制の文脈の中にはっきりと見て取ることができるように、もはや「上からの」規制と「下からの」規制の間に明確な線を引くことはできない。いわば、市場参加者の自由な意思決定を保護するために、複雑な官僚的規制構造を生み出しているのである。

　こうして、現在の会計規制の増大を「法化」現象と重ね合わせて見た場合、そこに潜む「規制のトリレンマ」を容易に想像することが可能となる。たとえば、これらの規制の結果として構築された内部統制が、単純なミスを見つけ出すことには効果的であっても、経営者自身がその隠ぺいに関与するような大きな誤りについてはその効果は疑わしく、日本版 SOX 法施行後に発覚したいくつかの事例が、その限界を端的に表していると言える（ディカップルド）。また、煩雑な文書化作業によって、本来の経営業務が圧迫されつつある様子を嘆く声は当初から上げられていたし（コロナイジング）、不正を発見するために敷かれた内部統制が、単に法令順守を遂行していることの証拠文書を積み上げるだけの作業と化す可能性についても、当初から指摘されていた（コロナイズド）[12]。このように、SOX 法に関連する規制の増大は、トイプナーによる「法化」現象の好例と見ることができるだろう。

租税回避行為の規制

　2016年4月、いわゆる「パナマ文書」によって、世界の指導者や著名人らがタックス・ヘイブン（租税回避地）を利用していた実態が暴露され、租税回避行為に対する世間の関心が高まった。タックス・ヘイブンの存在そのものが必ずしも違法というわけではなく、これまでもグローバルな経済競争の環境下で戦略的な租税回避行為の一環として位置づけられ広く利用されてきたことはよ

く知られていたが，特に大企業や富裕層がそのような租税回避行為によって税負担を逃れ貯蓄を増大させている一方で，それによる国家財政基盤の減少分が回りまわって国民の負担につながっているとする構図が鮮明となり，税負担の公平性を求める声や，所得格差の拡大に対する懸念が，一挙に噴出することになった。また，本来，税負担を求める立場にある政府の要人が，同様に租税回避を行っていた事実が報道されたことで，国民の不満が一挙に高まり，税制のあり方が改めて問われることになったのである[13]。

しかしながら，各国間の税制の違いや不整合性を利用した租税回避行動によって，課税所得を人為的に減少させたり，経済活動が実質的には行われていない低税率国に意図的に利益が移転されたりしているのではないかという懸念は，決して「パナマ文書」が始まりであったわけではなく，国際的にはそれ以前から問題とされてきたものであった。たとえばOECDは，2012年にイギリスで起こったスターバックスの租税回避問題を皮切りに，アマゾンやグーグルといったグローバル企業による国際的な租税回避行動を問題視し，2013年に調査プロジェクトを立ち上げるとともに，2015年9月には『税源侵食と利益移転（Base Erosion and Profit Shifting：BEPS)』と題する最終報告書を提出していた。その趣旨は，2008年に起こったリーマンショックによって各国がその財政状態を悪化させ，より多くの国民負担が求められるようになっていた中で，グローバル企業が国際的な税制の抜け穴を積極的に活用し，税負担を軽減している問題を顕在化させることにあった。もちろんその背後には，経済競争環境の公正性を確保するとともに，税負担の公平性を確保するという，道義的な関心があるとされていた。このような背景のもと，各国では，課税当局に一定の取引について税効果を否認することができる権限を与える一般否認規定（GAAR）の導入が進められてきた。

翻って日本では，一般的に租税回避とは，「私法上の選択可能な法形式の中から税法の予定しない法形式を選択し，結果として意図した経済目的を達成しながら，税法が予定した法形式について定める課税要件に抵触することを免れ，ひいては税負担を減少させ，または排除する行為」と解され，その成立要件としては，少なくとも私法上許された形式の濫用が存在し，それにより租税負担の不当な回避または軽減が認められる場合に限られるとされてきた[14]。したがってそこでは，正当な租税回避戦略と違法な脱税との間の線引きはかなり曖

味なものとなり，その境界線については常に争われてきたことは想像に難くない。具体的には，現行法の枠組みのもとで一般否認規定（GAAR）が存在しない中，仮に課税を巡り課税当局と納税者の法解釈が相違する個別ケースにおいては，究極的には「課税法律主義」と「租税公平主義」との間で，終わりのない議論が繰り返されることになる[15]。こうした中，日本においても各国と同様に，実質的に課税当局の裁量性を増大させ，その権限を強化する一般的な否認規定（GAAR）の導入の必要性が叫ばれるようになってきている[16]。

　ここで，本章での関心は，このような租税法に関わる制度動向の変化や租税上の手続きの詳細ではなく，タックス・プランニングというまさにその概念的な基盤である。つまり，タックス・プランニングという戦略が，まさにこれらの法の抜け穴を活用することによって初めて存在できるものであり，言い換えれば，租税法上で「言われていないこと」が，タックス・プランナーに対して，クリエイティブな計算の機会を提供している点である。特に興味深いのは，複雑な金融工学に関わる課税であり，なぜなら，それら多くの金融工学の起源が，まさにその租税法上の規則を回避するために試みられた「クリエイティブな」計算（利益を資本へと読み換えようとするような）に由来しているからである。たとえば，先に挙げたエンロンの崩壊に際して，アメリカ議会の合同課税委員会（The Joint Committee on Taxation）が2003年2月に公表した調査報告書によれば，当時エンロンでは，当期の税負担の減少を「タックス・ベネフィット」と呼び，その税務部門の役割を，単なる税務管理から，財務諸表上の収益を獲得するための「利益センター」として位置づけ，多様な金融工学が開発されていたことが報告されている[17]。そして，そこでは，既存の会計上の諸概念が幾重にも読み換えられながら利用され，もはや「利益」や「所得」，「収入」や「利息」といった既存の概念の正当な定義の面影は，どこにも見当たらないような様相を呈するまでになっていた。課税に関わる会計上の規制が，トイプナーの言う「規制のトリレンマ」と直面するのは，まさにこの地点である。課税当局による政策上の要請と，納税者によるタックス・プランニングの間に挟まれて，体系化されてきた会計上の諸概念が，文字通り崩壊の危機に晒される様子を表しているものと言えるだろう[18]。

公的部門のアカウンタビリティ

　2014年に国際公会計基準審議会（IPSASB）が，公会計に関する概念フレームワークを公表した。そこで規定されていた質的特性は，会計情報の有用性概念とともに，アカウンタビリティ概念へも配慮がなされたものであり，企業会計に準じながらも公会計の特殊性に配慮した形となっていた[19]。これは，基本的には，アメリカの政府会計基準審議会（GASB）が1987年に作成した概念書第1号「財務報告の基本目的」と通じる考え方であったと言える[20]。こうした考え方の背景には，一方で，意思決定有用性という近年の企業会計の基本目的を踏襲しながらも，他方で，納税者に対するアカウンタビリティという側面も，決して軽視されえないという政策的要請がある。

　公会計制度の改革が，国際的に大きな関心を集めるようになったのは1980年代頃からであった。財政の透明性と効率性の向上が叫ばれ，企業経営や企業会計の技法を，公的部門にも積極的に適用していこうとする考え方が打ち出された。たとえば，イギリスでは，ニュー・パブリック・マネジメント（NPM）という標語のもと行財政改革の必要性が謳われ，民間企業の経営手法や市場原理を活用することの必要性が唱えられた[21]。元来，行政管理においては，現金の出入りを基本とした現金主義会計が採用されてきたが，NPMのもとでは，成果に見合う資源消費をコストとして認識・測定することが求められるようになる。そこで対応するコストは，単に「今期支出した資金」ではなく，「成果の実現に要した資源の消費量」として理解し直され，公会計においても，企業会計と同様に発生主義会計を採用することが勧められた。もちろん，企業会計と公会計とでは，その性質は本来的に大きく異なる。公的部門の最大の役割は，公共の福祉の向上にあり，基本的には，民間部門と同様の市場原理を期待することが難しい。また，そこでの業績が，非財務的な指標になりやすいことなどが考えられるだろう。

　しかしながら，本章の観点から見て興味深い点は，そこに，新しい規制空間が現れる可能性があることである。何が規制の対象となるのかに関する定義こそ，規制プロセスの本質であり，その定義プロセスの中で，会計に関わる専門技術が中心的な役割を果たすことが予想される。上で見た概念フレームワークの設定は，まさにその土台を作ろうとする取り組みに他ならない。そこでは，

警察，教育，医療，社会福祉といったそれぞれの領域で，「業績」や「効率性」や「コスト」といった新しい意味を持った概念が利用されるようになり，結果としてそれぞれの領域における本来の実践の性格を大きく変えるような役割が，会計という専門技術に委託されつつあると見ることができる。トイプナーによる「規制のトリレンマ」が生じる可能性があるのは，まさにこのような地点である。

　たとえば，山本（2016）は，近年の日本の行財政改革の一環として導入が叫ばれている企業会計が，実際には功を奏しているとは言い難い現状を，次のように表現している。すなわち，「会計モデルの前提になる行政運営の原理が追い付いていないため，両者が分断されて会計モデルが先行（孤立）している」（26）と。山本（2016）によれば，『骨太方針』[22]において，初めて公会計制度改革について言及されたのは2003年であり，①「透明性を高めるために，発生主義会計等の民間企業会計手法の導入など，公会計制度の改革を進める」と謳われた。その後，小泉政権終盤の2006年『骨太方針』においては②「財政健全化をフロー，ストック両面から的確に管理・評価するための公会計制度を計画的に導入・整備する」とされ，政府組織に対するある種の管理手法と位置づけられることになる。しかしながら，現在の安倍政権のもとでの2015年『骨太方針』では，③「自治体の行政コストやインフラの保有・維持管理情報等（公共施設等総合管理計画の策定，地方公会計の整備，公営企業会計の適用拡大，地方交付税の各自治体への配分の考え方・内訳の詳細，経年変化など）の「見える化」を徹底して進め，誰もが活用できる形での情報開示を確実に実現する」とされ，再び会計の外部情報機能が重視され，国民等への透明性を高めることで，監視を強化する装置として位置づけられている。要するに，①当初の目的は財政の透明化であったものが，②一度は管理技法としての側面へと振れ，そして③近年は再び開示志向へと戻っていると言う（以上，山本，2016，26）。

　言うまでもなく，情報開示と内部管理は完全に連携している必要があるが，現状では，財務書類の作成は，あくまでも現行制度の補足的な情報の提供を担うにとどまり，財政管理との関係が明示されていたのは2006年『骨太方針』のみであったと言う。そして，いずれにせよ，基礎的財政収支（プライマリー・バランス）や公債の残高は，発生主義会計ではなく現金主義会計により算定されたものであり，結果として，運営管理システムと会計システムは断絶してい

る，と分析している（山本，2016, 27)。このような現象は（規制者と被規制者がともに国であるという，一見奇妙な構図とはなるが），まさに「規制のトリレンマ」の例であると言えるだろう。

5 おわりに

　会計が，対象を表象するのではなく，むしろ構築するという役割に注目する研究は，会計社会学において，比較的早くから論じられてきたテーマである。たとえば，管理会計の領域では，さまざまな技法によって組織的現実の可視性が創造されることが指摘され（Hopwood, 1987)，また財務諸表上に表示される情報によって経済的現実が構築される側面にも注目されてきた（Hines, 1988)。本章では，ミラーとパワーの議論を頼りに，会計規制という文脈の中で，この会計専門技術による可視性の創造が，どのような意味を持つのかについて見てきた。そこで明らかとなったのは，「会計規制のトリレンマ」という，規制者と被規制者，そして会計専門技術が織り成す，複雑な三者間の相互作用であった。

　そこでは，ルーマンが措定した「社会システム」という視座のもと，それぞれが「オートポイエシス・システム」として捉えられ，トイプナーによって分析の対象とされた「法化」現象の枠組みから，専門技術としての会計システムが，法システムと同様に，システム間を媒介するシステムとして理解された。結果として導かれたのは，今や高度に内部分化した専門技術としての会計が，経済組織の規制という文脈では，法に取って代わり，規制対象である組織の内部を可視化する，強力な規制手段となっているという見方であった。

　しかしながら，本文中でも見たように，トイプナーの「法化」現象という枠組みの中で，法システムから会計システムへの重点移行は，単純に行えるものではなかった。なぜなら会計には，経済や法など，複数の二項コードが含まれるように思われるからである。そこでパワーは，本来システムごとに固有とされていた二項コードの移植可能性を指摘し，「混成的なサブシステム」として，会計という専門技術を捉え直したのであった。これにより，混成的な専門技術としての「会計技術を通じた新しい情報カテゴリーの導入」(Power, 1994a,

378）が可能となり，結果として規制対象が可視化され，先の「規制のトリレンマ」の議論へとつながることになる。しかしながら，ここで決して見落とすことができないのは，この読み換えに伴う問題である。

この点，同じ論点を扱っていたミラーとパワーの共同論文では，この重点移行の意図がより明確に解説されている（Miller and Power, 1992）。すなわち，分析のための視座が，「法化」現象の枠組みから，「統治技術」の枠組みへと読み換えられ（241），それによって「統治技術」としての法では及びえなかった領域が，会計によって可視化されることが指摘され，以下同論文の内容は，第3章で見たような，計算可能な人間と空間を構築する，会計の「統治技術」としての優位性に関する議論が続くことになる。

しかし，社会における法の役割は，果たして「統治技術」として可視性を創造することに尽きるものであっただろうか。本章で見てきた，ルーマンの「社会システム論」の言葉を用いれば，認知的開放性と規範的閉鎖性を併せ持つとされた法システムの，規範的閉鎖性の側面は，「統治技術」という枠組みのもとで，どのように位置づけられることになるのだろうか。少なくとも，「可視性」や「計算可能性」という概念によっては回収しきれないような問題が，取り残されているように思われる。

こうした問題と取り組むためには，知識や情報の創造を担う科学的活動に対して，法的活動の意義を対等に位置づけることが不可欠であり，その上で会計の役割を捉え直す必要がある。これが次章のテーマ，すなわち「法と科学」論と，そこへの会計の関わりである。

◆注
1　その詳細な経緯については，たとえばHopwood（1988）を参照されたい。
2　法社会学者である江口（1990）は，これを「システム自身の自律的な作動によって行われる自己学習である」（73）と説明している。
3　こうした現象は「法化のアンビバレンツ（自由の保障であると同時に自由の撤回）」（トイプナー，1990, 241）と呼ばれている。
4　ウェーバー（1974）によれば，法の形式的合理性とは，「実体法上も訴訟上も，もっぱら一義的で一般的な要件メルクマールのみが尊重される」（104）ことを指しており，これはさらに次の2つに分けられることになる。1つ目は「法的に重要なメルクマールが，感覚的に直観的な性格をもったものであること」（105），すなわち「一定の言葉が語られた

とか，署名がなされているとか，その意味が絶対的に確定しているような一定の象徴的な行為がなされたとかいう」(105) ような「外面的なメルクマールを固執すること」(105) である。そして2つ目は，「法的に重要なメルクマールが論理的な意味解明によって明らかにされ，次いで，厳格に抽象的な諸規則の形で明確な法概念が形成され，この法概念が適用される」(105) ことである。これに対して法の実質的合理性とは，「抽象的な意味解明の論理的一般化（によって得られた規範）ではなくて，それとはちがった性質の権威をもつ規範が，法律問題の決定に対して影響力を持つ」(105) ことを意味している。「すなわち，倫理的な命令や，功利的またはその他の合目的性の規則や，あるいは政治的な格率が影響力をもち，これらが外面的なメルクマールの形式主義をも，論理的抽象の形式主義をも打破す」(105) ることを表している。したがってトイプナーは，後に見るハーバーマスとともに，基本的には，ウェーバーによる「合理性」の行き過ぎによる官僚制の弊害という枠組みを共有しているものと言える。

5　しかし，以上見てきたような，社会福祉国家による介入手段としての法に関するこうした問題は，オートポイエシス・システムという考え方によって初めて発見された問題ではなく，「法化」現象として，それまでに局所的に議論されてきたものであった。したがって，トイプナーの研究を厳密に評価するならば，その功績は，けっして新たな問題を発見したことではなく，それまで局所的に議論されてきた問題を，大局的な視点から整理し直すことにより，社会が孕む構造的な問題の本質を明らかにしたことであったと言えるだろう。

6　ただし，ここでの「混成的」（ハイブリッド）の意味合いは，法コードが含まれているにもかかわらず，全体的な分析の傾向としては，認知的な側面を描き出すことに重点が置かれている。つまり，法の規範的な側面は，ここではあまり重視されていない。詳しくは，以下の議論を参照されたい。

7　青柳（1998）によるオートポイエシス・システムとしての会計の研究は，特にこの点に焦点が当てられている。すなわち，会計とは，経済的な出来事を，会計に固有の構造によって可視化する装置であると見られているのである。これに対してパワーの研究は，そうした特徴を備えた会計を，同様にオートポイエシス化した社会の中に位置づけるところにその意義があると考えられ，ここでは特にこちらに焦点を当てている。

8　ここで取り上げている3つの事例の選択は，Miller and Power（1992）の中で事例として取り上げられていたテーマに基づいている。ただし，それぞれの事例の内容については，比較的新しい論点を含みうるように描き直している。

9　たとえば，Chamber of Commerce（2007）を参照されたい。

10　たとえば，加護野（2013）を参照されたい。

11　たとえば，日本公認会計士協会『監査報告に係る内部統制の監査に関する実務上の取扱い』（監査・保証実務委員会報告第82号）を参照されたい。

12　たとえば，日本証券経済研究所［金融商品取引法研究会］(2008)『開示制度（Ⅱ）―確認書，内部統制報告書，四半期報告書―』（研究記録第24号）における議論を参照されたい。

13　ロシアのプーチン大統領や，中国の習近平国家主席，またイギリスのキャメロン首相（当時）らによる租税回避行為が指摘され，アイスランドのグンロイグソン首相（当時）

に至っては，イギリス領バージン諸島の会社を通して資産隠しを行っていた事実が暴かれ，国民の大規模なデモを受けて，直ちに辞任に追い込まれた。

14 本庄（2007）を参照されたい。
15 「課税法律主義」とは，「法律の根拠に基づくことなしには，国家は租税を賦課・徴収することはできず，国民は租税の納付を要求されることはない」とする原則であり，また「租税公平主義」とは，「税負担は国民の間の担税力に即して公平に配分されなければならならず，各種の租税法律関係において国民は平等に取り扱われなければならない」とする原則である。詳しくは，金子（2007）を参照されたい。
16 森信（2016）を参照されたい。
17 Joint Committee on Taxation, 2003, February, *Report of Investigation of Enron Corporation and Related Entities Regarding Federal Tax and Compensation Issues and Policy Recommendations.* を参照。また，その内容については，本庄（2003）を参照されたい。
18 また，このようなクリエイティブな計算に基づく租税回避行動が興味深いのは，そのような活動が行われているということが，世間に広く知られている点にあると言える。先に見たタックス・ヘイブンや，租税回避を意図して開発されたさまざまな金融商品の存在は，反規制的な空間の現れであり，そこではさまざまなクリエイティブな会計手法が決して隠されることなく1つのビジネスとして成立している（事実，アメリカでは，大手会計事務所が法人向けの税務コンサルタント業務によって多額の報酬を得ており，税制上常に問題視されてきた。たとえば，2004年10月に施行された雇用創出法（Jobs Creation Act）は，このような租税回避行動に対する法規制の強化を図るものであったと言われている。より詳しくは，居波（2006, 456-7）を参照されたい）。また，そこへの参加者は，常に，規制者側と納税者側の法解釈の合間を揺れ動くことになる（たとえば，日本公認会計士協会による『独立性に関する指針』における「税務業務」に関わる規定から，ネットワーク・ファームによる税務業務の提供を行う場合の，「独立性」確保の解釈の難しさが窺える）。
19 IPSASB (International Public Sector Accounting Standards Board), 2014, The Conceptual Frameworkfor General Purpose Financial Reporting by Public Sector Entities, International Federation of Accountants (IFAC) を参照（特にパラグラフ2.8の規定を参照されたい）。
20 GASB (Governmental Accounting Standards Board), 1987, Concepts Statement No.1: Objectives of Financial Reporting, GASB を参照（パラグラフ56-8の規定を参照されたい）。
21 イギリスにおけるNPM改革の詳しい動向については，Hood（1995）を参照されたい。
22 2001年小泉政権時代に初めて作成され，民主党政権時は一時中断されたが，第二次安倍政権で再び作成されるようになっている。正式名称は「経済財政運営と構造改革に関する基本方針」であり，2007年以降は「経済財政改革の基本方針」へと変更されている。

第5章
「法と科学」と会計の社会学

　これまで会計学では，その本質を巡り，それを科学的なものと見なすのか，それとも法的なものと見なすのか，の間で鋭い対立が見られてきた。本章では，近年の政策論において注目されている「法と科学」論を紹介し，そこでの議論を通じて会計の本質を巡る対立を捉え直すことを試みる。「法と科学」論とは，近年の科学技術政策における複雑な問題を，いかに法的な枠組みのもとに管理していくことができるのか，について考察する学問領域である。そこでは必然的に，法と科学の交差プロセスがその中心的なテーマとなるが，本章では，法と科学が積極的に概念交換を行いながら，ともに近代社会の形成に深く関わってきた様子を示すことによって，その対立に潜む矛盾点を指摘する。結果として，会計専門家によるテクノクラシーを民主的に管理しようとする際に，しばしば見落とされてきた根本的な問題を明らかにする。

1　はじめに

　第1章で見たように，会計を科学として捉えようとしたスターリングは，経験的現象を説明し予測するための理論を構築するという科学と同様の目標を，会計にも適用すべきであると考えていた。その背景には，もし財務諸表の内容が測定可能なものでないならば，いずれ監査機能そのものを放棄しなければならなくなる，という危機感があった。なぜなら，会計実務において慣習的に利用されてきた方法はいわば技芸のようなものであり，技芸を監査することはできないからである。こうして彼は，科学的な会計測定の理論を打ち立てようとしたのである。このようなスターリングの見解は，物理学における測定方法を会計測定にも応用しようとするものであり，基本的には会計を統計と同じようなものと考え，会計学においてもできる限り「硬い」測定値を作り上げることを目指そうとしたのであった。そして，もしそのようにして測定された会計情報が経験的に検証可能なものであるならば，もはや会計士は，性質上測定不可能な慣習的方法を捨て去り，測定可能な数値を扱うことを原則としなければならないと主張したのであった。

　このように，会計を何らかの情報を扱う仕組みとして捉える，科学的な会計観は，たとえ厳密にはその科学性の理解にばらつきがあるとしても，現在の制度を見渡す限り，もはや疑う余地のない会計の機能として位置づけられているように思われる。しかしながら，当然のこととして，これらの機能が，最初から会計という実践に自覚的に備わっていたわけではない。実際，そのような性格を獲得する過程は，大きな論争を伴うものであった。その1つが，法的な会計観からの批判である。本章では，まず，この科学と法を巡る会計学上の論争から見ていくことにしよう。

第 5 章 「法と科学」と会計の社会学

2 科学と法を巡る会計学論争

科学的会計観と法的会計観

　このようなスターリングの主張に対して真っ向から異議を唱えたのが，イギリスの会計学者エドワード・スタンプであった。スタンプは，会計の本質とは何かを議論する機会が提供されたこと自体は歓迎するが，スターリングの主張には会計の本質に対する根本的誤解が横たわっているとして，次のように批判したのである（Stamp, 1981, 14）。

　まず，測定過程を説明する際に，スターリングは物理学を手本としていたが，そもそもこの物の「長さ」や「重さ」といった物理学が対象とする世界は，「収入」や「利益」といった会計学が対象とする世界とは，根本的に性質が異なるものであると指摘する。たとえば，物理学においてある物体の長さを測定しようとする場合，観察と測定を繰り返すことによって，「真の長さ」というものを正確に推定することが可能であるが，会計学においても同様に「経済的現実」というものを測定できると想定することは誤りであると言う。スタンプは，確かにより多くの規則を設定すれば，より正確な測定結果がもたらされるかもしれないが，そうして得られた測定値が，必ずしも「真の経済的現実」というもの（たとえば「真の原価」や「真の利益」）に近似できるという保証はどこにもないと主張する（Stamp, 1981, 17）。なぜなら，物理学が扱う「自然」は常に一定の法則（自然法則）に則って動いているのに対して，会計学が対象としている「社会」は，技術革新や人々の嗜好の変化など，人々の多様な慣習や解釈から成立するものであり，会計はそれらを間接的・二次的に捉えるほかないからである（19）。その違いは，会計学における測定値が，物理学における測定値と同じようには加算的でない（not additive）点を考慮することではっきりとする。たとえば，物理的世界において，いくつかの線分の長さを足し合わせれば，その合計値は必ず個々の線分の長さを足し合わせたものと一致すると予想されるのに対して，経済的世界では，ある会社の個々の資産の正味現在価値をすべて足し合わせたとしても，その金額が必ずしも会社全体の正味現在価値と一致するわけではない（18）。また，スターリングは，自身が提唱する物

理学的な会計手法の一例として「即時売却価額」を挙げていたが，その測定の際の前提となっている市場価格は，ある特定の時間と場所において偶然的に参加した複数の売り手と買い手による不確実な取引に大きく依存するものであり，物理学における測定値とはやはり大きく性格の異なるものである (20)。

こうしてスタンプは，単に会計学が物理学に備わる理論や法則を欠いていることを嘆くのではなく，会計の本質により適した，法的な会計観を提唱する。「なぜなら，会計は，法と同様に，公平性やバランスに関わる問題を扱うものであり，関心や目的を異にする多様な人間集団の間のコンフリクトを解消することに関わっているからである」(Stamp, 1981, 21)。スタンプによれば，正義や公平を求める法は，本来的に規範的なものであり，そこには必然的に価値判断が伴われ，会計における判断に際しても望ましい基盤を提供してくれることが期待されている。それに対して科学とは，規範的であるよりも実証的であり，そこで生まれる知識は価値自由であると指摘する。つまり「私たちは，（物理的法則を）発見するのであって，私たちはそれを作ることはできない」(20)。それに対して「会計は，法と同様，しかし自然科学とは異なり，人々によって作られたシステムを扱うのであって，その基本的な性格は絶えず変化し発展し続けている」(21)。したがって，会計学の手本として物理学を採用することは，大きな誤解を招くことになる (25) というのがスタンプの主張の核心である。スタンプによれば，「判断」こそが，会計にとっての本質的な要素であり，それによって「異なる個人や集団（たとえば，経営者，株主，債権者，従業員，政府）の間の利害対立を解消することができる」(22)。

以上の説明から容易に想像できるように，こうしたスタンプの見方は，技芸ではなく科学としての会計，つまり個々人の嗜好や判断から導かれる主観性を会計から取り除くことによって，論争を客観的に解決できる方向性を目指したスターリングからすれば，ある種の相対主義のように映り，両者の見解は真っ向から対立することになった。

会計学における哲学論争

では，両者の間の意見の相違は，いったい何に由来するものであったのだろうか。この点につき，スタンプによってこの論争へと招かれ，雑誌『フィロソフィ』誌においてその論点を整理していた，当時彼と同じランカスター大学の

哲学部教授コリン・ライアスの議論を見てみよう。ライアスによれば，その相違の原因は相互の誤解，より厳密に言えば両者の理解不足にあった。まずスターリングは，会計学の中に「判断」を持ち込めば好ましくない主観主義ひいては相対主義に陥ると述べていたが，科学でさえそこから「判断」を取り除くことはできず，事実スターリングが例示していた「即時売却価額」に関する「仮説」の中にも「判断」が入り込んでいると指摘した（Lyas, 1984, 104）。またスターリングは，論争を終決させるために科学へと訴えていたが，科学とはむしろ論争を生み出す実践である点が完全に見落とされている（105）。他方で，スタンプは，科学が扱う世界は，人間から独立した事実や規則から成り立つ物理的現実であるのに対して，会計家が扱う世界は人々の活動や判断の影響を受ける経済的現実であり，両者の性質は全く異なるものであると想定していたが，そのような見方は科学哲学の中で大きく対立している2つの見解，すなわち実在主義と構築主義との対立を，完全に見落としている（106-7）。ライアスによれば，両者の違いは対象世界の性質によるものではなく，観察者のアプローチの違いによって規定されるものであり，そのような違いを主張の根拠とすることはできない。

このように両者の誤解を整理した上で，ライアス自身は，法的意思決定がたとえ「判断」を伴うものであっても，それらの意思決定が必ずしも主観的で非合理的なものに陥るというわけではないと指摘した上で（108），会計実務家が日々行う意思決定の適切さを判定する（adjudicate）ための規準としては，法を会計の土台とする方が望ましいという見解を示したのである。すなわち，会計基準の基礎となる概念フレームワークのようなものを設定するに当たり，公正性を備え，常に社会から監視されながら，ともに進化し続けるような法的制度を，会計のモデルとして採用する方がより生産的であると，自らの立場を示したのである（109）。またライアスは，スタンプの追悼記念として刊行された書籍に寄稿した論文においても，この立場を支持する見解をさらに展開している。彼は，言語が長い年月をかけて人間のニーズに合ったものへと発展してきたとする「自然的言語観」（Lyas, 1993, 163）という概念を導入し，会計を言語と見立てながら，その文法としての会計基準について，実務家と学者が日々改良を重ねていくことの必要性，つまり決して固定化しないことの必要性を説いていた（174）[1]。

こうしてライアスは，法的な会計観を支持することを表明していたわけであるが，この論点をさらに掘り下げ，哲学上の古典的な対立へと結びつけながら整理しようとしたのが，会計学者のパワーであった。パワーは，ライアスの論文刊行の２年後に，同じ『フィロソフィ』誌において，次のような内容の論文（「第１論文」）を投稿したのである。すなわち，一方でスターリングは会計の中に「判断」的要素を取り入れれば相対主義へと行き着くとし，他方でスタンプは会計実践から「判断」的要素を取り除くことはできず，目指すべきは客観的な「判断」であるとしていたが，このような対立は，「客観主義」と「相対主義」という二分法を巡る古典的な相互誤解の再現であると指摘したのである。その上で，「自然法」が存在する限り，法廷が教義どうしの争いの場になることもなければ，多様な「実定法」を目の前にして「判断」が投げ出されることもないという立場に立つ哲学者ハンス-ゲオルク・ガダマーの主張に依拠しながら（Power, 1986, 390）[2]，スタンプの見解が必ずしも相対主義に陥るわけではないとして，両者の対立を回避する道を提示したのであった。

　その後パワーは，同じくスタンプの追悼記念として刊行された書籍へ寄稿した論文（「第２論文」）においてこの論点をさらに展開し，哲学者ジョン・ロールズの「正義論」の枠組みのもとで，現在の「概念フレームワーク」プロジェクトに付き纏う根本的な問題を指摘していた。その概要は，ロールズによる「反省的均衡」（reflective equilibrium）モデルにおいて措定されていた「原初状態」（original position）のような究極的な「参照点」（reference point）はどこにも存在しえず，もし存在するなら，それを措定したいと思う人の数と同じ数だけの「参照点」が存在することになる，というものである（Power, 1993a, 53）。パワーは，これと同じことが「概念フレームワーク」にも当てはまり，何を根本的な「参照点」とするのか（たとえば，利用者ニーズ，真の利益，持続可能な発展など）によって，いくつもの「概念フレームワーク」を設定することができると主張したのである（53）。通常，「概念フレームワーク」においては，会計基準設定者が論争に巻き込まれることなく，種々の会計基準を演繹的に導き出せるような，ある意味科学における「公理」のようなものがその理想として想定されているが，そのような理想状態が実現することはないというのが，ここでのパワーの見解である。その証拠としてFASBの経験を取り上げ，そこで基本目的に据えられた「投資意思決定有用性」という概念がかえって論争に

火をつけ，またそれを固持するために，当該プロジェクトそのものが非常に政治的なものとなっている点を指摘する (58)。もちろんこの「概念フレームワーク」の複数性というアイデアは，権威的で厳格な統一的「フレームワーク」というアイデアとは，相容れないもののように思われる。なぜなら，もしその複数性を認めれば，すぐさま相対主義へと陥るだろうという危機感が，その背後に見えるからである。しかしながらパワーは，先の論文の中でも論じていたように，そのような統一的「概念フレームワーク」を諦めたところで，必ずしもあらゆる経済的利害の対立が噴出してくるという結果には至らないと主張する。そうしてパワーは，「成功的な概念アプローチの基盤は，法によって採用されている構造と似たものになるに違いない。その司法的な概念のもとでは，公理的で演繹的なフレームワークを構築することを試みるのではなく……会計のための概念フレームワークの開発プロセスは，終わりなく継続するものとなるだろう」（スタンプの言葉。Power, 1993a, 60より引用）と述べていたスタンプの見解を取り上げ，最終的には法的な会計観の方へと軍配を上げていたのである。

以上，見てきたように，ライアスとパワーは，スターリングとスタンプによって提示された会計の性質を巡る議論に対して，両者ともに法的な会計観を支持する方向へと傾いていたわけであるが，果たして，そのような相互誤解を整理することのみによって，法的会計観へと導くことが，可能なのであろうか。ここでは，この点をもう少し掘り下げて見てみることにしたい。

先述の通り，一方でライアスは，法的意思決定が必ずしも主観的で非合理的な判断へと陥るわけではない（Lyas, 1984, 108-9）と指摘し，他方でパワーも，「意思決定は主観的であるかもしれないが，それは『単なる』主観ではない」（Power, 1986, 392）として，両者ともに，スターリングが感じていた危機感を斥けようとしていた。しかしながら，スターリングの誤解を解く上では，上記のような説明で十分であるのかもしれないが，そうして科学を支持する者の誤解を解くことが，そのまま法的会計観を支持することにつながるという見方には，注意が必要である。なぜなら，法学領域においても，「自然法主義」対「法実証主義」という，法哲学上の理論的対立が，長らく続いてきたからである。パワーの「第1論文」では，この点につき，彼が依拠しようとして取り上げていたガダマー解釈学に対するハーバーマスからの批判が，古典的な相互誤解の1つとして触れられていたが，その対立の中身には分け入らず，すぐに彼

が重要と見なす問題,すなわち「専門職業家の判断」に関わる問題へと,論点が移行されていた[3]。しかしながら,このガダマーによる「伝統」概念を,ある種の権威と捉え,それに対する理性的な日常言語の優位性を説こうとしたハーバーマスによるガダマー批判は,「自然法主義」と「法実証主義」との間の古典的対立の1つとして見ることも可能なものである[4]。したがって,上記のパワーによる論理構成を,科学哲学と法哲学を結び合わせるような形で整理し直すとすれば,次のように表現することができるだろう。すなわち,科学の相対化を目指す過程で,ある特定の「実定法」(自然法則)の絶対性を回避するために,「実定法」の複数性という概念を持ち出し(つまり,その特定の「実定法」の有限性を暴露し),しかしそれにもかかわらず,より伝統的な「自然法」が存在するために,たとえ「実定法」の複数性が認められたところで,過度の相対主義へと陥ることはない,と。しかし,このような論拠には,どこか論理矛盾が付き纏うことになる。なぜなら,法哲学において,「自然法」という共有された伝統の存在を規範としながら,「実定法」の複数性(つまり「悪法も法なり」)を批判するという構図は,科学哲学において,観察者の判断を排除しながら,「自然法則」を発見することに科学的活動を制限しようとする構図と同様,ともに相対主義を回避しようとする意図に動機づけられたものであったからである。したがって,たとえこれらの対立関係が指摘されたとしても,法か科学かを選ぶ規準とはなりえないと言えるだろう。

このような,科学か法かという二者択一問題には,どこかで一方に「科学的なもの」があり,他方で「法的なもの」があると想定されているように読み取れるが,果たして両者は,その間に厳密な境界線を引けるほど,はっきりと分離された状態にあるのだろうか[5]。こうした論点と取り組むためには,科学と法の相互作用に関する厳密な理解が欠かせない。したがって以下では,多少遠回りになるかもしれないが,科学と法の関わりについて,特に,現在「法と科学」というテーマのもとで議論されている内容について,その歴史的経緯に触れながら確認しておくことにしよう。そこで明らかになるのは,法の権威を借用しようとしてきた科学の姿である。次節では,まず近年の「法と科学」論を概観し,その上で,改めてこの会計学上の論争点へと立ち戻ってくることにしたい。

3　科学の制度化

　科学という営みは，もちろん初めから制度化されていたわけではない。その担い手は，当初は職業的な科学者ではなかった。医者や商人や富裕な貴族が，余暇の楽しみとして科学的な研究を行っていたに過ぎなかった。そのような私的な営みが，社会制度として存続するためには，単に科学活動の自由が認められるだけでは不十分であり，社会の中で意味のある活動として受容される必要があった。すなわち，科学者は，社会の片隅に追いやられ忌み嫌われないためには，人々に科学的活動の正当性を認めてもらう必要があったのである。こうして科学が社会制度として確立されるようになったのは，産業革命を経て19世紀に至る頃からである。19世紀の後半には，科学が職業化され始め，それを教え研究することが職業として認められるようになり，そのような科学活動を存続させる仕組みが社会の中に備わり始める。大学で高度な教育を受け，専門学会に所属し，大学や研究所で日夜研究に携わる者が科学者として認められるようになり，科学は初めて制度として確立されることになる（廣重，2002a，48）。

　今日に見られるような，制度化された科学・技術教育は，革命後のフランスにおいて登場する。博物学の教育研究機関として1793年に設立された自然史博物館（Muséum d'Histoire naturelle）をはじめ，医師養成を目的とした保健学校（l'Ecole de Santé），教師養成を目的としたエコル・ノルマル（l'Ecole normale），さらに中央公共事業学校（l'Ecole centrale des Travaux publiques），国立技術職業学院（Conservatoire des arts et métiers）など，科学技術の教育研究機関が次々と設立された。中でも，中央公共事業学校は，1795年にエコル・ポリテクニック（l'Ecole polytechnique）へと改称され，現在に至るまでフランス随一の理工系のエリート校となっている。ここに，近代的な科学技術教育の原型が確立され，その卒業生の中から，数々の優れた科学者が輩出されることになった。また，国立技術職業学院は，産業からの要求のもとに設立され，そこでは，王政時代の宮廷で蒐集された機械・模型のコレクションを引き継ぎながら，あらゆる種類の職業と技術に関する機械，模型，道具，図面，書籍を蒐集・保管され，それらに関わる講義が展開された（廣重，2002a，55-6）。

　1810年に創立されたベルリン大学は，ドイツ文化の一体性という国民理念を

実現するものであった。そこでは,「学問による教養」が重視され,大学教授の任務は学問に没頭することであり,大学と教育は一体化されなければならないと説かれた。こうした中から,教授と学習の自由といった理念が導き出される。そうしてやがて学問に関わり,人間形成を行った人々こそが最も優れた官吏になると考えられ,そのような理念に生きる人々によってこそ,国家は運営されなければならないと唱えられることとなる（廣重,2002a,57-8）。

　イギリスでは,産業革命の中心地であったにもかかわらず,19世紀に入ってもしばらくは制度化された科学技術教育は生まれていなかった。オクスフォードやケンブリッジでは,主にイギリス国教徒の学生を対象に,相も変わらず伝統的な人文古典教育が続けられていた。新興の産業家たちが,新しい科学技術教育の必要性を唱え始め,たとえば,1826年のロンドンに,ユニバーシティ・カレッジを設立し,宗教的・経済的理由でオクスブリッジに入学できなかった者を対象に,近代的なカリキュラムを備えた教育を提供する機会を作り出したのは,そのような上流階級の価値観に挑戦するためであった。その後,ロンドンには多くのカレッジが次々と設立され,やがてこれらを統合する形で,現在のロンドン大学へとつながることになる（廣重,2002a,61-3）。

　アメリカでは,科学の制度化は,南北戦争（1861-65年）の頃から始まる。奴隷解放という側面だけでなく,北部の産業家と,南部の農場経営者の間の争いという意味があった南北戦争において,北部側が勝利したことが,アメリカが工業国へと展開する道を用意した。その典型は,工学教育の歴史において画期的なマサチューセッツ工科大学（MIT）の創立（1865年）であった。ここでは,研究と結びついた工学を,しかもさまざまな分野にわたって教えることが目標とされ,学生による実験が初めて必修コースとして導入されることになった（廣重,2002a,66-7）。

　このような科学の研究・教育体制の制度化に伴い,19世紀頃の科学者は,徐々に自らを職業的な専門家として自覚し始め,それにふさわしい組織を求めて動き始めることになる。たとえば,ドイツ自然科学者・医師協会（Gesellschaft deutscher Naturforsher und Ärzte）の設立は,それを通じて年々の科学の進歩が総括され,また将来の展望を論じる機会が提供されるなど,科学史上におけるその創設の意義は大きい（廣重,2002a,78）。イギリスでは1831年に,英国科学振興協会（British Association for the Advancement of Science）が創立され,

そこでは全大英帝国の科学者の集まる大会を毎年1回，毎回違う都市で開催することが決められた。アメリカでも，1848年にアメリカ科学振興協会（AAAS）が創設され，その会員数は年を追うごとに爆発的に増大した(79)。このような科学者の職業団体の形成の重要性は，単に研究交流の場であっただけでなく，科学者の職業的利益を計り，科学者を社会に対して売り込むための媒体でもあった点にある。つまり，科学者自らが，積極的に自身の役割の重要性を，世に問い始めたのである。

このような科学専門家の形成が，19世紀の初め頃のフランスに，科学の政治利用を唱えるテクノクラシーの唱道者を生み出すことになる。空想的な社会主義者として知られるサン・シモン（H. de St. Simon）と，その同調者らがその代表例である。彼らは，全宇宙・全社会が機械的な法則によって支配されており，人間社会はその法則を認識した科学者と産業家によって管理・運営されなければならないと主張した。サン・シモン主義者には，エコル・ポリテクニークの出身者が多く，彼らの教えは，銀行家や産業家の中に多くの支持者を得ることになる。彼らは，やがて産業化を熱心に推進するようになり，たとえば，鉄道や運河の建設を，理想社会に近づくための道として重視したのである（廣重，2002a, 83-4)[6]。こうして，19世紀後半には，科学によってわからないことは何もなく，科学はすべてを解決してくれるだろうという「科学万能主義」が広まることになる。科学の制度化にとって決定的に重要な産業化が始まるのは，このような考え方のもとであった (85-6)[7]。

したがって，科学の産業への浸透が自然発生的に起こったとする見方は一面的である。それはまた，科学の価値を信奉する者によって，意識的にも推進されてきたのである。彼らはえてして，科学を財政的に支援しさえすれば，やがてすべての人々にとって有用な成果がもたらされることになると安易に信じる傾向にあった。そこでは，科学上の成果の多くが経済活動にも役立つという観点から，利用者の需要を満たすある種の商品として，科学が捉えられるようになり，成果を前提とした契約に基づく科学への投資が行われるようになる。そこで中心的な役割を果たしたのが，第1章でも見たような，科学者＝管理者である。彼らは，融資を受けられるような研究計画を作成し，もし確実な利益が得られると予想されれば契約を結ぶことができ，やがてその契約に見合った，つまり「目的志向的」(mission oriented)な研究結果を生産するために，専門

化した各種業務へと，労働力を配置するようになったのである。

　今日見られるような，資本集約的な研究体制が優勢となり，その結果，少数の科学者集団に対する集中的な資源投下が起こるのは，このような背景のもとである。周知の通り，この資本集約的な科学の制度化が顕著に実現したのが20世紀のアメリカであった。とりわけ，その使われた金額の規模，関係した科学者の数，産業界との結びつきの強さ，軍事および政治による科学研究への関わりの深さからしても，その典型例を原子力工学に見ることができる。アメリカにおけるマンハッタン計画は，1947年に原子力委員会（AEC: Atomic Energy Commission）が発足するまで存続し，科学者に大量の資金を投下した。また，その後AECがその役を引き継ぎ，基礎と応用とを問わず，アメリカの科学者に対して潤沢な研究費を確保してきたのである（廣重，2002b，97-8）。

　このような流れは，アメリカのみならず，世界中の主な工業国における共通した特徴となり，科学研究活動を単に支援するだけでなく，積極的に国家政策のために活用し，戦略的に管理・運営してゆこうとする傾向が各国において見られることになる[8]。もちろん，このような資本集約的な科学の体制化は，あらゆる分野で同等に起こったわけではない。特に，宇宙航空学，電子工学，生物工学，そして原子力工学などの領域は急速に発展したが，その背後には，科学と産業の大きな結びつきがあった。そこでは，それによってもたらされる社会や環境への影響についてはほとんど顧みられず，ただ発展が志向されたのである。著名な科学社会学者ジェローム・ラベッツは，このように急速に産業化する当時の科学を捉えて，次のように表現している。「技術的に可能で，かつ法の下での刑罰を受ける危険がなく，利潤を得る見込みさえあれば，どんな技術革新も，そのもたらす帰結を慎重に考慮することなしに，採用されてきたのである」（ラベッツ，1977，70-1)[9]。

　こうして科学が産業化するにつれ，かつてのサン・シモンのように，科学が社会の役に立つことを声高に叫ぶ必要がなくなったのである。政策立案者の間で，科学の有用性が理解され，国家予算の中で科学研究費のための予算が確保されるようになったためである。しかしながら現在では，周知の通り，このような科学の進展そのものに対する重大な問題が生じ始めている。科学の応用対象が電話のような初歩的な技術から水素爆弾のような巨大科学へと移り変わり，人々が，19世紀に見られた楽観とは全く異なった懸念を抱くようになってきた

のである。現在の科学者が，科学の「中立性」という新しいテーマを持ち出さざるをえなくなってきたのは，まさにこのような問題に対応するためである。ここで「中立性」とは，科学研究の結果が，どのようなことを生じさせようとも，科学（者）には何ら責任がない，という主張である。しかしながら，たとえば，自分たちの作っている武器が多くの人々を殺傷することを知りながら，その武器の生産に従事している人々に何らの責任もないとする主張を，無条件に受け入れることが果たして可能であろうか[10]。現在，科学が直面している問題は，このような問題である。もちろん現実的には，科学者に対して倫理的な立場から公平で厳然たる判決を下すことは非常に難しい。それは，判決を下す相手が，科学者個人の場合でも，集団の場合でも同様である。科学的活動を裁くための，根拠となるような普遍的原則や判例が存在しないからである。それでは，現代社会において，科学活動はいかに受容されているのであろうか。以下では，20世紀を通じて最も巨大科学が発展し，最も科学の力の影響力が強大であったと考えられるアメリカにおいて，こうした科学の力がいかに社会的に受容されてきたのかを見てみることにしよう。

4　科学者と市民を架橋する法

　科学技術の発展に対するアメリカの信仰は，このような歴史的背景の中に根付いていると言えるかもしれない。原子力のみならず，携帯電話や電子メール，遺伝子操作，そして心身に関わるさまざまな医薬品に至るまで，人々の潜在能力を拡張し，生活の質を大きく変えてきた。その過程で，これらの科学研究は，かつてないほどの公的資金を集めてきたのである。こうして現代の「巨大科学」プロジェクトは，さまざまな批判があるにもかかわらず，今なお政府の支援を受け続けている。しかしながら，先にも見たように，知識が増えるに伴って，科学技術への恐怖心が増幅してきたこともまた事実である。1962年に出版されたレイチェル・カーソンの『沈黙の春』が象徴するように，荒廃した未来の風景が意識されるようになったのは，このような背景のもとであった。たとえば，遺伝子工学は疑いなく現代の偉大な技術革新の1つであるが，それはまた，自然のバランスを崩壊させ，人間の尊厳の意味をも書き換えることになる

かもしれないという恐怖心をもたらしつつある。こうした科学に対する不穏なイメージは，私たちの文明が，知識への飽くなき探求心の結果として生み落してきた負の側面であると言えるだろう。その負の側面とは，人間の尊厳や生活環境に対するさまざまなリスクのことであり，それこそが，現在の「法と科学」論における中心的な主題である[11]。

科学と法は一般的に，科学は真理を探究し，法は正義を探究するというように，別個の文化として捉えられることが多い。しかしながら，科学の自律性神話が生まれるのは，こうした単純な特徴づけによるところが大きい。科学と技術には内的な論理があり，妥当性や統制についての自律的な枠組みが備わっており，それは法に関わりなく機能する。そうした見方のもとでは，法による規制や訴訟はある種の足かせのようにさえ思われ，科学技術政策は，専門家自身による合理的な意思決定によって最も効率よく取り扱われると考えられるようになる。事実，法律家に専門的な科学知識を持たせようとする主張の背後には，こうした科学の自律性神話が反映されていると言えるだろう。

これに対して，アメリカの法社会学者シーラ・ジャザノフは，実際には法と科学がお互いに構築し合う関係にあり，「法と科学の制度がいかに協働して，私たちの社会的・科学的な知識と，私たちの技術製品との関係を作りあげているのかを理解することは，科学技術政策を考えるうえで不可欠である」（ジャザノフ，2015, 8）と主張する。そして，「知識の優位性を主張する専門家の意見に対し，現象を肌で感じる非専門家の見解を，いかに対立することになるのか？」という観点から，アメリカにおける3つの損害賠償請求訴訟（製造物責任，医療過誤，環境保護を巡る論争）を取り上げ，訴訟を通じて現れるこれらの葛藤こそが，科学的知見や技術の生産にどれほど法の発展が結びついているのかを示す，良い証拠であると指摘している（ジャザノフ，2015, 19-20）。

まず，製造物責任が不法行為の主要な分野となったのは，不法行為法を政策手段と見なす考え方が広がってきた20世紀中頃であった。それまで不法行為とは主に過失を罰するための法的措置であると見られてきたが，そうした機運のもと，不法行為訴訟の主要な役割は，被害を受けた人々への補償であるという見方へと置き換わってきたのである。その後，この法理はさらに発展し，厳格責任（過失を伴わない損害賠償）が[12]，欠陥製品によって被害を受けた人に補償するための第一の基礎としての過失責任に取って代わることになったのである

(ジャザノフ，2015，27-8)[13]。

　2つ目は，1970年代の医療過誤訴訟の急増である。通常，医療過誤訴訟においては，患者は医者の実際の診療内容や治療法の選択，選択された治療について提供された情報の妥当性などが問われる。そこで問題となるのは，被告である医者が適切な行動をしたかどうかを判断するための規準である。大きな転機が起こるのは，1960年代以降である。治療方法に伴うリスクについて患者に対して積極的に説明をする義務を医師に課す，「インフォームド・コンセント」という考え方が広まってきたのである。しかしながら，どのようなリスクについて開示される必要があり，どれだけの情報が提供されるべきなのかについて，医療専門家どうしの間でも合意に至ることは難しく，結果的に裁判所が，医療コミュニティの職業的な自律性に対して深いメスを入れることになった（ジャザノフ，2015，33-5）。

　3つ目は，1970年前後から急速に広まった環境意識の高まりによって，環境リスクを事前に特定しコントロールする法律が相次いで制定されたことである。特に，1969年に制定された国家環境政策法（NEPA: The National Environmental Policy Act）の制定によって，新たな環境保護規制立法に対する裁判所の司法審査が規定されたことにより，裁判所の役割が大きく変わることになった。これ以降，裁判所は，環境イデオロギーが激しくぶつかり合う場となったのである。このような環境規制の法制化により，規制における「危険に晒される」(endangered) という文言には，予防的（preventive）な意味があると解されるようになり，その結果，実証可能な現在の危害だけでなく，まだ起こっていない将来の危害についても注意を要するものとして解釈されるようになったのである（ジャザノフ，2015，37-8）。

　ジャザノフによれば，これら3つの事例は，不確実な証拠に基づいて，素人の原告に科学の専門家への異議申し立てを認めていく裁判所の姿勢を反映しており，それは広い意味において，科学技術の統治に対する公的な信頼が一貫して崩れてきたことを表している。確かに，技術上の決定に対する市民参加の促進や，否応なく引き受けさせられるリスクから市民を守ろうとする裁判所の姿勢は，科学技術がもたらす日常生活への脅威に，司法がますます敏感になってきたことの証拠であると言えるだろう（ジャザノフ，2015，40-1）[14]。

　このような，裁判を通じた市民参加というプロセスの基礎には，当事者対抗

主義という考え方がある。この当事者対抗主義によって，互いに入念に構築された専門家証言の間の対立が鮮明となり，結果として，科学知識の自律性や中立性といった価値観に，亀裂が生じ始めたのである[15]。つまり，このような専門家間の意見の対立を通じて，科学者コミュニティの中では通用していたコンセンサスが，脱構築されることになったのである（ジャザノフ，2015, 58）。ジャザノフは，「科学的事実の生産は，様々な偶発的要素からなる，複雑なネットワーク中に埋め込まれている」(70) と主張し，その意義を，次の有害物質を巡る訴訟を通じて，より詳細に描き出そうとする。

　ある科学物質が原告の被害を「引き起こした」という主張は，有害物質を巡るあらゆる不法行為訴訟の中心に位置する。しかしながら，ここで見落とすことのできない事実は，多くの有害物質についての知識が，全くもって不完全であるということである。そのため，ある化学物質について一般的な科学論文において「知られている」ことだけでは不十分であり，ほとんどのケースにおいて，訴えに関する特定の個人や集団について得られる知識によって補完されなければならない。そのため，その論点は，専門家同士の間でも意見が対立する，悩ましいものとなる（ジャザノフ，2015, 125-6）。

　ジャザノフによれば，こうした状況下における法廷での争点は，どうやって事実認定をするかというよりも，実際には，関連する事実をある程度の確実性をもって確証することが誰にもできないことのコストを，誰に負担させるべきか，というものになると言う（ジャザノフ，2015, 129）。したがって，そこでは，両当事者やその法廷代理人が認識しているかどうかにかかわらず，事実認定が極めて政治的な活動となることが予想される。

　こうして，化学物質の有害性について法的に説得力のある知識は，科学からだけでなく，裁判と科学活動との間の複雑な相互作用を通して生まれてくることになる。このような観点からすれば，純粋に中立的な科学的知識が存在し，それに基づいて判断がなされるという見方は全くの誤りであり，むしろ科学知識もまた，他のすべての人間活動と同じように，作られたものであるということを理解することが重要となる（ジャザノフ，2015, 143）。

　したがって，どこかに正当で価値中立的な科学知識が存在し，それがあらゆる問題を解決してくれるというテクノクラート的な理想は，誤解でしかないことがわかる。つまり，科学界や産業界の多くの人々が公言する信念とは裏腹に，

良い科学というものは，裁判所がどこか社会から超越したところにある純粋な知識の市場で手軽に買ってこられるような商品ではないのである（ジャザノフ，2015，217-8）。専門の科学者によって妥当と見なされている知識と，地域の被害者によって積み重ねられてきた見解との間に対立が生じるのは，このためである。

　ジャザノフは，このようにして科学技術の変化に伴走しながらその知識内容の構築過程に深く入り込み，その知識や技術の広範な社会的受容を促したりする法の役割を分析した上で[16]，科学の民主的な統制のために法が貢献できる，3つの重要な要素があると主張する。1つ目は，「専門家の権威の脱構築」である。科学者は，ピア・レビューとして知られるように，お互いの研究プロセスについては精力的に批判し合うが，この批判は基本的な信頼関係の外皮の中にとどまるものであり，全体としての科学的探究の公正さにまでその批判が及ぶことはない。しかしながら，当事者対抗主義を旨とする法廷では，反対尋問を通じて，本人さえ気づいていなかったバイアスを明らかにし，社会による批判を活発化させることができる。こうして裁判所は，社会におけるさまざまなアクターに対して技術が有する意味，特にその「解釈の柔軟性」を明らかにし，社会統制の新たな可能性を指し示すことで，専門家の権威や技術の持つ意味を脱構築するための有益な手段となる[17]。

　2つ目は「市民教育」である。法的手続きは，最も効果的な場合であれば，専門家によるさまざまな技術への理解に光を当てられるだけでなく，その根本にある，規範的・社会的な価値観をも明るみに出し，それによって素人である市民も，知的に評価できるようになる。つまり法廷では，どれだけ秘教的でも，非専門家である市民に理解できる言葉で説明されなければならない。こうして相互理解に基づく議論を促進することによって，科学と技術に関する知識が市民に開かれることになれば，それ自体が市民教育と同じ意味を持つと言えるだろう（ジャザノフ，2015，227）。

　3つ目は「実効性」である。すなわち，市民が裁判所に救済を求めるとき，裁判所の判決が一定の道徳的な性質とともに，実践的な性質をも示すことを期待するが，そこでは，正義がなされるべきはもちろんのこと，市民がそれを実感できなければならない。たとえば，訴訟当事者は弁論期日においてしっかりと意見を主張できたと感じられる必要があるし，判決は，そのような人々の金

銭的損失のみならず肉体的苦痛や精神的苦痛，憤慨についても補償されることが求められている。また補償は無期限に延期されるべきではないだろう（ジャザノフ，2015, 228）。

　これらの一連の分析を通じて，ジャザノフは，「裁判所は，それ自体，『架橋する制度』の神髄ともいえる一形態なのである。裁判では，信頼と権威を確立するための特定の儀式化された習慣のもとで，科学者，法律家，素人たる一般人が法的関連性のある知識の生産に参加する場となっている」（ジャザノフ，2015, 231）と主張する。このように，テクノクラシーへの対抗を求め，法廷における当事者対抗主義原則を通じた市民的視点の介入を訴えたのである。

5　科学のアカウンタビリティ

　しかしながら，科学の社会的影響力がアメリカにおいてのみ大きかったわけではないことと同様に，科学者と市民を架橋しようとするこのようなフォーラムの必要性が唱えられたのは，特殊アメリカ的な文脈に限られたものではない。また，形式的にも裁判に限定されていたわけではなく，各国が置かれた制度環境に応じて，多様なフォーラムが出現している。たとえばデンマークでは，1985年に国会のもとにテクノロジー会議（Danish Board of Technology）が設けられ，最新のテクノロジーに関する評価（テクノロジー・アセスメント）に一般市民を参加させる多様な手法が模索され始めた。そして1987年以降，「遺伝子操作技術」や「ヒトゲノムの解読」，「大気汚染」，「食糧政策」，「電子身分証明書」といったテーマについて科学者が市民とともに討論する「コンセンサス会議」が催されるようになっている。こうした試みはその後90年代以降ヨーロッパ各国に広まり，デンマーク型の「コンセンサス会議」を模した会議が頻繁に開催され，日本や韓国，そしてもちろんアメリカにおいても開催されてきた[18]。

　こうした，科学者と市民の間のコミュニケーションを巡る動向は，科学社会学の中でも重要なテーマとなっており，「科学の公衆理解」（PUS: Public Understanding of Science）という標語のもとで活発に議論されてきた。そこでは，閉じた科学知識の生産過程をいかに市民の監視下へと開いていくのか，より具体的には，科学政策に関する意思決定プロセスをいかに民主化し，市民を

参加させていくのかが，重要な課題として提示されている[19]。日本において，このような論点について先導してきた藤垣（2003）は，その著書『専門知と公共性』において，PUSが陥りがちな一方向モデルから，双方向モデルへの転換の必要性を強く唱えている（189）。つまり，科学技術に関する知識が科学政策に関する意思決定に対して正統性を提供する役割を果たしてきた時代には，専門家と市民の間の関係は，知識を持つ者（専門家）と持たざる者（市民）のフレームで語られてきたが，そこでは専門家の持つ知識だけが権威をもち，市民の側はそれらの知識が欠如していると考えられ，両者の間のコミュニケーションは，必然的に専門家から市民への一方的な知識の流れ，すなわち専門家と行政が決めた最適な意思決定の内容を理解して受容せよというものになる。しかし藤垣（2003）は，科学者集団内部において妥当と判断される規準を仮に科学的合理性と呼ぶとすれば，それが必ずしも社会全体において妥当と判断される規準（すなわち社会的合理性）と一致するわけではないことを，公害問題や環境汚染等の問題を例にとりながら指摘し（107-111），双方向的なPUSへの転換の必要性を訴える[20]。すなわち「我々は，従来の専門領域のピア・レビューだけでは十分ではないことを認識し，公共空間での判断根拠となりうる知識を新たに生産しなくてはならない。そのためには，競合するリスク，技術的コスト，ベネフィット，オルタナティブテクノロジーの選択のための倫理，などが依拠している『仮定』について，オープンに，そして民主的に，話し合う制度的なフレームワークが必要である。このフレームワークを提供するのが……公共空間である」（81-2）。そして，このような公共空間を特徴づけるために，ハーバーマスの議論を導入し，科学ガバナンスにおいても，従来のテクノクラシー的なモデルに代えて，多様な利害共同体が意思決定過程に参加することを保障する，ハーバーマスの「討議的民主主義」（deliberative democracy）の必要性を唱えたのである（160）[21]。

　周知の通り，ハーバーマスによる「討議的民主主義」は，現在の市民社会に基づく民主主義概念を支える理論的支柱を提供するものの1つとして，幅広く読まれている理論である。ハーバーマスは，マックス・ウェーバーによって提示された，近代社会の発展（合理化）に伴う官僚制化の副作用として自由喪失（鉄の檻）がもたらされたとする仮説を，独自のシステム論的観点から「生活世界の植民地化」と表現し直し[22]，このような問題に対抗するための方策とし

て「討議的民主主義」の必要性を唱えたのであった。すなわち、資本主義的な近代化を、複雑さを増す国家行政と市場経済のもと目的合理的な道具的理性が広がり始め、やがて道徳的理性や審美的理性に裏打ちされた自発的な日常言語から成る生活諸領域がその流れの中に巻き込まれていく過程として捉えたのである（ハーバーマス，1987, 289）。その結果、このように自立化した支配システムと経済システムとが生活世界の領域を植民地化しようと及ぼしてくる干渉を、いかに民主的に封じ込めることができるのかが最大の課題であると考えたのである（ハーバーマス，1994, xxix）。このような課題に応えるために、彼が導いたのが、市民の自由な参加のもと、自発的な討議を通じて得られる相互了解を前提とする「討議的民主主義」という理念であり、それを新しい公共性の支柱に据えることを訴えたのであった。彼は、そこでの新たな公共性の担い手を市民社会組織（非営利、非政府）の中に見出し、またそのような空間を具体的な制度として実現するための手段を法システムの中に見出そうとしたのである。すなわち、

> 「私がここで明らかにしたいと思うのは、市民社会が特定の状況下において、公共圏において影響力を獲得し、自らの公共的意見を通じて議会（および裁判所）にはたらきかけ、政治システムを公共的な権力循環に順応させることができる、ということである。」（ハーバーマス，2003, 104）

このような観点からすれば、先の専門知と公共性という科学技術政策に関わる文脈を論じるに当たり、ハーバーマスの提示した「公共性」モデルはまさに適役であるように思われるかもしれない。しかしながらこのハーバーマスモデルが、現在のあるべき公共性を特徴づける上で、必ずしも合意が得られているわけではないという点に注目することは（合意の形成を前提とするハーバーマスモデルの論理構成上からしても）重要であろう。たとえば、科学社会学者の平川（2001）は、「合意形成の場としての公共空間」であるハーバーマスモデルに代えて、「抗争の場としての公共空間」、すなわち個々人が交換不可能・同一化不可能な存在として自由に現れる「現われの空間」を描こうとするハンナ・アレントのモデル[23]の方が、テクノクラシーへの対抗を考えていく上では重要であると主張している。平川は、斎藤純一の『公共性』論を引きながら、ハーバー

マスモデルでは，より良い論拠に基づく合意が形成されうる条件として，公共空間への参加者に対して一定のコミュニケーション能力や規範が要求され，ひいては選別や排除へと至る可能性が残されるのに対し，アレントモデルにおける「現われの空間」とは，私たちが決して生きることのできない「他者」の生に対する関心，言い換えれば，「決定されざる／されえない存在としての『他者』を開示する出来事」(平川，2001, 197)であり，えてして専門家や行政の意思決定に対する正当性を取り付ける儀式となりやすい市民参加の場を議論の俎上に載せようとする際には，後者をモデルとする方がより適切であると指摘していた[24]。事実，これまでの科学論の展開を見る限りにおいても，科学者と市民とされたものとの間には深い溝があり，単純に「討議的民主主義」を実現するだけでは事態を収拾しえないような様子が窺える。

　たとえば，先に見たラベッツの議論を日本へと紹介した中山茂は，別の論考で「無知の人権」という概念を提唱し，特定の科学情報を知らなくても，無知のゆえに不利益を受けない権利を擁護していくことの必要性を唱えていた。中山(1989)によれば，今日「知る権利」が基本的人権の1つとして認められているが，科学が進歩すれば，ますますその権利が阻害されていくことになると指摘する。なぜなら，科学技術の専門化は一方向にのみ進み，その傾向が近い将来のある時点から逆行するとは考えられない。そのため無限の広がりを見せる知識の地平において，一市民が知りうる知識の範囲は限りなく小さくなることは論理的必然であるからである。結果的に，市民の「知る権利」はますます侵害されていくことになり，中山はこのような事態を「知的環境汚染」や「情報公害」(中山，1989, 42)と呼んでいた。そして，その問題の本質を，次のように表現する。すなわち，もしそのようなことがなければ，もっと自分にとって有意義なことに時間を使えたにもかかわらず，自分の知らないところで勝手に開発された技術によって生活に影響が出始めれば，反対のために住民運動を起こそうにも，その技術について理解するために新しい知識が必要となる。そして現実的にはそうしたところで専門家には永遠に追いつくことはない。「このように住民に常に細かい点にまで理解を患わせるような技術は，はたして『質のよい技術』といえるのだろうか」(42)。

　このような問題意識は，科学史家の村上陽一郎が指摘していたような，次のような素朴な疑問と通底するものであると言えるだろう。すなわち「新しい知

識を求め，知識の総体をいやが上にも拡大しようとすることが，人間にとって必ずしも普遍的に善ではないのではないか，という思い」（村上，1982, 19）である。村上（1982）は，このような素朴な疑問が生まれてきた背景を，次のように説明する。一方で，現在の科学は職業専門化されており，それは，知識をいやが上にも新しくし拡大することをもって自らの職業上の目的とするような人間が社会的にその身分を保証される，ということを意味している。したがって，科学者が，知識を拡大すること自体について疑問を持つことは，それだけで自己矛盾であり，自己崩壊にもつながることになる。他方で，一般の社会の側には，科学研究という絶対善たる職能を円滑に推進させる義務があるかのようであり，それは，科学者に対して，その研究行為の結果が何であれ，その責任を追及する手段がほとんど全くと言って良いほど，認められていないことからも明らかである。つまり「支援のための制度は，益々強化されるにもかかわらず，研究者が研究行為について一般社会にどうやって責任をとるか，ということへの配慮は，制度上皆無なのである（強調点ママ）」（21）。こうして村上は，先ほどジャザノフが，テクノクラートの権威性を，市民参加を旨とする司法の力によって統制しようとした試みと同様の問題を設定しながら，その解決策としては，ジャザノフとは異なり，「無知の権利」という概念を提唱していたのである。そしてその核心には，「人間はしれば知るほど一定の枠内に閉じ込められた判断しか行えなくなる」（22）という見方がある。こうして，多少乱暴のようにも見える次のような定義をもって，この「無知の権利」なる概念を提唱する。すなわち，「科学の側からの説明や啓蒙を『拒否する権利』」（22）であり，さらに言い換えて「『聞く耳もたぬ』権利」（22）である。

　上でも見たように，ジャザノフは，「法システムは，専門家についての先入観を明るみに出し，さまざまに変わりゆく公的な価値や期待に対する説明責任（アカウンタビリティ）を専門家たちに課すにあたって不可欠の役割を果たす」（ジャザノフ，2015, 225）と主張していた。それに対して村上（1982）は，そのような説明を「拒否する権利」を捉えようとしている。こうしてもしこの「無知」というカテゴリーを導入するならば，先ほどジャザノフがテクノクラシーへの民主的な対抗手段として期待した司法の役割にも少なからず疑問が生じることになる。この点につき，実はジャザノフ自身も，法の力の限界について自覚していたことに触れておくことが重要であろう。すなわち，法の自己批判能

第5章 「法と科学」と会計の社会学

力についてであり，それは科学の権威を脱構築することと同程度の批判的眼差しが，法自身に対しては必ずしも向けられてこなかったことである。たとえば，裁判官は，専門家の信頼性を認定するときに，何が「科学」であって，誰が「科学者」であるのかについての自らの理解の影響を強く受けているが，その判断規準はブラックボックス化されており，法の目的のために何を科学として見なすかを宣言する権限は，法の内に用心深く守られていると指摘していた（ジャザノフ，2015, 225-6）。また，動物の権利保護運動の主張は新しい法学への道をほとんど開いてこなかった点（118），そして法学者クリストファー・ストーン[25]が提示した，樹木にも当事者適格性を人間と同様に与えようとするアイデアが，論争の対象とはなりながらも，法学としては発展することがなかった点（38）に触れながら，「法がどれほど幅広く科学的実践に規制の網の目を投げかけるとしても，イデオロギーとしての科学は，裁判所からの脅威をほとんど感じることはない」(119) と，告白していた。

これに関連し，ハーバーマス（2005）がコミュニケーション的理性から環境倫理を論じるに当たり，「われわれは，動物に行為者としての特性，なかんずく，表現を発する能力，それを人間に宛てて発する能力という特性をつけ加えなければならない。とすれば，われわれは，人間の道徳的義務もどきの義務を動物に対しても持つことになる。というのも，この義務もどきは義務そのものと同じように，コミュニケーション的行為の諸前提にその基礎をもっているからである」(270) と発言するとき，そこには，先にジャザノフが指摘していた，法の限界が見え隠れしていると言えるだろう。したがって，「植物やその他全種の保存についての人間の責任は，相互行為上の義務，つまり，道徳によって基礎づけられるものではない」(271) として，私たちの美的感覚，つまり心に浮かぶ美しい風景という観点からであれば，間接的に植物保護の倫理的根拠づけを行うことができると述べる彼の偏った見方のもとで，果たしてどれほど自由な発言機会の実現が目指されているのかについては，疑問が残るところとなる。

要するに，今や法は，科学と同等の専門性と権威を備えているにもかかわらず，法そのものの専門知としての権威性については，脱構築をもたらすような視点が，そこでは考慮に入れられていないのである。したがって本章では，この「無知」という観点から，法と科学の両方の権威性を脱構築するような視点

を導入し，議論を先へと進めることにしたい。ここで再び参考にしようとするのが，第3章でも触れたラトゥールの議論である。

6 「法と科学」の人類学的考察

科学実験室の人類学的考察を行ったブルーノ・ラトゥールは，同じ人類学的手法を用いながら，フランス行政法最高裁判所の詳細な参与観察を行い，科学と法の関係に関する興味深い調査結果を報告している[26]。ラトゥールによれば，調査者自身が所属する現代の自国制度を人類学的に調査しようとするとき，これまでの異国情緒性に支えられたような人類学調査をそのまま繰り返すことはできない。なぜなら，そこには調査者と調査対象との絶対的な隔たりが，もはや存在しないからである。ラトゥール自身の比喩に従えば，これまで人類学が，自国とは隔たった奇妙な異国文化を調査しようとする際には，あたかも博物館の白い壁に多様な出生を持つ仮面を展示するかのように，それらの文化の1つひとつを疑問の余地の無い背景に対して設置してきたが，その白い壁こそが「自然」であり，これまで人類学調査のための共通の基盤を提供するものと思われてきた「普遍的な合意」の源泉であった。しかしながら，もしかつて異国の地に対して有していた距離と同等の隔たりを自国に対しても取ろうとすれば，まずその「普遍的な合意」の源泉が疑われることになるだろう。むしろ，そのような「普遍的な合意」こそ，何らかの儀式として描き出されることになるに違いない。したがって，

> 「自然はもはや，その対照性（コントラスト）によって文化との対比がなされうるような，疑問の余地のない基礎を提供してはいない……もはや一つの自然は存在せず，あるのは多数の自然であり……それゆえ，現代社会を（人類学的に）調査することが可能となってきたようである。」（ラトゥール，2017, 331）

ラトゥールは，このような観点から現代社会の分析を行うことを「対称的（シンメトリカル）な人類学」[27]と呼び，自国の制度に対する完全な外部者の視点を描き出そうと試みたのである[28]。以下では，彼が仮想したこのような視点

第5章 「法と科学」と会計の社会学

から眺められた，法と科学の比較分析の跡を振り返ってみよう。

　先にも触れたように，近代社会を前提とする限り，科学と法は，全く別個の実践として扱われることが多い。大学の学部編成を考えてみても明らかであり，また先ほどジャザノフが，テクノクラシーを統制するために法廷へと訴えていたのも，このような違いを前提としたものであったと言える。しかしながら，ラトゥールは，その両者の違いがどれほど顕著であったとしても，実際にはその違いを見極めることは，とても難しいと論断している。「なぜなら，一方では，裁判官が，科学者の役割を代用するために，彼らの白衣を流用してきた経緯があり，しかし他方で科学者も，自分たちの権威を確立するために，紫色の裁判服を借用してきた経緯があるからである」(317)。以下では，この点につき，より詳しく見るために，多少長くはなるが，厳密性を期し，彼自身の説明を直接引用しておくことにする。

　「通常科学者に帰せられる性質の多くは，公平無私という壊れやすいエートスを作り上げるために法律家によって発明された，ミクロな手続きから導かれたものである。ある事件の結果についての無関心，精神と語られる対象との間に確立された隔たり，判断の冷静さおよび厳密さ——要するに，私たちが客観性に連想づけるあらゆるもの——は，実験室や計算の世界ではなく，裁判官側に帰属している。あるいはむしろ私たちは，解決策に対する無関心や平静さというムードの基礎となる『客観性』("objectivité") を，対象性（objectité）と表現されるものから区別すべきなのかもしれない。対象性とは，科学者が，実験を通じて現象が通過する試行に，自身の命運や発言を拘束するという意味での試練のことである。逆説的ではあるが，客観性（objectivité）は，主体（sujet）や彼の内的状態に帰属するのに対して，対象性（objectité）は，その事物（objet）やそれが有する独特な判断を下す役割に帰属する。したがって，同じ形容詞——『彼は客観的な精神を持っている』——が，二つの極めて異なった美徳を指し示すことができる。その一つは，本質的には単に，主観性（subjectivité）についてのある特定の形式（隔たり，無関心，公平無私）であり，他方は，非常に特別な服従化（subjectivation）の形式であり，その中で研究者はある実験の対象としての事物（objet）に自身を服従（sujet）させる。科学者の客観性を常識的に賞賛してきたことは，彼らが裁判官の座に居るべきことを，暗に意味しているのではないだろうか？　そして他方では，常識が裁判官のもろさについて不平をもらすとき，それは彼らが実験室研究者と同じような種類の対象を掲げるべきことを，暗に意味しているのではないだろうか？

法的客観性についての奇妙なことは、それが全く文字通り無対象的（sans objet）であること、またある精神状態や、ある身体的性向（hexis）を作り出すことによって、完全に維持されていること、そして、論争の余地のない事実へ訴えることによってその裁判官集団を辞めさせることが全くできないことである。したがって、それは、発話や、振る舞いや、服装の品質、そして組織的言明の形式に完全に依存しており、そしてそれゆえに、そうした外観への尊重が科学者には到達できないような客観性の形式であることが認識されることもなく、パスカル以来嘲笑されてきたありとあらゆる外観に依存しているのである。科学者は正確な対象について不明瞭な言葉で話し、法律家ははっきりしない対象について正確な言葉で話す。それは、裁判官らは、彼らが判断を言い渡すことになる相手よりも、優れた存在であるわけではないからである。他方で、科学的な対象性は、それが無主体性（sans sujet）であるという事実によって識別される。なぜならそれは、あらゆる種類の精神状態、そしてあらゆる形式の悪徳、情熱、熱狂、また不完全な発話、口ごもり、認識の限界をも、調停するからである。……研究者らのはるか頭上には、常に事物（objet）がつり下げられており、そこには彼らの代わりに判断を下すことを託された裁判官が任命されている。つまり彼らはその判断業務を裁判官ら（事物）に委任しているのであり、それによって彼らは、自分たちの良心の下で『客観的』であるか否かを心配する必要なく済ませているのである。裁判官に関する限りでは、自分たちの代わりに判断する者は誰もおらず、裁判官らは、自分たちの良心を最終的な解決策から分離し隔離するような、複雑で入り組んだ制度を構築することのみによって『客観的』になることができる。（強調点ママ）」（ラトゥール，2017，317-9）

　要するに、「客観性」とは「主観」の一形式であり、本来それは裁判官に帰属する特性であるのに対して、「対象性」とは、実在する「事物」を表出させる実験装置への「服従」を意味するものであり、本来それは科学者に帰属する特性であった。しかしながら、現在、専門家（expert）と呼ばれる人々の役割の発明が、これら２つの完全に対立する機能の混同を許してきたと指摘する。なぜならそれは、自身の役割から意識をそらされた科学者に、最高裁判所裁判官の役割を担わせること、つまり事実という論争の余地のない権威の中に、自らの証言を既決事項として覆い隠させることを認めているからである。
　ラトゥールによれば、本来、科学において、論争の余地の有無は、常にある運動の起点であり、それによって情報／変換という機能が絶えず更新されるも

のである。つまり，議論がある終局を迎えるとき，それは，つい最近存在を認められた実体についての激しい議論が新たな幕を迎えるために過ぎない。したがって，そこでは，終わりのない変換プロセスの継続が期待されているに過ぎない。そこでもし，専門家としての科学者に，決定するかしないか，「固めるか固めないか」という力が与えられているとするならば，それはその専門家に，法に排他的に帰属するとされてきた支配者の特権が貸与されていることを意味することになると言う。

しかし，ここで，より厳密な注意が必要となる。なぜなら，裁判官が「最終決定的な言葉（つまり，判決）を述べる」と呼ぶものは，そのような専門家の権威とは，全く異なるものであるからである。なぜなら，法の既判力（*res judicata*）の権威がどれほど魅力的であっても，そこに含まれていることは常に，利用しうる限りの抗議チャネルを「消耗」したこと，つまり，ある事件の終了は，この特殊な消耗以外に，崇高な頂きへ到達することは決してないからである。そのため，裁判官は，尋問の「終わり」に到達するとき，その終わりが，論争の余地がないという崇高な形式を纏えているかどうかを確保することに注意を払うことになる。

したがって，現代社会において広くその活躍が認められる専門家と呼ばれる人々は，あまりにも急いで閉じられた議論を再開するような科学研究のモデルとも，躊躇に躊躇を重ねた上で初めて判断できるような外観を備えた裁判官のモデルとも，対応してはいない。なぜなら，裁判官はその終了・閉鎖について，単に議論を終決させる以上に超越的なことは何も求めていないからである。この種の内在性は，控えめで建設的である。なぜなら極めて単純に，私たちはその議論に消耗させられたことをよく理解しており，これ以上の抗議をしたいと思う者はいないという意味において，完全な打ち止めであるからである。したがって，

> 「私たちが，法律家と研究者の補完的な機能をよりいっそう慎重に区別しなければならないのは，正確には，もはや二つの区別された現実領域が無いからである。今や，科学に解決を求めるべきでないこと，そして法に真実の表明を求めるべきでないことは，必須である。」（ラトゥール，2017, 326）

ジャザノフは，テクノクラシーを批判するために，つまり，科学の権威の基盤を明るみに出すために，科学を反本質主義的に捉える一方で，法の役割については本質主義的に捉えていた。それに対してラトゥールが採用した人類学的考察は，両者の理論的前提を明るみに出すために，両者ともを反本質主義的に捉えようとするものであった。それによって明らかになったことは，両者ともに専門家としての信頼性を確保するための仕組みを整え，さらには，その信頼性を高めるために，両者の間で積極的な概念交換が行われてきた様子である。互いに，自らの実践に出自を持つわけではない性質，つまり「対象性」と「客観性」を，不首尾に交換し合いながら，今や一方では，あたかも正義という固い対象が存在するかのように，他方では，知識や情報というカテゴリーの内容を，正当化することが可能であるかのように，誤解されている。

　したがって，今後私たちが注意して見なければならないのは，むしろこのような「専門家」と呼ばれる人々が生み出されてきた政治性であり，そして，彼らのもとで維持・再生産されている当のもの，すなわち近代社会そのものである。知覚が対象を前提とし，理性の公正な判断を前提とする近代人の特徴であり，それを疑わずに信頼する人々という構図である。

　以上の議論を踏まえれば，会計学上の2つの論点に，新たな光を当てることができる。1つは，本章冒頭で見た，会計の本質を巡る議論であり，これまで法かそれとも科学かという枠組みのもと論じ続けられてきたものである。2つ目は，言うまでもなく，近代社会における「会計専門家」の役割である。しかし，これまでの議論からも明らかなように，これら2つの論点は，密接に結びついたものである。それでは，以下，順に見ていくことにしよう。

7　「会計は科学か，それとも法か」再論

科学的会計観の再検討

　まず，科学的な会計を唱えていたスターリングが，その基礎として全面的に依拠していた，井尻とジャディックの会計測定論（Ijiri and Jaedicke, 1966）について見てみよう。井尻とジャディックでは，「客観性」（objectivity）とは，

第5章 「法と科学」と会計の社会学

それを観察する人から独立した客観的要素の存在に基づいて理解するのではなく，「単純に観察者や測定者の集団の間の合意 (consensus) を意味するものと定義する方が現実的である」(Ijiri and Jaedicke, 1966, 476) とし，その合意の性質を特定する努力がなされている。まず，測定とは，次の3つの要素から成立するものと考えられている。(1)その特性を測定されることになる対象 (an object whose property is to be measured)，(2)一連の規則と道具からから成る測定システム (a measurement system which consists of a set of rules and instruments)，そして(3)測定者 (measurer) である (476)。その上で，「もしこのシステムにおける測定規則が詳細に指定されていれば，私たちは，測定者間の偏りがほとんどない結果を期待することができるだろう。それに対して，もし測定規則が曖昧でありはっきりと指定されていなければ，その測定システムの実行は，測定者側の判断を要求するものとなるだろう（強調点筆者）」(476) として，客観的な測定結果を得るためには，明確な測定システムが必要であることが説かれている。しかし，ここで注意したいのは，明確な測定システムが無ければ，測定者の「判断」が必要になるとされているが，そもそも測定対象を想定している時点ですでに「判断」が伴われていることである。ラトゥールが述べていたように，経験可能な対象とされる「データ」（より厳密には「感覚資料 (sense data)」）は，それ自体がすでに観察者の「判断」に依存している。つまり，何が測定可能な「特性」(property) であるのかを決めているのは，観察者なのである。

次に，ラトゥールが説明したように，「客観性」(objectivité) とは，無関心や隔たりといった主体 (sujet) 側の精神状態に関わるものであった。しかし，会計測定を考えれば，たとえ高度に合意された市場を「測定システム」と見なすとしても，そこである商品に対してお金を支払うのは，つまり物の価値を決定しているのは，最もその物に対する関心の強い者である。つまり，会計測定では，最もその物に近い人（隔たりの小さい人）がその価値を決めており，その意味では最も「客観的」でない，と言えるだろう。また，本来「対象性」(objectité) とは，実験的試行への服従化 (subjectivation) であり，会計測定論で言えば，「測定システム」への服従化である。しかしながら，たとえば，ある消費者や投資家が，ある商品の市場価格に出くわしたときに，何ら躊躇うこともなくすぐさまその商品を購入する人がどこにいるだろうか。消費者であれ

ば，より安い市場を探すであろうし，投資家であれば価格の更新を追い続けるであろう。またときには当該市場の健全性を疑うこともあるかもしれない。つまり，物の価値という対象が常に安定して存在しているということを彼らは疑っているのである。そうした状況下で，もし会計専門家に「決定するかしないか」という力が与えられているとするなら，つまりどの「測定システム」を通じて対象を導き出すのかという力が与えられているとするならば，それは，法に排他的に帰属するものとされてきた「既判力」という特権が，貸与されているものと見ることができるだろう（より正確に言えば，自ら進んで借用してきた，と言えるだろう）。また，井尻とジャディックが，「客観性」を「合意の程度」(the degree of consensus) の問題であると言い換えるとき，そこにはもはや「対象への服従」や「無関心といった精神状態」などの「客観性」に関わる意味合いはなく，単に「民主的意思決定」の話へと移行されてしまっており，このような移行そのものが主観的な「判断」に他ならない。そのため，「もし，ある測定が高度に客観的であるなら，その測定者集団内の誰が測定するかにかかわりなく，ほぼすべての人が同じ結果を生み出すことになるだろう」(477) という表現は，完全なトートロジーであると言える。同じ「測定システム」を利用することに同意しているわけであるから，同じ結果に至るのは当然である[29]。もしこれが「客観性の美徳」(virtue of objectivity) (477) であると言うなら，「美徳」の意味を書き直さなければならなくなるだろう。

法的会計観の再検討

他方で，スタンプは，一見定量的な分野である会計が，法と対比されうるようなものではないように思われるかもしれないとしながらも，しかし「その定量データの重要な機能は，異なる個人や集団（経営者，株主，債権者，従業員，政府など）の間の利害の衝突を解消できるような手段を提供することであり，それこそが会計の提供するビジネスである」(Stamp, 1981, 22) と述べていた。しかしながら，「すべての情報利用者に適合するような単一の測定値は存在せず，すべての正統な利用者にとって適合的でありかつ公正な外部報告は，複数の異なった基盤の上に描かれる必要がある」(23) という認識のもと，会計実務家は常に，誰に，どのような目的で，どのような情報を提供すべきかについて，意思決定しなければならず，その基礎を提供するものとして法的な会計観

第5章 「法と科学」と会計の社会学

を採用することが推奨されていた。

　ここでラトゥールの観点から見て重要であるのは，何よりもまず法とは「判断」を提供するための仕組みであって，決してそこに「情報」の輸送を旨とする科学の役割を期待してはならない，という点である。ラトゥールによれば，一般的に科学テクストの中に描かれているものとされる「情報」とは，本来その言葉（すなわち"information"）では真に捉えることができないようなある深遠な変換（transformation）を扱うものである。「情報」とは，もしその用語が語源的に理解されなければ，つまりある何らかの型（forme）の中に入れ込む（in）という意味で理解されなければ，極めて物質的に捉えられ，あたかもグラフや等式や図表の中に存在するものとして理解される傾向にある。しかしながら，こうした種類の変換（trans-formation）のカスケードが無ければ，情報（in-formation）は作られえないと主張している。すなわち科学テクストは，理由の連鎖を編成するために相互に結びついた多くの変換を必要としており，それは以前の層における関連するあらゆる要素を徹底的に修正しながら，次の層へと結び合わせるという意味において，極めて不安定なものである（ラトゥール，2017，304）。それに対して，法テクストにおける情報は，確かに裁判ファイルの中にも見受けられるが，それは決して裁判活動の性質を定義づけるようなものではない。つまり，そこでの情報（すなわち，写真，グラフ，文書など）とは，あくまでも「ファイルの限度内」に含まれるものとして，狭く定義された枠組みに基づいたものでしかない。したがって，そのファイルの中に含まれた短い「参照の鎖」は，抜け落ち，配置ミス，記録の変更等によって，すぐに中断されており，科学者が意味する情報とは大きく異なっている（305-6）[30]。もちろん，法廷の中にも，たとえば専門家証人のような形態を採り，科学的情報が持ち込まれることは可能である。しかし，誰を専門家証人として召喚し，何を証拠として認めるのかについての権限は，あくまでも裁判官の判断に依存しているのである。

　こうした観点からすれば，スタンプの理解における，情報提供機能と利害調整機能との結び合わせは，極めて恣意的なものであったことがわかる。たとえば，スタンプは，スターリングが会計を科学にするための最大の要件として「目的適合性」（relevance）と「経験的テスト可能性」（empirical testability）を挙げていたことに触れながら，「法的手続きは，証拠に基づく意思決定として

設計されていながらも,その証拠は目的適合的(relevant)かつ検証可能(verifiable)である。つまり,目的適合性と経験的テスト可能性という両者は,スターリングが意図していた科学にとっての十分条件ではない(強調点ママ)」(Stamp, 1981, 18) として,たとえ両者の条件を備えたとしても,必ずしも会計を科学として捉えなければならないわけではない(つまり法として理解することも可能である)と反論していた。しかしながら,科学と法の役割の違いを前提とすれば,まず適合すべきとされる目的が「情報」か「判断」かによって異なることは言うに及ばず,またファイル内に限定された証拠の「検証可能性」は,変換のカスケードを前提とした「経験的テスト可能性」とは,大きく性質の異なるものである。

またライアスが,法的意思決定がたとえ「判断」を伴うものであっても,それらの意思決定が必ずしも主観的で非合理的なものに陥る,つまり客観的でなくなるわけではないと指摘していたが (Lyas, 1984, 108),法的意思決定における「客観性」の意味についても注意が必要である。ラトゥールによれば,法的「客観性」とは,それが全く文字通り無対象的(sans objet)であること,またある精神状態や,ある身体的性向(hexis)を作り出すことによって達成されるものであること,そのため異論の余地の無い事物へ訴えることによっては,その裁判官集団を従わせることができないことに,その特徴があると述べていた(ラトゥール, 2017, 318)。つまりそれは,組織的言明の形式に完全に依存しており,発話や振る舞いや服装の品質など,ありとあらゆる外観に依存するものである。なぜなら,裁判官が,その判断を言い渡すことになる相手よりも,優れた存在であるわけではないからである。いわば科学者は,その判断業務を事物(objet)に委ねているために,自分たちの良心のもとで「客観的」であるか否かを心配する必要がないのに対して,裁判官は,自分たちの代わりに判断する者がおらず,彼らは,自分たちの良心を最終的な解決策から分離し隔離するような,複雑に入り組んだ制度を構築することによってのみ,「客観的」になることができるのである (319)。

現在,監査人が独立性の原則を置き,かつ倫理規則を置いて監査対象組織との隔たりを確保しようとしたとしても,すべての人々の期待に応えられるような利害調整機能を果たせているわけではないことは,昨今の「期待ギャップ」論を見れば明らかである。そこで繰り返し述べられていることは,監査人の責

任の限界であり，まさに裁判官が，判決を下す権限を得るために「客観性」という外観を整備しようとしていたことと同じである。したがって，公認会計士による監査意見から，専門家による第三者意見に至るまで，検証が儀式化することはむしろ必然であって，回避しうるような問題ではない。なぜならそれは，判断をする裁判官が自らの価値観や偏見（すなわち主観性）を決して中立化することはできず，そこには科学における「事物」のような究極的な審級が存在しないからである[31]。

　すなわち，裁判における判断は，そのような外観を整備した裁判官が，当事者からの意見を自らの枠組みに合うように整理し，過去の判決との一貫性を重視しながら，あらゆる論点について時間をかけて議論し尽くした後に，初めて到達できるようなものであった。しかしながら現在，会計専門家が日々の業務の中で，このように時間をかけたプロセスを通じて「客観的」な「判断」を達成することができると想像することが，果たしてどれほど現実的であるだろうか。慌ただしい判断は，法廷での判断と，正反対に位置づけられるものである。したがって，第三者による情報内容の正当性が謳われるとき，そこには法の美徳を不首尾にも取り込もうとする，専門家の姿を見て取ることができるだろう。

　以上の考察からわかるように，会計の性質を，一方で客観的な対象を求めて「科学的なもの」へ訴えようとしても，すぐさま「判断」の混入に悩まされ，他方で真実かつ公正な外観を求めて「法的なもの」へ訴えようとしても，すぐにその判断の不当性に突き当たることになる。これは，もはや純粋に「科学的なもの」や「法的なもの」が存在しないことを意味するだけでなく，それらの実践そのものが相互の概念交換を行いながら支え合っており，会計は，その相互に入り組んだ実践を自らの中へと取り入れることによって，その領域としての自律性を獲得しようとしてきたからである。したがって，科学か法かという二者択一のもとで会計の本質を議論することは，それ自体が誤解を生むものとなる[32]。ラトゥールは，「一方では，裁判官が，科学者の役割を代用するために彼らの白衣を流用してきた経緯があり，しかし他方で科学者も，自分たちの権威を確立するために，紫色の裁判服を借用してきた経緯がある」（ラトゥール，2017，317）と述べていたが，本書の観点からすれば，一方で科学者の役割を代用するために白衣を流用し，他方で裁判官の権威性を獲得するために裁判服を借用してきた，会計専門家の姿を見て取ることができると言えるだろう。

ラトゥールは，こうして生み出されてきたのが「専門家」と呼ばれる人々であり，彼らは，相互に対立する機能を混同し，たとえば自身の本来の役割を忘れてしまった科学者に，あたかも最高裁判所裁判官の権威を授けるかのように機能し，自らの証言を既決事項として覆い隠させるという猛威を振るっていると分析していた。しかしながら，一方で科学者にとって，「既決事項」とされるような科学の権威のようなものはどこにもなく，彼らはただ情報の再生産を永遠に繰り返す役割を担わされているに過ぎない。他方で裁判官にとって，真理に関わる知識を提供するような機能はなく，ただ過去の判断との一貫性のもとで，「客観的」な判断を絶えず繰り返すのみである。それでは，会計の文脈において，このような「専門家」がどのようにして政治的に権威化されてきたのであろうか。最後に，この点について簡単に見ておくことにしたい。

8　会計専門家の政治的権威化

　第1章でも触れたように，近代資本主義経済の成立をもたらしたとされる産業革命を経たイギリスは，19世紀中頃までには，石炭や鉄鋼や綿織物を中心とする機械工業を発達させるとともに，金融の中心地ともなっていた。そのような社会経済的背景が，必然的に会計の専門家（特に競争に敗れた企業の破産処理を扱う）を必要とし始めた。まず1854年には，エジンバラで，会計士協会が成立し，そのメンバーに対して「勅許会計士」（Chartered accountant）の称号を与えることを認め始めた。また，1880年には，イングランドおよびウェールズにおいても「勅許会計士」のための協会が成立した。19世紀の終わりにもなる頃には，アメリカの急速な産業の発展に伴って巨額のイギリス資本がアメリカ産業へと投下されるようになり，そうした投下資本の内容について確認するために，これらのイギリス系「勅許会計士」がアメリカを頻繁に訪れるようになっていた（Carey, 1969, 19-20）。

　対してその頃までのアメリカでは，いまだ少数の帳簿記録担当者が小さな集団を形成するにとどまっていたが，こうしたイギリス資本の影響を受け，1887年には，現在のAICPAの直接の前身であるAAPA（American Association of Public Accountants）が成立し，続く1896年には，まずニューヨークにおいて

「公認会計士」（Certified Public Accountant）という資格を持つ者が現れ，その後アメリカ各地へと広がることになった（Carey, 1969, 21-2）。こうして，急速に拡大する産業への融資を行う銀行家が，融資先に対して会計専門家による監査を受けることを奨励し始めるとともに，1913年に成立した所得税法においても公認会計士による新たな業務が規定されることになる。また企業内の効率性や収益性を高めるために発展してきた原価計算も，経営者に対するコンサルティングサービスという，新たな業務を会計専門家に対してもたらすことになった（Carey, 1969, 6-7）。

このように比較的古くから，会計家は自らを専門職業家として捉えてきた。とりわけ専門職業家としての地位や，会計や監査に関わるさまざまな制度への影響力，そしてこの集団構成メンバーに対する経済的利益をもたらしてきたのは，会計というものが専門職であるということを，広く社会に対して訴えてきたからである。たとえば，先に見たハスキンスら地元アメリカ人実業家が中心となって形成したNYIA（New York Institute of Accountants）が，AAPAに対抗して「科学的会計」という概念に訴えていたことも（Miranti, Jr., 1986; 1988），会計教育や職業訓練，そして専門職業家としての会計士のあり方を巡る論争であったと捉えることができる。

会計専門職業家研究の分類

このように，専門職業家として100年ほどの歴史を有する会計専門家についての議論は，これまで主としてその専門職業家としての性格を巡るものであった。会計学者ウィルモットは，その会計専門職業家に関する過去の研究を，大きく次の3つのアプローチに分類しながら整理している。1つ目は，機能主義者のアプローチであり，彼らは，専門職業家を，統合されたコミュニティと見なす。そして，そのメンバーが高度なスキルを必要とするタスクに取り組んでおり，それらが広く社会経済の維持発展に役立っていると考える。こうした見方によれば，専門知識，独立性，利他性，自制性といった要素が，専門職業家にとっての重要な特徴と見なされ，特にそれらについて疑問視されることもない。したがって，彼らが高い地位や報酬を獲得できるのは，そうした社会制度の維持・発展に関わる重要な役割を果たしていることの見返りとして正当化されている。

2つ目のアプローチは，相互作用主義者の見方であり，彼らは専門職業家を一種の利益集団と見なす。その上で彼らは，専門職業家の活動を，クライアントや同業他社との関わりの中に置き，当該活動を職業として構築・維持するために必要不可欠なプロセスと見なす。このような見方のもとでは，専門職業家組織は，自らの価値ある地位を維持するための一種の道具として捉えられる。すなわち専門職業家としての要求を社会的に受容してもらうために必要なシンボルのようなものと理解される。こうして，最終的には，他の競合する専門職業家集団との存立をかけた競争を描き出すことが目標とされる。

　3つ目は，批判的アプローチであり，この見方のもとでは，専門職業家組織が，専門家による市場の支配のための手段として捉えられる。そこでは，専門家の供給を制限し，その職業を独占し支配するための戦略に，焦点が当てられることになる。たとえば，特定の職業機会へのアクセスが制限されている様子が強調され，また政府からの支援の取り付けや，その占有した市場から外部者を締め出す（closure）ための努力などが，特に問題視されることになる。

　ここで，本書が問題化しようとしている専門家論は，できる限り外部の者の視点を追求しようとしている点で，「機能主義的アプローチ」と大きく異なることは明らかである。次に，「相互作用主義的アプローチ」では，専門職業家としての地位を確実なものとするために，多様な信頼性獲得戦略が採用される点に注目しようとしている点では共通するが，現在の制度をすでに出来上がったものと見なし，既存の専門職業家どうしの単純な競合関係へと還元される傾向がある点で，本書の問題意識とは異なると言える。そして「批判的アプローチ」については，専門職業家組織が何らかの支配関係を構築・維持するための道具と見なされる点では重なる部分もあるが，本書では決して市場の独占を第一の問題としているわけではない。かつてのマルクス主義的な視点がそうであったように，すべてを経済的な利害関係へと還元しようとする点で，視野が狭いと言わざるをえない。したがって，これらの分類枠組みのもとでは，「相互作用主義的アプローチ」に近いと言えるが，専門職業家集団の自己規制組織を他の集団と並列させ，その支配権の獲得競争へと展開していくのではなく，むしろそれらの集団が協働して，近代社会という共通の社会を維持している点に注目しようとする点で，大きく異なると言えるだろう。

会計社会学における会計専門職業家研究の展開

　この点につき，会計専門職業家に関する社会学的な研究の動向を概観している，より最近の論文（Cooper and Robson, 2006）は，これまであまりにも多くの研究が，専門職業家エリートの戦略性に対する批判，すなわち，彼らがその地位を維持するために，いかに国家の権力者と関わりを持ち，いかにその職業機会を専有（occupational closure）してきたか，等に焦点を当てる傾向があったことを指摘している。その上で，著者らは，以下のような新しい研究テーマが生まれつつあることを歓迎しながら，今後それらを積極的に開拓していくことの必要性を唱えていた。

　1つ目は，かつての帝国主義的支配関係を背景とした，会計専門職業家の役割である。その多くは歴史的研究であり，そこでは，イギリスの会計専門職業家が，かつての植民地において，どのような影響を有するのかについての研究が進められている。たとえば，旧植民地における会計士団体の設立に際し，イギリスの会計専門職業家が果たしてきた役割や，またその過程を通じて，当該地域における独特な国民性や民族性が歪められてきた可能性，等が明らかにされている。そこでの批判対象は，主として，グローバル市場におけるアングロサクソン系国家の会計専門職業家の影響力の大きさである。

　2つ目は，専門職業家間の競合である。これは先ほどの「相互作用主義的アプローチ」における問題意識を共有するものであり，主として，社会学者アンドリュー・アボット（Abbott, 1988）によって開拓された枠組みが援用され，専門職業家が，どのようにして自らの管轄権（jurisdiction）を維持しているのか，また他のさまざまな専門職業家（法律家，医者など）とどのように競合しているのか，という点に注目する研究である。そこでは特に，市場における覇権争い，専門知識の定義に関わる影響力の大きさ，等が分析の対象とされている。

　3つ目は，マイノリティに関わる研究である。このアプローチのもとでは，これまで存在は認められながらも，中心的に取り扱われてこなかった人々，たとえば，職員，女性，黒人などが，会計専門職業家の形成過程でどのような役割を果たしてきたのかが明らかにされようとしている。

　そして4つ目が，商業主義による影響の大きさに注目する研究であり，そこ

では，公益に資することを宣言する会計専門職業家が，いかに私益の拡大という動機によって，その行為が歪められているのかを明らかにすることが，その中心的なテーマとなっている。たとえば，大手監査法人（Big 4）の事務所が，国際都市における金融の中心地を占有しており，そこで商業主義が貫かれている結果として，小規模会計士が周辺へと追いやられている様子や，また一度このような巨大法人への加入を表明すれば，すぐさま同様の商業主義に染められてしまう可能性があること，等が指摘されている。近年の会計不祥事，たとえばアーサー・アンダーセンの崩壊などは，このような視点のもとで論じられてきた。

ここで再び，会計社会学において推奨されているこれらの新しい研究テーマと，本書で問題化しようとしている専門家論との異同を整理するとすれば，まず，近代社会とその外側の関係を捉えようとする本書の視点は，かつての帝国と植民地の間の関係を捉えようとする1つ目の研究群と，比較的重なる範囲が大きいように思われる。しかしながら，過去に形成された帝国の支配関係を前提とし，その現在における形跡を分析しようとする点は，本書の焦点とは微妙に異なると言える。たとえば，近代社会の維持・発展は現在も進行しており，またもはやその中心は，アングロサクソン諸国に限定されるものでもない。次に，2つ目の研究群は，先ほどの「相互作用主義的アプローチ」と同様に，やはり市場や規制の舞台における，専門職業家集団間の競合関係に重点が置かれることになる点で，本書の観点とは大きく異なる。3つ目の研究群では，近代社会の形成過程で周辺へと追いやられ，中心に位置づけられてこなかった人々に注意を向けようとする点で，本書と重なる部分も見受けられるが，いずれにせよ，注目することによって近代社会の内側へと回収することが目指されようとしている点で，本書の立場とは大きく異なっている。そして，4つ目の商業主義については，それが現代社会を特徴づける大きな特徴の1つであることに異論はないが，先ほどの「批判的アプローチ」の箇所でも述べたように，すべての要素を究極的には経済的な利害関係へと還元しようとする点に，本書の観点とは大きな違いがあると言える。

同論文の著者らは，このように4つの潜在的な研究領域の重要性を明示した上で，特に，会計基準設定過程の政治性，すなわち会計専門職業家（より厳密には，巨大監査法人（Big 4））が，資本主義国家の多様なアクターと連携しなが

ら，新自由主義という考え方を普及させようとしている様子，言い換えれば，会計専門知の形成過程において，会計専門職業家の自律性が，いかに民主主義やパブリック・アカウンタビリティを掘り崩しているのか，を明らかにしていくことの重要性を取り上げていた。しかしながら，同論文ではその論点の重要性が指摘されるにとどまり，それ以上詳細な分析が行われていたわけではない。そこで最後に，同様の観点から国際会計基準の設定過程の政治性に関する包括的な研究を行っているボツェム（Botzem, 2012）の議論を素材としながら，本書が捉えようとしている専門家論の射程を明示しておくことにしたい。

会計テクノクラートの権威性の源泉

　現在，国際財務報告基準（IFRS）の設定を行っている，会計基準設定機関である国際会計基準審議会（IASB）の前身，国際会計基準委員会（IASC）は，よく知られているように，当初イギリス，カナダ，アメリカのいわゆるアングロアメリカ系会計士の少数の集団が1973年に設立したものである。以来，アングロアメリカ系の会計専門職業家は，IASCという枠組みのもとで，企業，各国の国内基準設定機関，金融市場の監督機関らと連携を図りながら，国際会計基準の設定を主導してきた。したがって，アングロアメリカ系の会計専門職業家の観点からすれば，現在の国際会計基準は，専門職業家集団としての自己規制を維持する上で，最も望ましい形になっているものと言えるだろう。「彼らは，適切な専門知識とはどのようなものであるべきかを定義するプロセスに関与できる人間の数を，1つの小さな集団に限定することに成功してきたのである」（Botzem, 2012, 59）。そうした中，金融市場への参加者の「情報ニーズ」が，現在の国際会計基準の前提条件となっており，そこから導かれた「公正価値」概念によって，今や企業に対するイメージが様変わりしてしまっていることは，すでに何度も指摘されている[33]。すなわち，国際会計基準によって，少なくとも財務諸表上では，投資家が他の利害関係者集団に比べて優先的に扱われるようになっており，それが従来の企業活動そのものよりも資産価値の変動を重視する見方へとつながっている。

　ここでボツェムは，とりわけ評議員（Trustees）のアカウンタビリティ，特にその明確な定義がなされていないことが，当該組織の構造や基準設定手続きの正統性に大きな期待を寄せる政治的アクターや民間アクターらによって，た

びたび批判されてきた点に注目している。なぜなら，構成メンバーの地域要件（地域ごとの定数人数）を別にすれば，「公益」(public interest) へのコミットメントと，定期的な「定款」の見直し以外には，大きな制約が無かったからである（Botzem, 2012, 107）[34]。唯一，各国の規制機関や国際的な監督機関によって構成されるモニタリング・ボードが監視する役割を担っているが，メンバー内の合意を条件とし，また強制力にも乏しいため，あくまでも形式的な存在であるに過ぎない。また，「定款」そのものによって基準設定機関の自律性が保障されているために，あらゆる統制が回避される仕組みになっていると言える（109）[35]。

このような IASB の組織構造を見ながら，ボツェムは，「テクノクラシー」という概念が，その実情を最も適切に表現しており，その核心には，「『技術的』専門家が最良の『技術的』基準を作る」(Botzem, 2012, 109) という考え方が横たわっていると主張している。そして，真の権力は「技術的」専門知識を解釈する力に由来し，監査の専門職業家としての実務経験が，超国家的な基準設定における支配的な地位を保証していると分析する。すなわち，会計テクノクラシーの源泉はその専門知識にあり，それはより正確には「何が適切な専門知識であるとされるのかを定義する権限」であると指摘している（109）。

ここで，IASB に対して会計基準の設定に関する全権が委ねられ，その過程においてアカウンタビリティが全く機能していないことを嘆く構図は，実は本章を通じて見てきた，科学技術テクノクラートの発想と全く同様である。しかしながら，すでに見てきたように，テクノクラシーの暴走を「法的なもの」に訴えることによって民主的に封じ込めようとする構図には，もはや期待することはできない。言い換えれば，会計基準設定過程の自律性を認めた上で，そのアカウンタビリティを求めることには，おのずとその限界が見えている。なぜなら，そのようなテクノクラートが形成される過程の中にすでに法の力が貸与されているからであり，同様に，会計専門家が形成される過程の中にも，法の力が貸与されているからである[36]。したがって，その自律性そのものに関する詳細な分析を開始しない限り，つまり知識と判断の複雑な交わりを改めて解きほぐしていく以外には，その権威性の源泉を捉えることはできないだろう。ラトゥールが述べていたように「カントが彼の『批判』の中で信じていたことにもかかわらず，判断と知識は極めて相容れないものである」（ラトゥール，2017,

414)。専門家自身の解説に,すなわち彼らの自己理解に,説明の源泉を求めないこと。これこそ,ラトゥールが人類学的考察を通じて明らかにしようとした批判的眼差しであった。

9 おわりに

　マクファイルとウォルターズが,会計学専攻の学生向けに作成した『会計と企業倫理』という教科書の中に,次のようなコラムが掲載されている。

　　「所有という近代的な概念は,オーストラリアのアボリジニーの伝統的な文化にとって,全く馴染みのないもの(alien)であった。物質的なものは集団内で共同所有されていた。個人が土地を「所有」できるというアイデアは,アボリジニーの思考にとって,まさに異国的なものだったのである。
　　ヨーロッパ人が初めてオーストラリアの植民地化を開始した18世紀の終わりにさしかかる頃,彼らは,数えきれないほどの(incalculable)価値のある資源と環境を見つけた。大英帝国の力によるオーストラリアの占領は,イギリス法の請求のもとで実現された。
　　イギリスの法システムは,そのときすでに,植民地内の原住民を公正に取り扱うというある種の伝統を発展させてはいたが,しかしこうした制約が,オーストラリアで適用されることはなかった。開拓者による侵入と騒々しい土地の強奪は,「無主の地」(Terra Nullius)という驚くべき法的擬制(legal fiction)のもとで正当化されたのである。それは,オーストラリアは,イギリスが植民地化する以前には,誰にも実効的に所有されていなかった,とするアイデアであった。
　　先住民の中に土地の所有概念(ヨーロッパ的な伝統における私的所有概念)が無かったことが,「無主の地」というアイデアの信用性を高めるために利用されたのである。その基本的な考え方は,原住民は一度もそれを所有したことが無かったのであるから,原住民から土地を奪うということ自体が不可能である,というものである。
　　2世紀にわたり,大陸は,アボリジニーから奪われ続けてきた。移住者が定住し,オーストラリアの大半を不当に占有してきたのである。」(McPhail and Walters, 2009, 119)

本章の観点から見て，本コラムの問題点は，次の2点である。

- 当時，イギリスの法体系の中には，すでに公正な取引を規定する法が制定されており，もしその法が適用されていればこうした強奪は起こらなかっただろう，と述べられているが，このように契約の他方当事者として捉えられているところに，すでに私的所有権と同等の侵害が起こってしまっている。
- 上の点と関連するが，アボリジニーが原住民として，大陸から切り離されてしまっている点に，すでにヨーロッパ的な偏見が入り込んでいる。そのため「物質的なものは集団内で共同所有されていた」という表現は，誤解を生む可能性があると言える。なぜなら，そこには人という個体が，何らかの物質と対峙するという構図が，すでに前提とされているからである。

これらの問題点については，後の2章で，改めて振り返ることとして，ここでは，それにもかかわらず，少なくとも次の2点を学び取ることができることを指摘しておきたい。

○ たとえ法的擬制であったとしても，「無主の地」というアイデアが，開拓者の行動を正当化するために適用されていたことである。ここから，いかなる行動についてもその正当性を求め，そしてその判断を法に委ねるという，近代人の特徴を窺える点である。これは，法が空白を嫌うことの良い例であると言えるだろう（本章で見てきたように，法の性質は「無対象的」であった。したがって，（正当とされる）既存の法体系から，法的擬制のみを不当なものとして区別することは，厳密には非常に難しい。「事物」という究極の審級が存在しないからである）。
○ 法の性質である「客観性」を確保するための外観が，いかに文脈に依存したものであったのかを示してくれる点である。もし原住民を大陸や空間から切り離せないものと見なすとすれば，どこに第三者的な立場，つまり法的判断の拠り所を，見据えることができるだろうか。本コラムは，究極的な第三者的な立場，すなわち超越性を導入することが不可能であることを端的に示す良い例であると言えるだろう。

以上を踏まえながら，会計へと話を戻すとすれば，

母なる大地　　10,000　／　現金　　10,000

と仕訳を切ろうとするときの違和感と同じような感覚を，当時ヨーロッパ人の

第 5 章　「法と科学」と会計の社会学

侵入とされた出来事が，原住民とされた人々の中に生じさせたのではないだろうか，ということである。

◆注
1　しかしながら，同論文が書かれた真の意図は，別のところにあったものと推察される。つまりそれは，自身の以前の論文に対して，同じく『フィロソフィ』誌に，会計学者パワーが，「哲学者が，これまでの哲学における資産を取り崩して，会計学を支援する」という題の批判的な論文を投稿してきたことへの返答であったと言える。すなわち，パワーが「現在会計が陥っている『デカルト的不安』は近年の哲学者の仕事によって助けられ，解消するかもしれない。それに対する哲学の利益は，会計家に対するコンサルタントとして活動した財務的報酬ではないだろう。それらは，無形かつ無限の価値となるはずである（強調点筆者)」(Power, 1986, 394) と揶揄したことへの返答であったことが読み取れる（ここで「デカルト的不安」とは，自身の存在の基盤を際限なく疑うことであり，哲学者リチャード・バーンスタイン (Bernstein, 1983) が，客観主義と相対主義の間の際限なく続く対立を言い表すために利用した言葉である)。ライアスは，同返答論文の中で，パワーの名前に一度も触れることなく，ただパワーの批判論文が依拠していた哲学者リチャード・ローティを引き合いに出し，自身はローティの見解に与しないが (Lyas, 1993, 160)，そのローティでさえ哲学者が抽象的な概念に躓くことなくわかりやすく解説を提供する役割の意義を認めてくれている (175)，と書き添えて論文を終えている（ただし，パワーが決してローティの信奉者ではないことについては，Power (1988) を参照されたい)。
2　実際には，バーンスタインによるガダマー哲学の解釈が援用されている (Bernstein, 1983を参照)。
3　すなわち，ここでの「判断」が，現実的には専門職業家の「判断」と関わることから，会計知識へのアクセスについての統制のあり方（すなわち，「事実上，誰がその財務情報の作成者また利用者であるのか？」「そのグループはもっと大きいものではないのか？」「その財務情報へアクセスする権限は，それ以外の社会的・政治的次元における力関係とどのように関わっているのか？」といったより大きな政治的問題）に影響を与える可能性があるという問題である (Power, 1986, 393)。パワーは，専門職業家の「判断」が主題となる場合，そこで政治 (politics) と認識 (epistemology) が完全に区別されていること自体が本質的な問題であると主張し，哲学者ライアスが先の論文の中で，このような大きな問題を回避していた (side-step) ことを暗に非難したのであった（ここから，前掲注1のライアスの返答論文における議論へとつながる)。
4　ハーバーマス (1991) 参照。これに対するガダマーの返答については，ガダマー (1983) を参照されたい。
5　前章で見た，「混成的サブシステム」という彼のアイデアからもわかる通り，もちろんパワーがこのような単純な二分法に陥っていたわけではない。しかしながら，先に見たロールズの「正義論」を扱った「第2論文」(Power, 1993a) では，「基礎の基礎の基礎……」を求めることには際限がなく，その先に「超越的な」ものを想定することの非現実

性に触れながら,「原初状態」(ロールズ) とともに「概念フレームワーク」というアイデアを否定していた彼が, その直後で次のように述べながら,「科学イメージ」へと訴えようとする会計学を批判していた。すなわち「『科学』特有の信用保証への関心は(どのような科学モデルを選ぼうとも), 多くの会計理論家が, 会計を考える上での資源として, 司法, 倫理, そして社会科学の哲学までをも, 広く見落とすことにつながる」(57)。また,「科学への訴えや, 会計や会計理論を『科学イメージ』の中で再構成することは, 正統化や信用性の必要として機能しているのかもしれない。会計のような『若い学問』が基礎を置く土台を探し求めるという危機的状況下では, 科学的理想や, それに固有の客観性やテスト可能性, そしてその集団としての自律性が, 知的資源として魅力的であったに違いない。反対に, 司法的なイメージは, その中心における判断イメージが強過ぎ, 魅力的ではないのだろう」(57) とも述べていたことからも窺えるように, 会計が他の領域から権威を借用するという文脈においては, パワーが,「科学的なもの」や「法的なもの」を想定していた可能性があると言える。この点, より厳密に見るために, パワーが, ハーバーマスの著書『事実性と妥当性』(ハーバーマス, 2002；2003) について批判的に論じていた別の論文 (Power, 1996b) を取り上げてみよう (事実, 先の「第二論文」(Power, 1993a) は, 同書の中でハーバーマスがロールズの「正義論」を取り上げていたことを敷衍して書かれた内容となっている)。同書『事実性と妥当性』におけるハーバーマスの主眼は, カント哲学でいうところの「実践理性」の存在を認めようとすることであったにもかかわらず, 同論文 (Power, 1996b) におけるハーバーマス批判が, ①「理想的発話状況」(ideal speech situation) が「純粋理性」における理性の統覚機能と同等の機能を有するものであることを確認した上で, その「反実仮想空間」がハーバーマスのバイアスを免れえないことを指摘する内容となっていること, また②そこで批判の対象とされている「妥当性」概念が, 主として「実践との対応関係」,「実現可能性」, ひいては「検証可能性」といった側面から理解されており, 本来ハーバーマスが意図した「道徳的判断」や「最高善を導く理性の働き」に関わる「妥当性」概念ではなかったこと, を勘案すると, パワーは, カント哲学における「実践理性」や「道徳的判断」への依存可能性 (つまり, これらの意味で法的権威を借用すること) について, それほど意識的ではなかったと言うことができるだろう (同様の論点を扱っている Power, 1993b も合わせて参照されたい)。そのため, 前章で見たパワーの論文 (Miller and Power, 1992; Power, 1994a) に限らず, ハーバーマスの枠組みのもとで法と会計の関係性を論じた別の論文 (Power and Laughlin, 1996) においても, (会計に限らず法も含めて) 認知的観点から論じられる傾向が強く, そこではいつも, 知識や情報という科学的性質を備えた「会計」が,「法」に勝る役割を果たす側面が強調されている。また, 法と会計の関わりを直接的に扱った論文 (Freedman and Power, 1992) では, 会計の科学的 (より厳密には経済計算的) 側面が, あらかじめ前提とされた上で議論が始められている。さらに言えば,「リスク管理」論 (Power, 2007。特に第7章冒頭のカント哲学の解釈を参照されたい) は言うに及ばず, 最も判断プロセスと近くなるものと思われる「監査社会」論 (Power, 1997) においても,「監査可能性」という観点から見た, 対象組織・領域の知的再編成がその議論の中心となっていたことを挙げることができる。これらを考え合わせると, パワーの議論では, 科学の権威性と同等には, 法の権威性を借用することの意味について, 注意が払われてこなかったものと考えられる。

第5章 「法と科学」と会計の社会学

6 サン・シモン主義者の活動は，当然ながら，イギリスにも反響をもたらした。ジェレミー・ベンサム，ジェイムズ・ミル，そしてその子ジョン・スチュアート・ミルらを筆頭とする功利主義者たちがそれを歓迎し，熱心に紹介した。

7 19世紀において真に新しかったのは，企業によって全面的に支援・維持された，研究のみを目的とする機関の出現であった。たとえば，1889年にはバディッシュ・アニリン＝ソーダ工業が研究所を設置し，インディゴ染料の合成法のために，17年間にわたり100万ポンドもの研究費を投じた。また1884年にはベルテレフォンが研究開発機能を持つ機械部を設置し，これが発展して1925年にベルテレフォン研究所として独立することとなる。さらに，1889年にはウェスティングハウス社，1895年にはGE社，そして1891年にはデュポン社と，研究所を設置する会社が続々と登場した（廣重，2002a，72）。その背景には，巨大な産業家が，純粋研究に対しても大きな援助をするだけの余裕が生まれてきたことがある。その例が，ロックフェラー医学研究所（1901年），カーネギー・インスティテューション（1902年），ロックフェラー財団（1913年）などの設立である。大戦頃までのアメリカの基礎研究を支えたのは，ほとんどがこれらの私的財団によるものであった（73）。

8 たとえば，ド・ゴール体制のフランスでは，1958年11月に首相直属の科学技術研究総務庁（Délégation générale à la Recherche Scientifique et Technique）が設立され，科学技術活動の全体を計画・調整し，政府の政策に結びつける大きな権限が持たされた。以後，フランスの科学研究活動は，独立の強大国を目指すド・ゴールの政策のもとで強力に方向づけられることになった。そこで戦略的な中心に置かれたのが，核兵器，コンピュータ，超音速機コンコルドの開発であった。イギリスにおいても，科学における体制をどう挽回するかという問題が，1950年代末から60年代にかけての政治的論争の的であった。1959年の選挙に勝った保守党政権のもとで科学省（Ministry for Science）が新設され，高等教育の改革が議論された。西ドイツでも，経済力の急速な上昇とともに科学研究も息を吹き返し，1957年には，連邦および州政府，大学の代表者と学識経験者からなる学術審議会（Wissenschaftsrat）が設置され，さらには1962年には，連邦政府に科学研究省（Bundesministerium für Wissenschaftliche Forschung）が設けられ，これらを通して，連邦政府の科学政策も積極的になり，宇宙，原子力，軍事研究が重点プログラムとして取り上げられた。社会主義国ソ連も，資本主義諸国と同様に，産業への新技術導入および軍事研究・宇宙開発が重視され，こと経済発展と産業技術の近代化を目指した科学の計画化については，むしろソ連の方が先輩であった（以上，廣重，2002b，108-10参照）。

9 ここでラベッツは，そのような状況のもとで，度外視された採算に対して正統化を付与する，会計専門家の重要な役割を捉えている。すなわち，新技術の開発段階においては，「利潤」のカテゴリーが人為的なものとなり，それは，市場に受け入れられるのか否かという（たいてい歪んではいるが）大局的には有効な伝統的統制手段が機能しなくなるからである，と述べている。そうして，「利潤」は，国家機関の人々や，技術の推進者たち自身の判断によって決定されるものとなる（ラベッツ，1977，73）。

10 ラベッツは，もしここに何らの責任もないとすれば，アドルフ・アイヒマンの主張を正当化することとなるだろう，と指摘している（ラベッツ，1977，285参照）。アイヒマンは，ユダヤ人の輸送にまつわる技術的問題に熱中していたので，その輸送がユダヤ人をガス室へ送り込む一方通行であったことには全く関心が至らなかった，と抗弁したのであった。

ラベッツ自身の見解は以下の通りである。すなわち「人々の苦しみに背を向けて、もっぱら業績にじかに役立つ狭い分野の仕事のために自分の能力を捧げることほど利己的なことがあろうか。現代の暴走するテクノロジーの破壊力の大きさを考えれば、アカデミズム科学も同罪であることは避けることが難しい」(282-8)。

11　このようなリスクと不確実性に対応しようとする、現代の「法と科学」論の概要については、『法と科学のハンドブック（ver. 20120816）』（科学技術振興機構（JST）社会技術開発センター（RISTEX）委託研究プロジェクト「不確実な科学的状況での法的意思決定」を参照されたい。

12　厳格責任とは、自己の原因に関する事実関係が確実であれば、損失に対する経済的責任を立証するのに十分であるという考え方である。

13　しかしながら、このように原告の権利を拡張する法理は、それによって不確実な因果関係に関するさまざまな理論に基づく訴訟を後押しし、一見したところ解決不可能な科学的争点までが、法廷に持ち込まれるという結果を招くことになった（ジャザノフ、2015、31）。

14　こうして科学技術関連の訴訟が急増し、それに関与する専門家の数も分野も激増した。しかし、専門的な証拠の扱い方に関する制度や手続きはほとんど変わっておらず、法的事実認定のかなりの部分を担っているのは、市民から選ばれた陪審員たちである。そのため法廷での証人尋問というコストのかかる手続きは、高度な専門的情報を翻訳してわかりやすく述べ直すことに、多くの時間が費やされていると言う（ジャザノフ、2015、44）。

15　たとえば、1994年から始まった、O. J. シンプソンが被疑者となった殺人事件を巡る事件において、ＤＮＡ鑑定の信頼性が争点となり、それぞれの側が、相手の信頼性を失墜させることを試み、そこへ科学者も参加してきた。科学者コミュニティは、アメリカ科学アカデミーの委員会報告書や、『サイエンス』『ネイチャー』といった雑誌に論文を掲載することを通じて、自らの主張の正当性を確保しようとしたのである。しかしながら結局、これらのプロセスが、科学的な知識の構築が、法的な舞台における罪や責任の構築といかに結びついているのか、つまり、科学知識の構築の社会的な文脈への依存性を露呈することになったのである（ジャザノフ、2015、45）。

16　もちろん、法廷が、新しい技術の社会的受容の確保にとって必要な妥協をもたらすための通路となることもある。そこでは、ラディカルな批判者に屈服するのではなく、支配的な信念と制度の在り方、社会における科学技術が進歩する力への強固な信念を強化する方向へと、機能する。たとえば、遺伝子工学の用いられた生命体の特許性を認めた1980年の連邦最高裁の決定などのように、バイオテクノロジーを巡る法的論争（たとえば、遺伝子工学処理をほどこされた生物の特許や、意図的な環境放出の計画など）は、科学者と産業界の利益に資するような決定が導かれる傾向にあった。したがって、裁判所は、その発展過程の妨害者の役割を果たすのではなく、その技術の適用を管理できるように見せる言説と方法を提供することによって、遺伝子工学を標準化することを助けてきたのである。すなわち、バイオテクノロジーにとって訴訟は、原子力の場合と同様に、時間をかけて、反対を後押しするのではなく、沈静化する役割を果たしてきたのである（ジャザノフ、2015、147）。

17　こうした観点からすれば、科学社会学者ロバート・マートンが科学の特徴を構成する規

範の1つと見なした「系統的懐疑主義（organized skepticism）」(Merton, 1973) は，限られた性質に過ぎないことがわかる。法は，全く異なる制度的コミットメントのもとで，科学とは異なる懐疑的レトリックを自由に駆使することによって，科学の偶然性や構築性を可視化する。それは，文化的に限界づけられた科学での質疑のプロセスによっては光が当てられなかったものである (225)。

18　デンマーク型のコンセンサス会議の詳細な仕組みについては，小林 (2002) を参照されたい。また，テクノロジー・アセスメントに対する市民の参加に関する最近の動向については，ロカ研究所のホームページを参照されたい (http://www.loka.org/)。

19　詳しくは，科学コミュニケーションの課題について整理しながら解説している，科学技術社会論学会編 (2002)『科学技術社会論研究①──「科学技術と社会」を考える──』における「『科学技術と社会』の諸相　Aコミュニケーション」に収録されている論文を参照されたい。

20　ブライアン・ウィン (2001) は，遺伝子組み換え作物に関するリスクと不確実性に関する言説構成を分析するに当たり，市民の側は，「人類には（科学の力をもってしても）予測することすらできない不確実性が存在する」という意見を持っているのに対して，専門家側は，「不確実性をいかに減らし，リスクとして管理可能なものへと変換できるか」という，程度の問題へと翻訳する傾向があり，両者の間には大きな対立があると示唆している。

21　このように，テクノクラシーを民主制と対峙させる見方は，現在の政治学における流行の1つである。たとえば，内山他 (2012) を参照されたい。

22　ウェーバーによるこのような仮説の詳細については，たとえばウェーバー (1989) を参照されたい。ハーバーマスは，ウェーバーが近代化の過程を世俗化の過程と並行して捉えようとする際に導入した，「禁欲」や「救済関心」といった説明概念に伴う矛盾を取り除くために，パーソンズやルーマンによるシステム論の観点から，近代化論の捉え直しを行っている（ハーバーマス, 1987, 278-90）。

23　アレント (1994) による，「開かれ」としての「公共空間」に関する解説を参照されたい。

24　ここでハーバーマスを思想史的な文脈の中に位置づければ，彼のモデルの特性がよりいっそうはっきりとするだろう。ハーバーマス自身の説明によれば，彼がしばしばその時代感覚の参照枠組みとしてきたウェーバーによる西洋的な合理主義と近代性の関係を，内在的なものと捉えるかどうかによって，現代の思想史の系統が大きく分かれることになるという。ウェーバーにとって近代化の過程とは，何よりも合理化の過程，すなわちヨーロッパにおいて宗教的世界像が崩壊し，その中から世俗文化が発生してくる脱魔術化の過程であったが，それは逆から見れば理性的諸構造が歴史の中に客体化してくる過程であった。しかし，現在では，その西洋合理主義を支えてきた基本概念に対する信頼が揺らぎ，理性そのものが，人間を服従させると同時に，隷属させられた主観性であったとする見方が現れている。ハーバーマスは，これらの対立を正確に評価するためには，理性を歴史の中に位置づけて「近代性」を捉えようとした最初の人であるヘーゲルを見る必要があると主張する（ハーバーマス, 2014, 7）。

　　ヘーゲルは，近代世界が押しなべて自己言及的な構造をしていることに注目し，それを主観性が自由と反省を発展させる過程と捉え，その本質が，カント哲学に集約されるもの

と見なした。宗教改革とともに信仰は反省的なものとなり，神の世界は孤独な主観性の中で私たち人間によって措定されるものへと変化し，それまでの告知と伝承に基づく権威への信仰から，自己の認識を頼みとする構造，つまり認識主体の自己言及性の構造へと置き換わった。カントは，三批判書（真理，道徳，趣味）の根底にこの反省哲学を置き，そこへ「理性」を最高審判者として導入し，それまで宗教への信仰によって支えられていた統一性と正当性の根拠を，その「理性」の働きの中に求めたのである。こうして理性に基づく人間の歴史の発展，つまり啓蒙プログラムが，近代を巡る議論の中心となったのである（ハーバーマス，2014，25-9）。

しかしながら，ハーバーマスは，こうした近代論にニーチェが加わるとともに，立論の仕方が根本的に変わることとなったと指摘する。すなわち，ニーチェは，この啓蒙プログラムそのものを否定したのである。つまり，かつて宗教が持っていた統合の力と同等の力を持つものとされた理性の力そのものを疑う道を開いたのであった。ハーバーマスによれば，ニーチェは，理性に対抗する別の審級として，主観性の自己暴露の経験を呼び起こした。それは，認識や有用性に伴う限定からの自由，法や道徳による一切の強制命令からの解放であり，脱中心化した主観性が自己自身を露呈する経験であった（162）。しかしながら，このようなニーチェの系統に属する理性批判は，いずれも理性そのものの衝動であって，決して近代の閾を出るものではないと批判し，ハーバーマス自身は，道徳的理性を間主観的に組み替えた「対話的合理性」を持って，近代というプログラムを完成させる方向へ向かうと宣言している（この点につき，合わせてハーバーマス，2000を参照されたい）。

それに対してデイヴィッド・オーウェンは，近代をヘーゲルの枠組みで捉えること自体がハーバーマスの偏見であると批判し，ヘーゲル的伝統（ヘーゲル・マルクス・ハーバーマス）とは別個に，ニーチェ的伝統（ニーチェ，ウェーバー，フーコー）があると主張する。ヘーゲルは近代世界の本質がカント哲学において集約されていると見なしたが，それに対してニーチェは，カントが理性の歴史を完成させるために理性自らが理性を権威づけるために提示した「三批判」における問い――私は何を知りうるか。私は何を為すべきか。私は何を望むか。――によって，理性に対するそれ以上の批判的議論が締め出されてしまったことに，決定的な問題があったと見なしたのであった。ニーチェは，そのような理性の批判的働きの中心に据えられている「自己」は，さまざまな経験や判断を処理するために作り出された比喩によって構成されたものであると指摘する。こうして，「自己」中心に不断の解釈活動を繰り返すことによって世界が成立していることを，「パースペクティヴィズム」と名付けたのである。そしてその（「力への意思」を原動力とする）自律的な内在的批判性こそが，西洋の近代文化特有の理想であったと主張し，その原動力のきっかけを，ユダヤ神学，ギリシア哲学，キリスト教の中に探し求めることによって，西洋近代の歴史的偶有性を明らかにしようとしたのであった。オーウェンは，「われわれはいかに生きるべきか」という問い（トルストイ問題）に際し，学問に悲観的な見方しかできなかったウェーバーも，また人間性の歴史的偶有性を捉えようとしたフーコーも，このニーチェ的伝統の中に位置づけることができるとしている（学問の泰斗の存在であるウェーバーをニーチェ的伝統に位置づけることは，違和感があるかもしれないが，ウェーバーの悲観的な眼差しを見ようとする議論は他にも存在する。たとえば，姜（2003）を参照されたい）。

また杉田（1996）は，近代において「神の死」とともに従来の目的論的な秩序が失われた世界において，思想史の系統は，大きく2つに分かれたとする。1つは先に見た，ニーチェをはじめとする，普遍性の喪失をもはや動かしがたい事実として受け入れ，そこでは道徳の普遍性も信じられないことになる。ここにはたとえば，フーコーなどの思想家が属する。これに対して，何らかの意味で道徳の普遍性を保とうとする人々がおり，彼らはさらに2つに大別される。1つの潮流は，目的論的な秩序の回復をもくろむ人々であり，アリストテレスに見られた徳理論の再興を望む，レオ・シュトラウスや，アラスデア・マッキンタイアのような人々が含まれる。他方，普遍主義のもう1つの潮流として，いかなる善を選択するかは個人の判断に任せるが，そうした選択の前提として，社会秩序を維持するための最低限のルール（正義）についてだけは予め合意している必要があるとしたカントの義務論に属する人々がいる。現代における「正義論」を展開しているジョン・ロールズがこの潮流の中に位置づけられる。ここで，ハーバーマスは，個人の「独白的な」推論に期待するのではなく，人々の間での「対話的な」決定過程を重視するものであるが，道徳・正義に関する合意が可能であると見なしている点で，義務論の系列に分類されている（42-4）。

25　Stone（1974）参照。
26　ラトゥールが分析対象とした法は，近代国家における行政制度の原点とも言えるようなフランス行政法である。フランス革命以降，近代的な行政法は，公権力を法へ服従させようと，公益性の観点から行われる行政活動と，主権者である市民の自由との間のバランスを図ることを目指して発展してきた。そのようなフランス行政法の特徴は，コンセイユデタを頂点とする行政裁判制度の存在にある。フランスの裁判制度には，相互に独立した2つの裁判系統，すなわち破毀院を頂点とする司法裁判系統と，コンセイユデタを頂点とする行政裁判系統がある。この裁判系統の二元制は，フランス革命時に宣言された司法権と行政権の分立の所産である。その一翼を担う行政裁判は，ナポレオン時代に行政諮問機関と訴訟処理機関を兼ねる組織として創設されたコンセイユデタのもとで，今日に至るまで，判例に基づいて編成されてきた法の集積から成っており，行政に対する市民の不満を契機として，裁判官による推論を入念に作り上げられてきたという点で，とりわけ，科学行政をテーマに専門家と市民の対話に注目する本章の関心からして，最も適した研究対象であると言える。
27　詳しくは Latour（1993）を参照されたい。
28　同書の中でラトゥールは，自身を参与観察者として本文中に登場させながら，その観察者のことを「無学のエスノグラファ」と形容していた。これはまさに，先ほどの「無知の権利」という点を描き出そうとしたものと言えるだろう。もちろん調査者自身がその内部に所属している限り，この完全な外部者という視点を採用することは，実際上不可能である。しかしながらそこでは，それまで暗黙の前提とされてきた概念を徹底的に取り除く努力がなされており，ここでは，先に見た「無知の権利」の視点を類推するためにも，彼の分析の後を追いかけてみることにしたい。
29　同様に，井尻とジャディックが，専門家（expert）と素人（laymen）を比べながら，専門家の方が合意を得やすい，つまり「客観性」が高くなりやすいと言っているのも，もはや当然である。なぜなら，彼らの定義上，特定の測定システムへの服従を受け入れてい

る人々のことを「専門家」と呼んでいるからである（Ijiri and Jaedicke, 1966, 477）。
30　このような特徴は，まさに簿記一巡の手続きと似ていると言えるだろう。しかしそこに判断が入り込んでいることは必然である。何を資産と見なし，何を負債と見なすか，という問題ほど恣意的なものはないだろう。現在の「環境コスト」や「フルコスト」概念を想像されたい。こうしたコスト概念の拡張の最大の問題は，そこに限界が無いことである。つまり，誰にも「完全なコスト」というものを決めることができない点にある。
31　こうした観点からすれば，昨今の監査人のための「倫理規則」が，ただ「独立性」という外観を整備するものでしかないことがわかるであろう。たとえどれほど強く「公共利益」（public interest）に対する責任が謳われようとも（see IFAC Code of Ethics 2018 April, 100.1 A1, p. 14），決してすべての者にとっての「共通善」のようなものが達成できるわけではない。そのような超越的な審級は，ただカントが，神を理性へとすり替えることによってなしえた芸当であったに過ぎない。この点については，パワーが，ロールズの正義論（Power, 1993）及びハーバーマスのコミュニケーション的理性（Power, 1993b ; 1996b）を例にとりながら，丁寧に解説している。したがって，「専門職業的・ビジネス的判断を，偏見，利害の衝突，他者からの過度の影響等によって，妥協してはならない」という「客観性」の原則（IFAC Code of Ethics, 2018 April, R112.1, p. 17）への遵守が，果たしてどれほど実現可能なものであるのかについては，非常に疑わしいと言える。現に，カントの人間主義的なバイアスはニーチェやフーコーによって繰り返し指摘されてきたし，ハーバーマスの社会民主主義的な司法理解も指摘されており（Power, 1996b, 1023），かつまたエコロジー倫理に対する彼自身の見解の中にもはっきりとそのバイアスを認めることができる（ハーバーマス，2005，262-71）。
32　パワーのその後の研究展開から見て取ることができるように，ここでの科学か法かという二者択一的な議論が，彼の研究関心に大きな影響を与えていたと言える。一方で，科学と会計の関わりを考える研究群があり（Power, 1996a），他方で，法と会計の関わりを考える研究群がある（Power and Laughlin, 1996 ; Miller and Power, 1992; Freeman and Power, 1992）。しかしながら，両者を通底するパワーの見方は，それらの専門技術間にえてして競合関係が与えられていることであり，さらにコマーシャリズムの影響下で，「科学対会計」にせよ「法対会計」にせよ，会計側が勝利する傾向が強いことである。
33　たとえばBoyer（2007）を参照されたい。
34　2018年4月時点での，「IFRS財団定款」における評議員会のアカウンタビリティは以下の通りである。
　(a)　公益に基づいて行動することを各評議員が確約すること。
　(b)　第18条から第23条に記載された条件に従って，モニタリング・ボードへの報告及び関係を持つことの確約。
　(c)　IFRS財団の全体の組織及びその有効性を見直す。そうした見直しには，グローバル経済の状況の変化に対応して評議員の地理的分布の変更を検討し，そのような見直しの提案をパブリック・コメントに付すために公表することが含まれる。当該見直しは本定款が施行されてから3年後に始められる。その際，変更に関する合意事項があれば，本定款が施行されてから5年後に当該変更を実施することが目標となる。
　(d)　その後5年毎に同様の見直しを行う。

［https://jicpa.or.jp/specialized_field/ifrs/basic/iasb/#anchor-04］（2018.4.25）
35 具体的には，2006年発行の「定款」によって規定されていたデュープロセスを構成する次の6つのステップが，結局のところ，自己正統化にしかなっていないことを批判している。①アジェンダの設定（手続きの準備），②プロジェクト設定（諮問の準備），③ディスカッションペーパーの発行［省略可］（試行的パブリックコメント），④公開草案の発行（強制的パブリックコメント），⑤基準の開発と発行（諮問と投票），⑥規準発行後の手続き（フォローアップ）（詳しくは，Botzem, 2012, 118-9）。Botzem（2012）は，IASBのこのような作業スタイルを見ながら，学者コミュニティにおけるピア・レビューと似ており，組織内部への専門知識の集中を促進することにしかならないとコメントしている（122）。
36 多様な専門職業家が成立する条件について詳細な分析を行っているAbbott（1988）が，各専門家の領域を「管轄権」（jurisdiction）と法的に表現していたのは，この「知識と判断の交差」という現象と無縁ではないだろう。

第6章
人類学における会計専門知識の影響

　本章では，これまでの章を通じて見てきた，会計専門知識による社会的な影響の一例として，監査実践の社会的影響について考察する。まず，監査という考え方が，会計監査の領域を越えて広く社会へと浸透していった様子を，その前提条件，原因，方法，結果について整理する。それらを通じて明らかになるのは，形式的な監査プロセスによって，監査対象である個人や組織が，好ましくない影響を受けるようになる様子である。本章では，大学のアカウンタビリティの一環として推進されてきた監査実践によって，研究活動がどのような影響を受けたのか，とりわけ人類学という学問領域が蒙った変化について注目する。結果として，人類学者と調査対象との非決定的な関係性が，現行の政治体制がその基礎を置く理想的な社会関係の枠組みのもとに，否応なく書き換えられていく様子が示される。

1 はじめに

「普遍的な理念が見出しがたく，市場原理や自己規律や説明責任の要件を満たして良き『私』になるよう命じるポスト近代において，＜遅れ＞は現実に追いつき『私』を実現させるためにひたすら克服されなくてはいけない課題である。それは人間に取り憑き，どう折り合いをつけるべきかをたえず迫る。」（春日，2007，ⅰ）

人類学者である春日（2007）は，私たちが生きる21世紀初頭の世界の状況を，市場化と自己規律化が相互補完的に進展する二重の運動として捉えている。ここで市場化とは，あらゆるものの商品化を広範かつ高度に推し進める流れであり，自己規律化とは，心身ともに自己形成の努力が実践され磨かれる様子を言い表したものである。そして，この両者が協力して生み出し，急成長させた文化があると言う。「監査文化」と称されるものである。

春日（2007）によれば，あらゆるものが商品化される過程で，その品質やリスクの保証，また取引の妥当性の検証が格段に求められるようになっており，その作業は当事者のみならず政府や専門家でさえも単独では担いきることができず，全員参加を必要とする文化的な共同作業として編み上げられつつある。また「自己点検」や「自己評価」といった昨今の標語に表れているように，「監査文化」のもとでは，客観的な基準によって自己を診断し，他者へと情報を開示するように求められる。人々は，この他者へ向けた説明行為によって再帰的に自己を律することになる。春日（2007）は，これらの運動が互いに結びつきながら，効率的かつ倫理的に，私たちの現実を形成しており，その現実へと追いつくための自己研磨に囚われている現代人の様子を描き出そうとしている。

ここで「監査文化」とは，イギリスの会計学者マイケル・パワーが1990年代に著した「監査社会」論に触発され，同じくイギリスの人類学者マリリン・ストラザーンが2000年に編著した書物のタイトルから取られたものである。ストラザーンとは，近年の人類学において「存在論的転回」と呼ばれる運動の旗手と目される著名な人類学者であるが，彼女は，その「監査文化」論を通じて，こうした人類学の学問的転回と近年の監査実践の広がりとの間には複雑な関係

があったことを示唆していた。ではいったい，会計上の一制度に過ぎない会計監査に端を発する監査実践が，人類学とどのように関わっていたのであろうか。本章では，前章まで見てきた会計専門知識による社会的影響の一例として，監査が，人類学にどのような影響を及ぼしたのかについて見てみることにしたい。

2　人類学における「存在論的転回」

　19世紀後半から現在までの人類学の学問的変遷について整理している春日（2011）によれば，それは大きく3つに分類することができるとされる。第1期は1860年代から1920年代にかけて文化という独立領域が検討された時期であり，そこでは人間と歴史に関する博物学的な科学の構築が試みられた。当初，考古学や史学，民族誌などの資料に依拠しながら，比較を主要な方法とする科学として，1850年代の後半頃に人類学の制度化が進められた。人類学という名称で大学の中に設置された学問分野は，その科学性を高めるために，その後徐々に現地調査の比重を大きくしていくことになる。第2期は1920年代から1980年代にかけて文化，社会，政治経済を一枚岩的に分析しようとした時期であり，そこでは国民国家と相似的なモデルの一般化が試みられた。この時代，第1次世界大戦の終結以降，西洋諸国が国民国家を完成させ植民地支配の整備を進める中で，人類学は，文化と社会と政治経済を一体的に捉える国民国家という視点を植民地へと移植し，現地調査に基づく精緻な人間集団を民族誌として書き表してきた。そして1980年代以降現在に至るまで，人類学は第3期を迎えているとする。時代的には，強大な国民国家を支えてきた重厚長大産業に代わり，情報，新素材，バイオといった新しい技術がグローバルに拡大される時期と重なる。その節目には，第2期の民族誌を支えていた国民国家モデルを批判し，他者を表象する権利自体を問題視する，ポスト近代論の影響があったと指摘している（春日，2011, 26）。

　ポスト近代論とは，1980年代後半から，社会科学・人文学全体を襲った知的流行である。そこでは言説を通じた真理の生産，知識と権力の相関関係などについて議論され，結果的には西洋の知的ヘゲモニーが疑問視され，それまで超越的な視点から世界を捉えてきた「大きな物語」に対して疑義が唱えられるこ

とになった[1]。人類学の世界にポスト近代論を持ち込んだのは，人類学者ジェイムズ・クリフォードとジョージ・マーカスが1986年に編著した『文化を書く』（クリフォードとマーカス，1996）であったとされる。それまで人類学の目的は，調査地での生活を1つの文化として抽出し，それをテクストとして生産することであったが，そこでは主としてこのようにして提出されたテクストの内容に関心が持たれ，そのテクストの生成過程自体が問われることはほとんどなかった。それに対して同書は，このテクストの生成過程を反省し，いわばこのテクスト化の過程に必然的に伴う特権性に光を当てようとしたのである。編者の1人であるクリフォードは，同書の冒頭で次のように述べていた。

「もはや我々には大地を上から眺めて，人間の生活様式を地図に描くような見晴らしのよい場所（山頂）もなく，そこから世界を表象するようなアルキメデスの点もない。……なぜなら，もはや人はそこから外界へ旅立ち，他の文化を分析できるような，はっきりした境界で仕切られた孤島のような文化世界を持ちえないからだ。」（クリフォード，1996，38）

かつて民族誌とは，そこに訪れたフィールドワーカーの経験や観察に基づいて，その特定の社会や文化を記述したものと見なされてきた。それは，いわば社会や文化の表象であり，その後の分析や理論化の基礎を提供するものであると信じられてきたのである。しかしながら彼らは，ポスト近代論を通過した現在，人類学者はその表象という性質そのものに悩まされていると指摘したのである。もはや人類学者は，情報を運ぶ中立的な媒介者を装うことはできず，物語を組み立てる際の自らの影響について自覚的でなければならないと。

このように，西洋近代に由来する「大きな物語」の終焉が叫ばれる中で，人類学では，その西洋近代に基礎づけられた学問的言説自体を，調査対象である周辺的な人々の視点から捉え直し，相対化しようとする運動が高まってきた。その他者の視点を介在した再帰的な枠組みは，西洋近代による認識論的な圧制から，周辺社会を解放しようとする試みによって動機づけられていたと言うことができるだろう[2]。こうした反省を踏まえ，現在，人類学は新たな形態を採りつつある。それが昨今，「存在論的転回」と呼ばれている潮流である。そこでは，調査対象となる人々にとっての世界の在り様を，彼らに固有の「信念」や「信仰」の結果としてではなく，彼ら自身の存在論として捉えることが試み

られている。

　人類学者である久保（2016）は，その転回の目指すところはいまだに曖昧で流動的であるとしながらも，それを特徴づける主要な学問的背景として，次の3つを挙げながら，その方向性を捉えようとしている。1つ目は，第3章で触れたような，実験室人類学から科学技術社会論へと至る，主としてラトゥールらを中心に展開されてきたアクターネットワーク理論（ANT）である[3]。人間と非人間を含むさまざまなアクターが織り成す関係を通じて特定の現実が生み出される過程を追跡しようとする ANT は，自然と社会の近代的な分割の背後に，両者を混ぜ合わせるアクターの動態を見出そうとする。自然と社会を分割する見方は，両者を正しく区別する近代社会を，両者を誤って混同する前近代的な社会から引き離そうとする。これに対してラトゥールらは，自然／社会，科学／文化，近代／未開という対立によって把握されてきた諸領域を，さまざまなアクターから成るネットワークの中にあえて混ぜ合わせることによって，非近代的な存在の様態を明らかにしようとしている。

　2つ目は，こうしたラトゥールらの科学技術研究の影響を受けながら展開されてきた近年の在来知（indigenous knowledge）研究である。近年，資源開発や環境アセスメントといった問題を巡って，先住民が持つ周辺環境に対する知識（在来知）を西洋近代に固有の認識論的な枠組みから捉えようとする傾向が疑問視され，現在では，在来知の担い手である先住民と，近代科学に基づく行政当局などによる介入との間に生じるさまざまな軋轢に対する関心が高まりつつある。たとえば，先住民が持つ知識を野生生物管理に活かそうとする行政当局の試みは，動植物に関する科学的に妥当な知識のみを取り入れる傾向があるために，社会的・文化的に多様な意味を伴った猟師が持つ知識の大部分を捨象することになると指摘されている[4]。久保（2016）は，ここに自然と社会，科学と文化を同等に扱う ANT の議論が効力を発揮するポイントがあると言う。ラトゥールが論じるように，前近代的な側面を持つかに見える在来知が，認識論的な枠組みの中に収まりうるようなものではなく，実践の中に織り成される人間／非人間のネットワークの産物であるとするならば，同じく別様に構成される科学実践的ネットワークの産物である科学知識と同等に扱われることには，絶えず危険が伴うことになる。この点で，一見非科学的と捉えられる在来知は，人々の信念や信仰の発露にとどまらず，彼らが生きる世界そのものを示すもの

として捉え直されることになるだろう。

　3つ目は，ポスト近代人類学が再帰的な言説批判という形で自己の視点を対象化したのに対して，こちらは他者自身の視点との共存という方向へと拡張しようとする動きであると指摘する。前者においては，民族誌による異文化の表象自体が西洋近代による周辺社会の認識論的な圧制であったと批判され，いわば他者表象の脱植民地化が目指された。すなわち，彼ら（調査対象の人々）を表象する私たち（民族誌の著者及び読者）の視点を私たち自身が再帰的に捉えるという図式であるが，その行き着く先は，際限のない自己不信に陥るか，あるいは開き直って自己の正当性を（たとえ部分的にであれ）主張するに至るか，である。それに対して，他者自身の視点との共存を目指そうとして，たとえば先に挙げたストラザーンは，現地の人々が身体や人工物や概念の配置を通じてその視点を形成し変容させていく過程を描き出す，独特の民族誌記述を提示している。彼女の民族誌記述は，生成変化する彼らの視点を，読者が前提とする「私たち＝欧米人」の視点と並置しながら記述しようとする特殊な民族誌である。具体的には，現地の分析に適用されてきた西洋近代に由来する分析概念（たとえば「贈与交換」や「所有」，「人格」）が，当の実践を巡る現地の枠組みに基づいて再構成されると同時に，知的財産制度や生殖医療に関する欧米の事例が，メラネシアの事例とのアナロジーを通じて捉え直されることになる[5]。

　久保（2016）はこのように，「存在論的転回」は決して一枚岩的ではないとしながらも，そこには「単一の自然／複数の文化」というこれまでの文化相対主義的な図式を否定し，他者の視点を対称的に取り扱おうとする共通点があるとしている。つまり，他者自身の存在論を対称的に扱うことであり，それは学問的分析を放棄して単純にアニミズムや精霊の存在を認めようとするような試みではなく，他者の存在論との比較において自らの存在論の限界を見定めていこうとする試みである。したがって「存在論的転回」は，再帰性にありがちな自己の視点の深化に満足するのではなく，他者の視点を対等に配置すること，つまり他者自身の存在論を認めようとする分析視角であると言えるだろう[6]。

　ここで，人類学においてこのような学問的転回を先導してきたストラザーンは，その理論的主著『部分的つながり』（ストラザーン，2015）の「新版への序文」の中で，この人類学の内向きの再帰性に映し出されているような信頼性の危機が，実際には監査と新しい説明責任（アカウンタビリティ）の要求の広が

りによって生み出されてきた可能性がある点に注目している。彼女によれば，再帰性の問題が議論されるようになった時期は，研究者も大学も生産する情報の量を倍増させることを要求されるようになった時代と重なり，そこではただ研究するだけでなく，自らの研究活動について幾重にも記述を重ね，アカデミック・パフォーマンスの監査に備えなければならなくなっていた。人類学においては，人類学者自らがする解釈と，その解釈のプロセスを理解しようとする試みとを釣り合わせようとする願望が起こり，それこそが先に見た再帰性という議論の本質であったと述べていたのである。そうした願望は，解釈が充分であるかどうかを誰かに問われるという日常的な場面のたびに浮かび上がり，常に「より多くの」データを取り入れる必要があるとされ，解釈や分析のための「より多くの」努力が要求されることになる。しかしながら彼女は，研究や解釈の内実とそのパフォーマンスは通訳できるものではないと主張し，このことこそが，私たちが自らに差し向ける分析的な課題が，私たちの手元にあって活用できるデータの量や複雑さに見合っていないように見えたり，反対に，データが理論的野心に対し充分でないように見えたりすることの本質的な原因であったと分析している。

　すでに何度も見たように，この新しい説明責任（アカウンタビリティ）への対応や，アカデミック・パフォーマンスに対する監査に備えるといった視点は，会計学者パワーが問題化した「監査社会」論から着想されたものである。では，ストラザーンの「監査文化」論において，パワーの「監査社会」論は，どのように引き継がれることになったのであろうか。以下では，パワーの「監査社会」論を改めて振り返った上で，ストラザーンの議論を紐解き，人類学における監査実践の影響を読み取ってみることにしたい。

3　監査実践の社会的広がり

　パワーによる監査実践に関する研究業績はすでに多数存在し，先に示した著書『監査社会』(Power, 1997) の他にも，たとえば，「監査社会」(Power, 1994b)，『監査の爆発的拡張』(Power, 1994c) や，「監査社会――再考――」(Power, 2000a)，『監査の内破』(Power, 2000b) などがある。これらの研究は，

監査の技術的な側面ではなく，その考え方や知識に注目しているところにその特徴がある。パワーは，監査という考え方が浸透しつつある現状，言い換えれば，ますます監査に依存しつつある現代社会の状況を批判的に捉えようとしていた。実際，パワーによれば，近年のイギリスには会計監査のみならず，環境監査（environmental audit），VFM 監査（value for money audit），経営業務監査（management audit），犯罪捜査監査（forensic audit），データ監査（data audit），知的財産監査（intellectual property audit），医療監査（medical audit），教育監査（teaching audit），技術監査（technology audit）といった多様な種類の監査が，具体的なレベルにおいて程度の差はあるにせよ，制度化されつつあるという（Power, 1997, 3）。パワーは，このように会計監査以外の分野へと監査という考え方が浸透していく様子を「監査の爆発的拡張」と呼びながら，その前提条件，原因，方法および結果を分析し，自身が「監査社会」と呼ぶ現象に特有の病理を明らかにしようとしたのである。

　まず，「監査の爆発的拡張」とは，単に監査の量的な増大を意味するものではなく，監査という考え方が成長し広まりつつあることを言い表そうとするものであるとされるが，その前提条件として，監査にかかるコストとそのアウトプットである保証の関係，すなわちコスト・保証関数が，究極的には計測不可能である点に注意が払われている。つまり，実務家自身の定性的な評価以外には，コスト・保証関数がどのようなものであるかを実際には特定することができない点である。

> 「会計監査は絶えずその付加価値を主張しており，それは大雑把な観点で言えば正しいのかもしれないが，そのアウトプットは本質的には特定できない。要するに，監査人は自分たちが提供するものについて信頼されなければならないのである。」（Power, 1997, 28）

　パワーは，このような観点から，「良い」監査とは何か，に関する頑健な概念は存在しないと述べ，その会計監査プロセスの知識基礎が根本的に曖昧であることこそが，監査概念の爆発的拡張につながる前提条件であったと主張する。すなわち，部外者が監査の成否を容易に判断することは不可能であり，結局そのプロセス自体を信頼せざるをえないという状況こそが，その前提条件であっ

第6章 人類学における会計専門知識の影響

たと指摘したのである。

　次にパワーは，監査が爆発的に拡張した制度的な文脈として，組織にガバナンスが内部化されるという観点から，ニュー・パブリック・マネジメント（NPM），規制スタイルの変化，品質保証プログラムという3つの相互関連的な政策上の変化を取り上げている。第1にNPMとは，民営化や市場化テストなど，民間部門の経営手法の導入による公共部門の管理スタイルの変化を意味しており，そこではVFM監査が重要な役割を果たすことになった。第2に規制スタイルの変化とは，いわゆる「規制緩和」が意味され，それは福祉国家体制の行き詰まりによる「政府の失敗」をその直接的な原因とするものである。したがって，政府は直接的な手段からより間接的に影響力を持つ手段へと移行することになるが，その過程で自己規制メカニズムが奨励され，手続きの価値が強調され，政府自体は全体的な監視役を引き受け始めるようになる。パワーは，こうした状況の中で，内部統制システムに対する監査が，これらの政策目標を実現する上で中心的な役割を引き受け始めたと指摘し，その直接的な契機として，コーポレート・ガバナンス論におけるキャドバリー報告書[7]の公表を挙げていた。こうして，個々の自己規制組織の説明責任や透明性を確保するために，監査が不可欠な手段となってきたのである。なぜなら，監査はいつでも標的組織の内面的な統制構造に影響を及ぼすことができる一方で，遠く離れた規制当局の期待をも満たしうるからである。第3の品質保証プログラムについては，品質が生産プロセスの特殊性から切り離され，抽象的かつ一般化可能な用語で表現されるようになった点に注目する。つまり，品質はエンジニアからマネジメントのための概念へと転換され，品質を確保するための条件が，作業現場からより上位の管理者の手に委ねられるようになったのである。その具体的な例としては，トータル・クオリティ・マネジメント（TQM）や環境監査などのマネジメントシステムという枠組みが普及した様子に注目する（Power, 1997, 57-66）。要するにパワーは，監査が爆発的に拡張した背景には，これらの制度的文脈における大きな変化があったと見ていたのである。

　続いて，監査概念の拡張をもたらしたその具体的かつ技術的な方法として，パワーは，サンプリング，他の専門家に対する信頼，内部統制システム，の3つを取り上げている。サンプリングとは，限られた調査対象から一般的な結論を導くための統計的手法であり，これが，より少ないインプットからより大き

な保証を引き出すという経済的圧力を受けた現在の監査実務を支えているという。その典型例が，監査論におけるリスクアプローチである（Power, 1997, 70-8）。次に，他の専門家への信頼とは，たとえば不動産鑑定士や保険計理人など，他の専門家の意見を監査人が利用することによって，監査不可能であったものが監査可能になる様子が意味されている。すなわち，「検証プロセスは信頼された専門家によるますます大きなネットワークにおいて生じるので，信頼の鎖を構築することによって物事が監査可能となる」（Power, 1997, 82）。しかし，このような方法に依存することは，必然的に監査人はその専門家の第一段階の判断から離れることになり，パワーは，「長年にわたって監査人は大量の取引を直接的に調べることよりも統制システムの方に焦点を当ててきた。つまり彼らは，検査に直接するシステムを間接的に検査してきたのである」（Power, 1997, 12）と述べ，その具体例として，品質保証システムや環境マネジメントシステムを挙げている。パワーによれば，このような関係は「統制の統制」であり，そこではその間接的な影響が強調されることになる。つまり，マネジメントシステムという考え方とその統制構造が，直接的な検査を放棄しながらも，被監査組織の実務を正統化しようとする，監査の知識構造の根本的な構成要素だったのである。

　したがって，監査概念の爆発的拡張とは，監査という専門知識体系の中に特定の世界が構築されること，言い換えれば監査という考え方によって，組織環境が大きく書き換えられる様子を言い表そうとしたものであり，「監査社会」のモチーフは，まさにこの点に置かれていたと言える。では，監査概念が爆発的に拡張した結果，どのような問題状況が引き起こされることになったのだろうか。

　パワーによる「監査社会」論の特徴は，「ディカップリング」や「植民地化」という概念を用いながら，第4章で見た「規制のトリレンマ」に通じる，監査社会に潜む構造的な問題を明らかにしようとしていた点にある。ここで，「ディカップリング」とは，パフォーマンスが監査可能であるというイメージが自己言及的に作り出されることによって監査プロセスそれ自体が1つの世界となり，その監査実践の存在基盤である組織プロセスから分離されることを意味している。たとえば，組織内部に外部監査プロセスを管理するための委員会が創設されたり，また管理者が具体的な活動ではなく抽象的な統制構造を管理

することに多くの時間を費やし始めたりした場合に，そのような失敗が起こる可能性が高くなる。そこでは，たとえ監査調書が作成され，チェックリストが完成され，よりいっそう精密かつ詳細にパフォーマンスが測定されたとしても，そうした監査実践は実質よりもむしろ監査可能な形式に関係していると見られる。パワーは，「こうした観点からすれば，監査は『合理化された検査の儀式』であり，それは，形式的な統制構造や監査可能なパフォーマンス測定尺度に注意を向けることによって，安心を生み出し，そしてそれゆえに組織の正統性を作り出す」(Power, 1997, 96) と主張し，監査実践の「儀式性」という問題を指摘していた。

　次に，「植民地化」とは，監査を可能にする価値観や実務が組織行動の核心へと深く浸透していくことが意味されている。そこでは，構築された監査世界が組織内部へと広まり，組織活動に対する支配的な判断基準をも提供するようになる様子が捉えられている。つまり，そのような組織の内部では，何が重要かについての新しいインセンティブ構造や認知構造が時間をかけて醸成されていくことになり，事実上，組織は監査プロセスによって植民地化されることになる。たとえば，精神分析学やソーシャルワークなど，専門職業家にとってのパフォーマンス（つまりその有効性）が曖昧であり常に議論されるような分野では，コストや何らかのアウトプット数値のように，測定可能な尺度が，評価のための言語を支配する傾向が予想されることになる。

　このように，「監査社会」論の意義は，形式的な監査プロセスによって，監査対象である個人や組織の実質的な行為が好ましくない影響を受ける様子を，その原因とともに明らかにしようとした点にあるが，パワーが指摘していたように，高等教育機関である大学も，こうした監査の爆発的拡張の影響から逃れることはできない。現在，大学という機関がさまざまな評価指標をもとに，いわゆる「監査」を受ける必要性に迫られていることはもはや繰り返すまでもないだろう。こうした背景のもと，先に見たストラザーンの問題意識は，人類学ひいては社会科学・人文学一般が蒙ることになる影響の重大さを捉えようとする点にあったと言える。次節では，彼女の「監査文化」論に依拠しながら，この点をより詳しく見ていくことにしよう。

4　文化としての監査

　『監査文化』を編集したストラザーンは，学術活動が監査の波に飲み込まれる過程で，民族誌がどのような影響を受けることになったのかについて分析している。しかしながら彼女によれば，その過程は，決して単純なものではなかった。なぜなら，そこには先に見た再帰性という問題が複雑に関わっていたからである。パワーが示していたように，ある人々が監査されるとき，人々は監査人の視点を通じて，そしてそれを見越して自身を見るようになる。このことが，文化や社会の記述を旨としてきた民族誌に対して実際にどのような影響を及ぼすことになったのであろうか。さらにここで重要なことは，民族誌そのものが決して完全にはその記述（つまり，外部世界の表象）ではない点である。上で触れたように，ポスト近代論以降，民族誌はその背後に植民地政策的な偏見があったことが反省されてきたからである。ではいったい，民族誌記述が監査の対象となるとき，そこにはどのような影響が捉えられることになるのだろうか。結論から言えば，人類学における監査の影響は，民族誌の他者表象に対して疑義を差し挟み，それによって自己規律が強要され，結果として人間的な参照点が当該分野の本質的な意義をも書き換えつつある。こうした過程を説明するために，ストラザーンは，現行の政治体制のもとで，監査が，昨今とみに叫ばれるようになってきた倫理というものと共犯関係にある点に注目しながら，次のように議論を展開する。

　彼女によれば，倫理とは，特にそれが倫理コードのようなものとして捉えられるとき，拡張された監査様式の一部と見なされることになる。それは，個々人の行為について，「良い実践」（good practice）とは何かということと密接に関わるものである。もちろんそこに含まれるのは個人だけでなく，倫理コードは集団的な組織にも適用されることになる。「監査社会」論で見たように，現在の監査はその狙いの1つとして透明性を支持しており，組織が目指すべき目標を表明することによってその手続きを可視化しようとしている。言い換えれば，監査は，あらゆる種類の組織における行為者の行為について，第三者の視点から見てより管理可能かつ説明可能なものへと変換することを求めているのである。こうして，そのプロセスが「良い実践」として見なされ続ける限り，

第6章　人類学における会計専門知識の影響

より多くの人々がそれらの要求を満たし，ますます多くの組織が目に見えて倫理的であると見なされるようになる。すなわち，手段や方法について透明であることが，一般的に倫理的であることの条件となり，そしてその限りにおいて，その組織の実務が第三者にとって理解可能なものとして構成されることになる。このような観点からすれば，透明性とは理解可能性の裏返しであり，それは決してその理解者の偏見を免れうるものではない。たとえば，現在，多くの組織はいわゆる「ミッションステートメント」を通じて自身の目標を表明しなければならなくなっているが，そこではその目標が語られる際の視点の位置を明確に捉えることが決定的に重要となる。ストラザーンは，その具体例として，近年の大学改革を取り上げている。

前章でも見たように，これまで学術活動は，それを社会利用のための知識の集積と見なす政治体制との関わりにおいて，繰り返し議論されてきた。しかしながら，その典型例である応用科学や技術とは異なり，民族誌のような成果物は，この過程でどのような影響を受けることになるのだろうか。本来民族誌とは，単に役に立つようなものではなく，あくまでも記述や解釈そのものとしてその存在意義が認められてきた。しかし，民族誌が監査に晒される際には大きな問題が孕まれることになる。上で見たように，目標に関するメタ記述，またその著者がそれによって何を意図しているかの表明を求めることは，そこにある種の著者性，すなわち著者自身の知識が作用することを認めることになるからである。ストラザーンは，こうした知識こそが，かつてウェーバーが近代官僚の特徴の1つと見なしたものを許容することにつながると指摘する[8]。それは，公私を問わず作用するものであり，そこではそれぞれの領域における専門家が有する知識，すなわち専門知識が，決定的に重要な役割を果たすことになる。それらの専門知識は，官僚的使用のために利用可能な形で作り出されるだけでなく，やがてそれぞれの専門家の意見と同化され，究極的には正当な事実として作用することになる。ストラザーンはこれを「官僚的な再帰性」(bureaucratic reflexivity) (Strathern, 2000, 284) と呼び，現在，さまざまな分野に分散した専門家が，現行政治体制の意図をくみ取りながら，自らの判断を正当な知識として表明しようとしてきたことの結果であると見ている。監査に関わる実践が，決定的に重要であるのは，まさにこの近代的な官僚制度の再帰性を具現化しているからである。「監査社会」論の中でも示されていたように，

監査は，国家と個人の関係を作り変える新しい政治体制によって促進されてきたものであるが，そこで新たな政治体制は，これまでの直接的な統治技術に代えて，より控え目でより間接的な統治技術を利用するようになっていた。そうした間接的な統治技術こそが，監査に他ならない。したがって，学術活動が監査の影響を受けるということは，間接的に現行政治体制の意図を忖度するようになるということである。

　このようにして学術一般，そしてそれがもたらす知識が，その活動が何を目標とするのかについてのメタ記述に囚われる可能性が生まれてくることになる。いわゆる「ミッションステートメント」では，組織的な努力や結果が本来的な狙いや目標とどのように関わっているのかについて表明されなければならず，現在あらゆる組織や個人が，こうした要求に晒されている。もちろんこのような要求に晒されること自体は，実務的には非常に単純であるが，その過程でそれらの関係性について明示すること，つまり自身についてそのように表明するという行為には，自らの役割を書き換える可能性が潜むことになる。ストラザーンはその一例として，イギリスの「公開大学」のケースを取り上げて説明している[9]。当初イギリスにおける「公開大学」は，純粋な社会民主主義者で満ち溢れていた。そこに関わるすべての者は，教育機会の均等な再分配を信じており，イギリス教育の排他性を修正しようと努力していた。しかしながら近年，このような純粋な社会民主主義者の精神が，新たに管理主義者の精神を表明することに懸命になっていると言う。そこでは，あたかも顧客のような姿をした外部者によって研究や教育の成果が期待される構図が想定され，そうした顧客のニーズを満たすことが主要な目標として捉えられている。彼女によれば，彼らは本来の精神を今でも信じてはいるが，しかしながら現在彼らが専心していることは，「ミッションステートメント」を書き上げること，つまり査定様式をいかに満たすかといったことである。結果として，「公開大学」は，皮肉にも閉鎖的な組織へと変換されることになったのである。

　要するに，ある活動へ監査を通じた倫理規範を適用することは，現行の政治体制が敷く前提を個々人自らが適用することを促すことであり，そこではいつも，現在の国家や市場が基礎を置き保護しようと努めている人間的な参照点が召喚されることになる。ここで，監査に基づいて個々人の成果を評価することと，倫理コードを導入することによって個々人の行動の規律を促そうとするこ

ととの間に，無視できない共犯関係が認められることになる。たとえば大学は，学術活動を生産するための組織となり，その目標に貢献できるような成果をもたらす個々人を作り出す一方で，倫理コードが個々の研究者にとっての規範として作用し，そこでは，あらゆる種類の人間的な相互作用や道徳性に埋め込まれた，より一般的な社会的感受性が利用されることになる。

　ストラザーンはこのような倫理観（つまり，現行政治体制が保障する人間の権利／義務，利益／損害を他者にも適用し，その同意を以て自己の行為の正当化を図ろうとする倫理観）が，臨床医の文脈において顕著に見られると指摘する (Strathern, 2000, 293-4)。それは，患者を自由の侵害から保護し，また医者を濫用の問責から保護することを目的とするものである。そこではそれぞれの当事者が自身の利害を有することが前提とされ，医療従事者の目的は明らかに個々の患者の厚生から分離可能であると想定されている。このことが，医療倫理における手続きとして導入されたインフォームド・コンセント（情報に基づく同意）の役割をさらに拡大し，他のあらゆる研究活動――他者からデータを収集する人々――の倫理性を精査する際のひな型へと押し上げてきた。そこでは情報に基づく同意，つまり情報を伝えるというプロセスが重視され，その過程では，人々がその収集されたデータに関心を持つことが自明視されている。彼らは何らかの意味でその情報の所有者であり，あるいは少なくともそれが起因する者（originator）であることが前提とされる。したがって，そこでの倫理の問題は，一方で信任（confidence）を守りプライバシーを保護するという概念と，他方で所有者権利が保護される必要があるというアイデアの間を，行き来するだけのものとなる。調査主体は，直ちに他者の行為の受け手として，また調査対象である他者は，研究者の関心によって傷つけられうる利害を持つ者として，作り出されることになる。この点において，監査と倫理の共犯関係のもとで，民族誌が対象として取り組もうとする人々の存在意義を書き換える可能性が現れることになる。すなわちそれは，人間主体を必然的に伴って研究している人々を前提とするという観点である。そしてそれは，人類学者にとっての調査対象を，インフォーマントや回答者として，つまり「人間主体」として定義することである。

　しかしながらストラザーンは，人類学においてはこの人間主体（subject）が，つまり民族誌家にとっての他者が，必ずしも研究の主題（subject）ではないと

いう事実を強調している。むしろその対象は，人々の相互作用を含む多種多様な存在である。したがって，これまで人類学者は，概して自分たちの研究を，社会や文化の性質についての解釈であると要約してきたのである（Strathern, 2000, 294)。ここに至り，監査が，倫理コードを伴いながら，人類学の調査対象を書き換えようとする様子が理解されることになる。それらの研究は，必然的に人間主体を伴った調査として書き換えられ，結果的にその領域そのものが，精巧かつ粗雑に作り変えられることになる。

民族誌家がその社会的・文化的生活の性質を語り，解釈しようとする行為の中で，倫理は効果的に，その調査対象を，民族誌家が触れ合う自律的な存在としてではなく，インフォーマントとして，つまり多数の個々の「人間主体」の集合体として捉え直すことを求め，そこで彼らの同意は，情報の伝達を通じて取り付けられうるものと見なされ，またそうされなければならないものとして求められることになる。

しかしながら，ストラザーンは，人類学者が自身のディシプリンの象徴と見なす民族誌の重要性を決して過小評価してはならないと主張する。つまり，自ら動機づけられ，多様な関心を認め，オープンエンデッドな（目的の固定されない）語りや解釈を旨とする民族誌の本来の性質を過小評価してはならないと。なぜなら，社会や文化とは，それ自体がオープンエンデッドなものであり，ある文化における行為が何を意味するのか，またそれがどこへ導くのかには，常に非決定性（indeterminacy）が伴い，それを根絶することは不可能であるからである。社会における出来事，プロセス，経験は，決して透明かつ自明なものとして，完全に固定化することはできないからである。それらは本来的に曖昧なものであり，それゆえその解釈もまたオープンエンデッドにならざるをえないからである（Strathern, 2000, 286)。

もし人々が互いの生活を相互に解釈することが社会生活の中心であるとするならば，民族誌的な解釈実践は，社会科学と呼ばれる領域において非常に独特な位置を占有していると言えるだろう。なぜなら語りや解釈は社会における非決定性の裏返しとも言えるからである。予測不可能なことや偶発的なことへ解釈の余地を残しておくことは，それゆえ人類学的な研究スタイルの大きな達成物であったと言えるだろう。なぜならそれは，社会的・文化的な相互作用の現実を隠そうとはしてこなかったからである。

監査が実践されるとき，それは被監査者自身の見方に深入りすることなく，彼らに世界の方向性について説得するように作用することになる。もし監査者が，被監査者の行動について知れば，社会をより良く管理することができるようになる。ここで「知ること」とは，あるパフォーマンスの測定尺度に関わる指標の変量についての情報を持つことである。しかしながら，指標とはすでに何が重要であるかという本質を意図的に抽出したものであるために，その測定値は予測不可能なことを個々のパフォーマンスの変動の背後へと押し隠すことになる。この点で，知識生産の重点が，社会実践の本質である語りや解釈ではなく，識別可能な測定値を収集しようとする努力の方へと置き換えられることになる。こうして監査は，人類学者と調査対象との探険的で，非決定的で，予測不可能な社会関係の性質を，現行の政治体制の一部へと組み入れることを是とするものになる。しかしながらそれは，結果的には社会関係における意図されない偶然的な力を，完全に見落とすことになる。

5 おわりに

ポスト近代論を通過した現在，民族誌に，どのような役割を期待することができるのであろうか。『文化を書く』の中で，「ポスト近代の民族誌」という章を担当していたタイラーは，書き手の反応とは同じではありえない読み手の反応を喚起することに，その意味を見出そうとしていた。そこでは，書き手が異なる社会や文化を表象することはできないために，書き手と読み手が共通して認識できるような対象は存在しない。そこでタイラーは，提示可能ではないが想像することは可能な何かを読み手に対して差し出すこと，すなわち喚起としての役割の内に，民族誌の意義を捉えようとしたのである。要するに，タイラーは，民族誌を書いたり読んだりすることを1つの冒険と見なし，人は出発点にとどまり続けるが，その冒険を行ったことにより，その場所を違う仕方で認識できるようになる，と主張したのであった。すなわち，

「（ポスト近代の民族誌の）目的は，知識の成長を促すことではなく，経験を再構成することにある。……それが目指すものは，自己を社会の中へと再統合，再同化

し，日常生活における振る舞いを再構成することである。」(タイラー，1996, 249)

　こうしてタイラーは，書き手と読み手が彼ら自身の世界へと帰還する再帰的な活動を想像し，その過程で他者との出会いがどのようなものであったとしても，冒険者自身の内的変容の方を重視しようとしたのであった。したがって，そこで更新されるのは，あくまでもこれらの冒険談を自己の内側に並置しようとする，旅人自身の経験となる。

　それに対してストラザーンは，こうしたタイラーの見立ては，結局のところ，フィールドワーカーの殺戮の果てに，ツーリストを発見したに過ぎないと批判している。つまり，自分自身に対してどのように作用するかを規準としながら経験を選び取ろうとする，自己中心的な異種混交性の正統化に過ぎないと。かつて学問としての人類学がその独自性を主張する際の拠り所としてきたものは比較であったが，こうした書き手と読み手を自らの世界の小部屋に囲い込むようなタイラーによる民族誌の再概念化は，その人類学の本質を完全に見失ってしまっていると批判したのである（ストラザーン，2015, 90）。

　本章では，この人類学における再帰性の問題を，パワーによる「監査社会」論を交えながら考察してきた。現代社会における監査実践の広がりは，近代的な官僚制が，日常生活の隅々へと行き渡る過程として捉えることができる。そこでは，個々人が現行政治体制の意図を汲み取りながら，自らが接する世界を可視化すると同時に，それを倫理的にも正しいもの，すなわち自らと同等の思考を備えた第三者の視点から見て正当化されうるもの，として受け入れようとする，近代人に特徴的な世界が描き出されることになる。それに対してストラザーンは，自身の内的変容のために他者の視点を活用しようとする意図の内になお潜む，自民族中心主義的な偏見を明るみに出すことを試み，タイラーによる民族誌の再概念化を，ツーリストによる経験の囲い込みに過ぎないとして，厳しく非難したのであった。彼女の理解によれば，人類学における再帰性の問題は，このような広く現代社会の変容を反映したものに過ぎず，むしろ「官僚的な再帰性」の広がりのもとで，現在の人類学の意義が書き換えられつつある様子，すなわち，自らの視点を中立化しようとする傾向の方を，問題化しようとしたのである。こうした問題に対してストラザーンが提示していた方向性は，自己の解釈の不完全性や非決定性を認めることであり，その解釈は，部分的に

も真実たりえず，ただ単に部分的なつながりに過ぎないことを受け入れようとする視点であった。

「存在論的転回」に引き寄せて説明するなら，そこにおいて重視されていることは，不確実，不確定なものを組織化するのではなくそのままにして置いておくこと，つまり私たちには触知しえないモノにとっての存在論を，それ自体として確保しようとすることである。私たちと同様の他者（人）が存在し，彼らがどのような考え，文化，社会を持っているのかではなく，私たち（人）の思考の外側，つまり私たち（人）が主体ではない世界の存在を確保することであり，その他の存在論の中に私たちがどのように含まれているのか（いないのか）を，対称的に取り扱おうとすることである。そこに，通訳可能性やコミュニケーションが前提とされるべきではない。また，単一の自然の中に（つまり1つの普遍的な存在論を共有した上で，その中に）別個の文化が並立しているとも想像すべきではない。ただ，私たちにとっての時空間や対象物が，全く別様にも描かれうる可能性が開かれているのみであり，それは，私たち（人）が意図的に開こうとするものではなく，もともとそういうモノとして存在していたはずである。

◆注
1 より詳しくは，リオタール（1986）を参照されたい。
2 構造主義の祖とされるレヴィ＝ストロースの問題意識も，この辺りにあったと見られる。文明人の思考とは本質的に異なる未開の思考を想定してきたそれまでの西洋近代の幻想を解体することが，彼の動機であった。詳しくは，『野生の思考』（レヴィ＝ストロース，1976）を参照されたい。
3 第3章でも見たように，人間と非人間をアクターとして同等に扱い，それらのアクターが織り成すネットワークを分析しようとする ANT は，近年影響力のある理論枠組みの1つであるが，この強みや弱み，またその意義についてはいまだ議論の途上である。ANTに対する多様な捉え方については，Law and Hassard（1999）を参照されたい。
4 具体的な事例として，アボリジニーと政府の関係を分析している，Nadasdy（2003）を参照されたい。
5 ストラザーン（2015）『部分的つながり』を参照されたい。
6 これまでの章で見てきたように，西洋近代における人間存在の偶有性を前提とすれば，この「他者」という概念そのものに，人間中心的な偏見が現れていると言えるだろう。これは「他の物」「他の世界観」と言い換えてみても，決して払拭することはできない。人

間の認識対象としての「事物」に還元されることもなければ,人間という視点から捉えられる表象空間へと還元されることもないからである。このことは,いかに現在の日常言語が,全き別様の存在に対して無関心であったのかの現れであると言えるだろう。神から人へと中心を移してきた言説空間において,人間を中心に据えない言説が,大きく廃頽してしまっている(本書では,これを表現するために,カタカナで「モノ」と表記することにする)。

7 　イギリスにおけるコーポレート・ガバナンス論の先駆けとなった報告書であり,エイドリアン・キャドバリー卿を委員長とする「コーポレート・ガバナンスの財務的側面に関する委員会」によって1992年に公表された。
8 　Weber (1978), Chapter XI, "Bureaucracy", 956-8を参照されたい。
9 　監査の影響を受けてイギリスの高等教育が変化した様子については,Strathern (1997)を参照されたい。

第**7**章

語りえぬモノ

　ある考古学者によって提示された仮説は，会計学者にとって驚くべき内容であった。なぜなら，紀元前数千年にわたり，現在の近東全域で広く利用されていた粘土製の小さな人工物，すなわちトークンが，何らかの会計システムを構成し，それが文字の起源であるとする説であったからである。本章では，この文字の祖形とされるトークンを巡る解釈枠組みについて考察する。まず，トークンによる物品の記録が文字の利用に先行していたとする，当該仮説について紹介する。次に，そのトークンを，象形文字から表意文字への発展過程を支える証拠と見なした研究を取り上げ，そこに潜む根本的な矛盾を指摘する。その上で，「思弁的実在論」という近年注目されている議論を紹介し，私たちが慣れ親しんだ近代的な世界とは，全く異なる世界が存在する可能性について示唆する。最後に，博物館に運び込まれた数々の展示物との，新しい対峙の仕方について考える。

1　はじめに

　『アメリカの科学者』（*American Scientist*）誌が選ぶ，20世紀の科学を形作った100冊の内の1つに数えられている『文字の起源』（*How Writing Came About*）[1]の著者デニス・シュマント‐ベッセラが提示した仮説は，会計学者にとっても驚くべきものであった（Morley and Renfrew, 2010）。なぜなら，紀元前7500年頃から前3100年頃にかけておよそ4000年以上にわたり現在のトルコ，シリア，イスラエル，イラク，イランを含む近東全域において広く利用されていた小さな粘土製の人工物が，何らかの会計システムを構成しており，それが文字の起源であったとする説であったからである。文字は，比較的抽象度の低い象形文字（pictograph）が徐々に数を増やし，そこからゆっくりと抽象度の高い表意文字（ideograph）へと変化していったと予想されてきたが，その正確な起源については，長い間謎に包まれていた。それに対してシュマント‐ベッセラは，数多くの発掘現場や博物館を訪れ，そのたびにさまざまな形をした多数の小さな粘土製の奇妙な人工物に遭遇することに気づき，それらが文字の祖型，トークンであるという仮説を提示したのである（Schmandt-Besserat, 1986）。

　本章では，この文字の祖形とされるトークンを取り巻く解釈枠組みについて検討する。まず，トークンが，言語哲学者ルートヴィヒ・ウィトゲンシュタインの前期後期の断絶をつなぐ失われた環であったと見なした会計学者リチャード・マテシッチの議論を紹介し，そこに潜む矛盾を明らかにする。続いて，近年注目されている哲学者クァンタン・メイヤスーの「思弁的実在論」における「大いなる外部」への眼差しについて取り上げ，前期後期ウィトゲンシュタインが一貫して保持していたとされる哲学的関心を類推する。最後に，異なる世界のモノを捉えるための視点として，前章に引き続き人類学者ストラザーンの議論を紹介し，博物館に展示された有史以前の人工物（すなわち「語りえぬモノ」）との新しい対峙の仕方を明らかにする。

2 先史時代の会計システム

　シュマント-ベッセラによれば，トークンとは，紀元前7500年頃から「肥沃な三日月地帯」（Fertile Crescent）と呼ばれる地域に見られた，円錐形（cones），球形（spheres），円筒形（cylinders），円盤形（disks），四面体形（tetrahedrons），卵形（ovoids）などさまざまな形をした，1，2cmほどの大きさの粘土製の人工物である（Shumandt-Besserat, 2010）。これらの人工物は，およそ4000年以上にわたり，その大きさ，形，製造法，素材に大きな変化も見られないまま利用され続け，たとえば大小の円錐形や球形は種類の異なる大麦を表し，円筒形は羊や牛などの動物を表し，そして大小の四面体形は労働を表していたとされる（Shumandt-Besserat, 2010, 27）。紀元前4世紀中頃にはこのトークンはより複雑になり，パラボラ形（parabola），長方形（rectangles），三角形（triangles）などの他にも，容器や道具，家具などを縮小し模造した形のものも含まれるようになった。さらにその表面には切り込み線が加えられるようになり，それらの亜種を含めると300種類以上のトークンが利用されるようになったと言う。彼女によれば，比較的初期のトークンは大麦などの農産物や家畜を扱うものが多かったのに対し，前期青銅器時代頃の複雑なトークンは，パンやオイル，ハチミツ，香料などの加工品，輸入された金属，衣服や織物などの製造品を扱うものであった。

　小さな国が形成され始めた紀元前3500年頃には，今度はこれらのトークンを保管するために，中が空洞になった直径10cmほどの大きさの粘土製の球体が発明されるようになったと言う。これは，粘土製の封筒のようなものであり，ある取引を記憶するために一組のトークンをその中に入れて使用した，一種の会計システムであった。そして，この封筒の発明とともに，その処理方法が，大きな転換期を迎えることになった。彼女によれば，その使用者（彼女は「アカウンタント」と呼んでいる）は，ある取引に関わるトークンをその封筒の中に入れ閉じた後にも外側からその形や数量を判別できるように，その封筒が柔らかいうちに内容物である個々のトークンをその表面に押し当て，ある種の標識として利用していたのである。たとえば，ある封筒の表面に7つの卵形のトークンが押し当てられていたとすれば，それはその封筒の内容物が7つの卵形の

トークンであることを意味する。すなわち，三次元のトークンが二次元の標識へと変換されたとして，彼女は，これこそが文字の起源であったとする説を唱えたのである（Schmandt-Besserat, 2010, 29）。その後，これらの封筒は単なる粘土の塊によって取って代わられることになり，やがてそれらがメソポタミアの粘土板へとつながっていくことになる。こうして彼女は，次のように結論づける。

　「先史時代また原史時代の近東地域における再分配経済は，もし計算や会計が無ければ機能していなかっただろう。トークンと粘土板は，集落の保管庫の出納を記録するために必要不可欠であった。逆もまた同様に，計算や会計は，かつてないほど複雑化してきた集落の物品管理に用いられる中で発展してきたのである。」（Schmandt-Besserat, 2010, 31）

　このような会計による物品の記録が，文字に先行していただけでなく，この種の会計システムが文字の発明の前提条件でもあったとするシュマント－ベッセラの仮説は，会計学者にとっても驚きを持って受け入れられたことは想像に難くない[2]。たとえば会計学者であるマテシッチは，シュマント－ベッセラの仮説を紹介しながら，トークンを収納した封筒がおそらくスチュワードや債務者についての人名勘定として機能し，そうした人々へ投下された資本の持ち分を表すものであり，またそれが貸借対照表にも通じる機能を有していたと述べている（Mattessich, 1987）。すなわち，「それは確かに二重の意味を持っていた。一方ではその詳細において，それは個々の資産を表象しており，他方ではその全体において，持ち分を表象していたのである」（Mattessich, 1987, 79）。

　こうしてマテシッチは，文字の起源とされたトークン会計システムは，完全な言語システムとは見なされえないとしながらも，ある主体の富やそのフローについて説明することを目的とした表象システムであったことに違いはないとし，これが，言語哲学者ウィトゲンシュタインによって提示された「表象の問題」に対する1つの有力な回答になる可能性があるとする説を主張したのである。すなわちマテシッチは，一般的によく知られている前期から後期へのウィトゲンシュタイン哲学の変化，つまり「写像」概念から「言語ゲーム」概念への言語観の移行について取り上げ，両者が必ずしも相互排他的な関係にはないことの証拠としてトークン会計を提示しようとしたのである[3]。

マテシッチは，これらの考古学的証拠が，少なくとも次の2つのことを示唆していると主張する (Mattessich, 1987, 84)。第1に，この記録言語の先駆けは，現実の領域とある種抽象的な記号との一対一の対応を利用した表象システムであった。実際に，トークン会計システムにおいては，個々のトークンと，それが指し示す経済的事実とが，一対一に対応していたことが示されており，その両者の関係は統語論的に定義されるような論理的な関係ではなく，慣習的に指し示されてきた意味内容を表す意味論的な関係であったと言う。そして第2に，そのような一対一の対応は，およそ4000年以上もの間，初期の農村社会や原始的な都市文化において利用可能なおそらく唯一の表象システムとして役立っていたという事実である。これらの点からマテシッチは，前期ウィトゲンシュタインが想定していたとされる表象的言語観と，後期ウィトゲンシュタインが想定していたとされる機能的言語観は，必ずしも相互排他的な関係にあるのではなく，両立可能であると主張するに至ったのである。そして，そもそも言語によって現実を表象することが可能であるのは，言語そのものが両面的な性格を有しており，それは，アイデアを伝えることができると同時に，また物理的な現実にも深く根付いているからであると結論づける。すなわち，

　「これらのトークンや言語的記号の進化は，個々の抽象的記号とそれらに形態的に対応するトークンや象形文字の間に前もって連関が確立されていること，またそれらのトークンや象形文字がそれと関係する経験的な対象や事実と構造的に結びついていることによって，こうした『奇跡』が可能となっていることを示している。そして，より高度なあるいはより最新のレベルにおいては，この決定的に重要な連関は，規約によって確立されている――そのため，後期ウィトゲンシュタインは，言語規約に大きな重点を置くことになったのだろう。
　よって私たちの到達点は以下である。形態論的なトークンや象形文字は，『示す』と『語る』の公分母である――すなわち，これらのシンボルが，それら2つの行為をつなぐ失われた環であったと言えるかもしれない。(強調点筆者)」(Mattessich, 1987, 89)

　ここで，ウィトゲンシュタイン研究者である飯田 (1997) も認めているように，「写像」や「言語ゲーム」といった概念は言語に関する理論というよりも言語を言い表すための比喩として用いられた表現に過ぎなかったと解釈するこ

とは，確かに可能である。しかしながら，ここで注目したいのは，マテシッチによるこの「語る」と「示す」の利用法の方である。彼は，同じ論文の別の個所でも，「楔形文字のようなヒエログリフと同様に，（その指示対象との類似性を持つ）形態論的なトークンや象形文字（両方とも「示す」を表す）から，抽象的なトークンや表意文字（両方とも「語る」を表す）への発展過程には，さまざまな段階があり，トークン会計がその証拠を提示している」(Mattessich, 1987, 88) と述べ，「写像」概念に基づく具体的な言語から，「言語ゲーム」概念に基づく抽象的言語への発展過程を支持する証拠としてトークン会計を取り上げており，その背景には，「示す」から「語る」への時間的発展が意図されていたことが読み取れる[4]。しかしながら，「語る」を統語論と捉え，「示す」を意味論と捉えながら，後者から前者への発展過程を意図したマテシッチの理解は，そもそもウィトゲンシュタイン自身がその区別に込めていた重要なメッセージを見落とすことにもなりかねないだろう。

　飯田 (1997, 194) によれば，しばしば対立的に捉えられてきた『論理哲学論考』（以後『論考』）と『哲学探究』（以後『探究』）との間には，両者に共通して「言語の限界」という概念が現れることからもわかるように，むしろ一貫した哲学的関心があった。それにもかかわらずこれほど違った印象を持たれてきた原因は，ウィトゲンシュタインが，『論考』において展開してしまった自身の独断論を反省しようとした点にあったと読み解いている (195)。確かに『論考』では，すべての言語に共通の構造を取り出すことによって，当時彼が抱いていた哲学的問題の根を一挙に絶つことが試みられていた様子が窺える。しかしながら，その結果として，『論考』でのウィトゲンシュタインは，ある種の理論化を志向していたと読み解くことができるだろう。理論化とは，問題となっている事柄を中心的なものとそれ以外のものとに分けることによって達成されるが，『論考』におけるウィトゲンシュタインも，「命題の一般形式」を確定することをその中心的な課題とした結果として，個々の具体的な命題がどのような要素からどのように構成されているのかを示すことは，枝葉の問題とされてしまったのである。すなわち，すべての命題は要素命題の真理関数であるということのみが立証されればよく，要素命題の実例を与えることは後景へと追いやられてしまったのであった。たとえば，『探究』で登場する「私的言語」に関する議論，すなわち痛みや思考といった心的出来事や心的活動に関す

る語を含む文は，『論考』の観点からすれば心の中で生じる事態を記述したものと考えられることになるが，心の「外」の世界に加えて心の「内」の世界が存在し，その世界はさまざまな心的対象で満たされているとする心の見方には全く根拠を与えることができず，この点こそ，彼が『探究』において反省しようとしたテーマであった。

　このように理論化には，それに特有の理論装置を伴うことになるが——『論考』における理論装置は，「要素命題」「写像形式」といった概念であった——，後期の著作においては，『論考』の中に散見された特殊な術語が，文章の中から姿を消すことになる。飯田（1997）は，後期ウィトゲンシュタインの哲学が話題になるときに必ず引き合いに出される「言語ゲーム」や「生活様式」といった言葉も，実際にはその適用の要件が正確に規定されているような理論装置として用いられていたのではなく，それらはあくまでも比喩であり，私たちが日常会話で説明しようとする際にしばしば利用している比喩と，全く同じ意味において用いられていたに過ぎないと述べている。すなわち，「写像」「言語ゲーム」という比喩を経ることによって「ウィトゲンシュタインが行き着いたのは，言語が何よりも人間の社会的活動の一部であるという自明な事実を確認することであった」（飯田，1997，356）のである。

　では，飯田（1997）によるこのようなウィトゲンシュタイン解釈が正しいとすれば，すなわち一般的に想定されている前期から後期への変化が，単に彼の言語観（言語をどのように捉えるかという見方）がより現実的な言語実践へと近づき豊かになったために起こったことであり，彼自身の哲学的関心は常に一貫していたのだとすれば，先ほど見たトークン会計は，このウィトゲンシュタインの観点からどのように位置づけ直されることになるだろうか。ここにおいて，マテシッチによってなされていた「語る」と「示す」の区別の仕方が鍵となる。なぜなら，モンテ・カッシーノの捕虜収容所から出された1919年8月19日付のラッセル宛の手紙に見られる，ウィトゲンシュタイン自身の次の言葉に現れているように，その「語る」と「示す」の区別こそが，彼の中心的な哲学的関心から導かれたものであったからである。

　「私の中心的主張をあなたが把握されていないのではないかとおそれています。
　論理的命題についての一切は，それからの帰結に過ぎません。主要な点は，命題に

よって——すなわち，言葉によって——語りうること（また，同じことになりますが，思考しうること）と，命題によっては語りえず，ただ示されうるだけのことについての理論にあります。これこそが，哲学の中心問題だと私には思えます。」（ウィトゲンシュタイン「ラッセルに宛てた1919年8月19日付手紙」——飯田，1997, 348より引用）

こうした観点からすれば，「示す」という概念は，マテシッチが想定していたような，単に言語と現実的世界との対応関係を表すためのものではなく，この「語る」と「示す」の区別によって暗示されていたことこそが，前期後期を一貫してウィトゲンシュタイン自身が抱いていた哲学的関心であったと言うことができるだろう。では，この「語る」と「示す」を厳密に区別することこそが重要であるのだとすれば，マテシッチによって失われた環（つまり，両者の違いの溝を埋めるもの）と理解されていたトークン会計は，上記のようなウィトゲンシュタインの哲学的関心のもとにおいて，いかに捉え直されることになるのだろうか。以下では，「語ることができないことについては，人は沈黙せねばならない」（『論考』第7節）というウィトゲンシュタインの意図を踏まえながら，トークン会計の意味を捉える視点について考えてみることにしたい。

3 相関主義＝歴史を越えて

カント研究者である黒積（1995）は，先述の飯田（1997）と同様に，必ずしも『論考』と『探究』の間に矛盾が存在すると解する必要はないと述べながら，その一貫したウィトゲンシュタインの哲学観の背景には，カントの超越的観念論と共通する思考があったと指摘している[5]。ここで，超越的観念論とは，私たちが対象を受け取ること（直観）ができるのは予め私たちの認識の根底に横たわる一定の形式的制約（直観形式。すなわち空間や時間）のもとにおいてであり，そして対象が私たちに与えられる，すなわち現れること（現象）ができるのは，それが私たちによって直観される限りにおいてである，と見る理論である（黒積, 1995, 15）。たとえば，ある物体が空間中に存在するのは，それが空間（という直観形式）において表象（直観）されることによって，またその限りにおいてであると理解される。「すなわち，それは第一に，（外的）直観の対象

として私によって直接的に表象（直観）されているのであり，そして第二に，私によって，そして空間は人類一般の共有する一つの普遍的形式であることによって，同時に万人に共通の客観（対象）として直観されているのである」(15)。したがって現象は，私にとっての表象以外の何ものでもない，と理解されることになる——なお，その対象自体の存在は否定されていたわけではなく，カントはそれを「物自体」と呼んでいた——。

　しかしながら最近，近現代哲学において支配的であったこのようなカント哲学を乗り越え，その物自体の存在を捉え直そうとする視点についての議論が注目されるようになっている。これは，先に見たウィトゲンシュタインによる「語りえぬモノ」について捉えようとする眼差しと通底するものであり，「思弁的実在論」(speculative realism) と呼ばれている。2007年4月，ロンドン大学ゴールドスミス・カレッジで，「思弁的実在論」というタイトルのワークショップが開催され，その内容は雑誌『コラプス』(*Collapse*) に収録された後に各国へと紹介され，現在では狭義の哲学領域にとどまらず，政治哲学や芸術論など，多方面に浸透し始めている (Harman, 2011)。この当初の参加者に共通していた問題意識は，彼らが「相関主義」(correlationism) と呼ぶものの限界を提示し，それを越えた実在論的な立場を採ることであった。その「相関主義」とは，参加者の1人メイヤスーによって創案された用語であり，私たちが認識できるのは思考と事物の相関関係だけであるとする立場の総称である。この立場に依拠すれば，人間の思考から独立したモノそのものについて語ることはできないことになり，その核心こそカント以降の近現代哲学が採用してきた超越的観念論であった。したがって，「思弁的実在論」を唱える者に共通する動機は，いかにその「相関主義」の限界を乗り越え，その外側にあるモノ（すなわち「語りえぬモノ」）の実在を前提とした哲学を展開することができるのかという点にある。

　メイヤスーの「思弁的実在論」の特徴を日本語の文脈へと紹介している影浦 (2015) によれば，そもそも哲学史上におけるカントの革新性は，物自体と現象という伝統的な哲学上の区別に関わるものであり，物自体ではなく現象こそが現実であると主張した点にあった。ここで，物自体とは，人間の認識が介在せずありのままの姿である世界の在り方であり，カント以前には，この物自体が真実であり客観性の源泉であるとされてきた。人間の目に見える世界の在り

方である現象は,主観の見せる幻想であり,古代ギリシアのプラトンの説明によれば,私たちは洞窟の奥に顔を向けて縛りつけられた囚人であって,背後の灯火によって壁に照らし出された影を見ているに過ぎないとされてきたのである。それに対してカントは,認識が対象に従って規定されるものであるというそれまでの考え方を否定し,むしろ認識に従った対象である現象を中心とする哲学の構築を試みたのであった。カントは,私たちが認識する現象に付随する時間性や空間性や因果関係といった概念は,私たちの認識能力の側に由来するものであって,外部事象の側に備わっている属性ではないと言い,物自体に対する現象の優位性を主張したのである。こうしてカント以降の近現代哲学は,私たちの思考の外側にある事象,つまり物自体を認識できるという考え方をナイーブなものとして否定し,人間にとっては現象のみが現実なのであって,私たちが外部の事象を認識しているときには,常に思考が介在しているという立場を採用してきたのである。

　要するに,「相関主義」とは,私たちと世界との関係の彼岸にあるいかなるものも,私たちには知ることも語ることもできないとする見方である。このような観点のもとでは,ある共同体への同意,すなわち間主観性が,孤立した主体による表象と物自体との対応関係に取って代わり,それが客観性の規準の地位を持つことになる——たとえば,科学共同体のメンバーであれば誰でも,実際上それを検証することができると想定されることになる——(メイヤスー,2016, 14)。すなわち,

> 「科学的真理はもはや,その『私たちへの』与えられ (donation) に無関係であると想定される即自的なものに一致するものではなくて,知の共同体における共有物として与えられうるものなのである。」(メイヤスー,2016, 15)

　このように,「相関主義」によれば,世界はただ思考する存在に「与えられたもの」(贈与) としてのみ意味を持つことになるため,たとえば歴史以前の世界が人間の存在に対して先立つことはありえないと言わなければならないことになる。つまり,相関主義者によれば,歴史以前の対象については過去から出発するのではなく,むしろ相関的な現在を起点として過去を後方投射することによって理解されることになる。

第7章 語りえぬモノ

　しかしながら，メイヤスーによれば，こうした立場には避けられない矛盾が付き纏うことになる。なぜなら，たとえば贈与に先立ち，贈与の出現を可能にした，贈与へと還元されることのできないモノの存在——メイヤスーはこれを「大いなる外部」と呼ぶ——について，「相関主義」は思考することができないという立場を採ることになり，そのとき，自らが距離を置いてきた極端な観念論——たとえば，聖書の文字通りの読解によって，地球が創造されてから6000年ほどしか経っていないとするような，宗教的な独断論など——との区別が，曖昧なものへとなり下がる危険性が生じうるからである。「相関主義」が世界を認識する際には，常に隠された理由（理由律）——たとえば，自然法則など——があるということを前提としてきたが，そこではそれがすべての人によって共有されているはずのものとして捉えられてきた。これに対してメイヤスーが提唱する「思弁的実在論」は，そうした理由律の外部へと思考を解放することを目指し，それは究極の「理由」といったものは決して存在しないことを，つまりそれは，思考可能でもなければ思考不可能でもないということを，私たちが受け入れることであると主張する。すなわち，

　　「私たちは，もはや理由律——すなわち，あらゆるものはこのようであり別様ではないことの必然的理由をもつ——の変種を主張しているのではなく，むしろ，非理由律（principe d'irraison）の絶対的真理を主張している。いかなるものにも，今そうであるように存在し，そのようであり続ける理由はないのであり，すべては，いかなる理由もなく今そうであるようではなくなりうるのでなければならない。そして／あるいは別様になりうるのでなければならない。」（メイヤスー，2016, 105）

　要するにメイヤスーは，思考には「存在するものがなぜ存在するのか」を明らかにすることが決してできないということを，つまり思考の本質的な不能性について明らかにしようとしたのである。そうしてメイヤスーの議論は，これまでなぜ理由律なるものが維持されてきたのか，つまり素朴実在論であれ，独断論であれ，超越的観念論であれ，自然法則のような理由律の存在が不合理なまでに信仰されてきたのか，の原因を論証することに向かうことになる。彼によれば，それは，「偶然の巡り合わせ」（hassard）と「偶然性」（contingence）が峻別されることなく，前者を全体化することによって世界が捉えられてきたからであった。ここで「偶然の巡り合わせ」とは，「偶然的・確率的」

(aléatoire) とともに,「サイコロ」という語源に帰着するものであり,賭博や計算と深く結びついた概念であるのに対して,「偶然性」とは,ラテン語の「到来する」(contingere) という語を語源に持つものであり,「何かが最後に到来するとき」を意味する概念である。言い換えれば,「偶然の巡り合わせ」とは,それを実現させる諸法則が前もって総体としてあることを想定するものであるのに対して,「偶然性」とは,「偶然の巡り合わせ」による出来事が起こる／存在することを可能にする条件それ自体に影響を与えうるようなものであり,そうした「偶然性」概念は,「偶然の巡り合わせ」のカテゴリーには決して包摂されえないものである。メイヤスーによれば,先に見た「相関主義」が犯した誤りは,そうした偶然と確率のカテゴリーが世界の法則自体には適用できないものであるにもかかわらず,その正当な適用の範囲外において不当に使用することに起因したものであった[6]。

　言い換えれば,確率論的推論が思考可能であるための条件とは,事象の全体が思考可能であることであって,それが成り立つのはその全体の中において,可能的な事象の数に対する起こるべき事象の数の比を決定するという頻度の計算が働きうるからである。したがって,確率論的推論,すなわち,頻度の計算に従うものとしての「偶然の巡り合わせ」概念そのものは,数的全体性の観念を前提としているのである。しかしながらメイヤスーは,今後アプリオリであることを保証することができないのは,この思考可能なものの全体化であると主張している。実際,私たちは,カントールの集合論以来,思考可能なものが必然的に全体化可能であるという仮説を受け入れることはできなくなっている。たとえば,ある集合Aの再集合(あるいは部分集合)の集合Bは,常にAより大きい(たとえAが無限集合であったとしても)。つまり,もともとの集合の濃度よりも,常にそのたびごとに大きい濃度を持った諸々の無限集合の上限なき連なりが構成できるのである。これは「超限数の濃度の列」と呼ばれるものであり,この列自体は決して全体化されえない。したがって,それは,究極の「量」に結集されることがなく,よって単に存在しないものと見なされることになる[7]。

　「標準的な集合論の公理系においては,量化可能なもの,ひいてはより一般的なレベルで思考可能なもの——すなわち集合一般——は,何らかの構築の対象となり,

整合性の要請にしたがう証明の対象となるものであるが,『全体』は形成しないのである。なぜなら，この思考可能なものの『全体』とはそれ自体，論理的に思考できないものだからである。それがカントールの超限数からここで引き出せる翻案である——思考可能でないものの（量化可能な）『全体』とは,思考不可能なものである。」(メイヤスー，2016, 173)

こうして私たちは，可能的なものが全体化不可能であると考える公理系を1つ手に入れることになり，それが，必然論者の推論を決定的に否定し，その基本的な公準を破壊することになる。もし，私たちが法則の安定性からその必然性へと直ちに移行できるとすれば，それは可能的なものがアプリオリに全体化可能であるということに疑いを抱いていないからである。そしてその全体化は，あらゆる公理系の結果ではなく，せいぜいのところ特定の公理系の結果でしかないのであって，私たちには，頻度の帰結が確実に価値あるものだと判断することはできないのである。これはある種の完全な無知を意味するものであるが，こうした無知は，経験においてすでに与えられている何らかの全体性の外部に確率論的推論を拡張することの不当性を証明するのに十分である。「かくして，法則の必然性に対するカントの信念は，確率論的な理性を経験の単なる限界の外部へと適用しようとする越権的な主張として斥けられることになる」(メイヤスー，2016, 176)。

4　モノとの対峙

前節のような推論を展開したメイヤスーは，著書『有限性の後で』の中で，時間について次のように述べていた。

「何らかの定まった諸法則によって規定された時間が崩壊し，それではない時間へ，つまり他の諸法則によって支配された時間へと変わりうるという可能性は，十全に考えられる。」(メイヤスー，2016, 107)

しかしながら，メイヤスー自身は，その「他の諸法則」によって支配された時間については，その存在の可能性を指摘するにとどめており，具体的にどの

ような時間感覚であるのかについては明らかにしていない。そこで以下では，その具体例の1つとして，前章でも取り上げたストラザーンの議論を紹介したい。ストラザーンは，「歴史のモノたち」という論考の中で，西欧人の時間をメラネシア人の時間と比較しながら，両者の間には全く異なる時間が流れていたことを明らかにしている。

彼女は，その異なる時間の流れ方を理解するために，人類学者マーシャル・サーリンズによって著された，冒険家クックのハワイ逗留に関する，『歴史の島々』を素材として取り上げている[8]。サーリンズはその中で，ハワイの人々と冒険家クックとの間の相互作用について，歴史的出来事の文化的な解釈と，歴史が文化に与える衝撃において生じる，意味の変容について論じていた。まずサーリンズにとっての出来事とは，ある特定の偶発事と象徴体系との間の関係として捉えられなければならないものである。彼の枠組みでは，自然としての事実の位置にあるのは偶発事であり，その偶発事は，文化的な解釈を通して飼い馴らされることになる。そうして彼は，この出来事の定義を，ハワイ人にも帰することができると考え，ハワイ人による解釈枠組みとそのコンテクストに寄り添うように，出来事の分析を進めようとしたのであった。

ここでストラザーンは，このように解釈された行為としての出来事に焦点を当てるサーリンズの見方は，西欧の人類学者が物について考えるのと同じやり方で，出来事の観念を扱い，利用したものであると指摘する。すなわち，その背後には，西欧人による体系化への強い関心があり，こうした関心のもとでは，物は意味を持つとされるが，その意味はその物に意味を付与する体系を用いた，人類学的な説明によって明らかにされなければならないものと理解されることになる。同様に，出来事は，文化的に解釈された偶発事であり，それは観察者にとって，文脈を参照することなしには説明されえないものとされる。したがって，自然の偶発事から，文化的な出来事が絶え間なく創り出されることになる。

ここでもしサーリンズと同じような考え方に立てば，私たちは，現地の人々の解釈を，「彼らの」歴史，つまり一種のエスノ・ヒストリーとして捉えることができるだろう。しかしながらストラザーンは，このような捉え方に対して「我々は一体何をエスノ・ヒストリーとして再現しようとしているのであろうか？」（ストラザーン，2016，83）と問いかける。そして，メラネシアにおいて

第 7 章　語りえぬモノ

はそのような再現がうまく作動するとは思えないと指摘したのである。すなわち，

　「複数の出来事間に見いだされる構造的な関係性の知覚から得られる知識を再現するためには，我々は自らの体系化の企ての対応物を，彼らの人工物とパフォーマンス，彼らが懸命に伝えようとするイメージに求めなければならない。それによって，彼らが社会的な行為の効果（effect）を，いかに自らに提示するかを理解せねばならないのである。それはもはや我々の『歴史』に似たものでは全くないだろう。
　それは我々の歴史に似ていない。なぜなら全く異なる種類の時間の感覚が問題となっているからだ。」（ストラザーン，2016，83）

　ストラザーンによれば，両者の時間の捉え方の違い，つまり西欧人の時間と，メラネシア人の時間は，事物の性質を「説明する」様式と，事物の性質を「顕在化させる」様式の違いとして理解できると言う。一方で，ある時点に固有の出来事は，歴史的・文化的コンテクストに位置づけて説明されなければならない。つまり，時間が進行する中で，ある出来事が別の出来事に続いて起こったものと見えるように，複数の出来事が関係づけられ，並べられることになる。他方で，パフォーマンスとしての出来事は，その効果によって捉えられるものとなり，それが自らの内に含むもの，つまりそれが隠したり明らかにしたりする諸形態（forms）に注目して理解され，さらにそのパフォーマンスに反応する観衆の行為を通して記憶に刻まれることになる。そこで，各々の形態は，先行する形態の代替物であり，またある意味でその先行する形態を含んでもおり，同時に，それが観衆に及ぼすであろう効果をも含んでいると言う。結果的に，時間は，複数の出来事を並べた直線として把握されるようなことはなく，いわば過去と未来を同時に喚起するイメージの力の内に見出されることになる。ストラザーンによれば，時間について言えることは空間についても妥当し，そこでの空間は，複数の点の間の広がりではなく，観察者の此方と彼方，自己と他者の双方を同時に喚起するイメージの力の内にあると言う。そこで問題となるのは，ある出来事を広がる空間の中に位置づけることではなく，いかにして人々は，他者の視点を，それが自分たち自身についての知識をもたらすような形で，把握することができるのかということであると述べている[9]。

　要するに，メラネシア人は，彼ら自身および他者との関係に関する知識を構

築するとき，イメージとしての知覚を利用しているのである。それに対して，西欧人は，そこで指示的な，つまり何らかのコード化によって言語的な概念を配置するように努めることになる。西欧人は，いかなる関係性も，他の諸関係を参照することによって説明する傾向にあり，彼らは個々の偶発事をその社会的・文化的コンテクストの中に位置づけることでその意味を理解しようとする。それに対してメラネシア人は，両者の出会いをその効果から理解するだろう，と私たちには想像することができると述べる。すなわち，イメージの産出を通じて人々は効果を生み出し，その効果によって彼ら自身が真に何者であるかを知るのである。なぜなら，イメージを産出すること自体が，それを見る者の精神において特定のイメージを作り上げることになるからである。それは，その単一の形態によってすべての参照点に取って代わるものとなる。その意味では，もしそこにコンテクストを想像するとすれば，それはイメージ自身の中に凝縮されたものとなるに違いない。

　ストラザーンによれば，こうした比較によって，近年の人類学者が抱いてきたある前提を明るみに出すことができる。それは，1920年代以降，西洋の人類学者の大半が，「彼らの」世界観の解明を通して「他者」に接近することに関心があったことである。そして，このような前提によって，次のような分業体制が生み出されることになった。つまり，一方に物を見る専門家（博物館学者）を作り出し，他方に社会や文化を研究する専門家（社会・文化人類学者）を作り出したことである。ストラザーンによれば，この時期，後者は自らを明確に，社会的・文化的な「コンテクスト」を解明する専門家であると見なし，あらゆる種類の要素がいかに他と関係し，他を指示するのかを調べることによって理解されなければならないと考えてきた。この強迫観念は，博物館行きを運命づけられた，現代を生きる人々の事物，遺物，標本の扱いにも等しく見て取ることができると言う。こうして，人類学的な分析の多くは，ほぼ完全に「体系」の解明だけに関心を寄せることになったのである。その中で「理解すること」とは，諸部分を一貫した形式で相互に関係づけることであり，人工物の意味は，そのコンテクストによって解明されるものとなったのである。

　こうした流れのもと，社会的・文化的コンテクストを参照枠とすることは，1つの重大な帰結をもたらすことになる。すなわち，もっと枠組みそれ自体，つまり社会的・文化的コンテクストを，研究すべきだという立場へとつながっ

第 7 章　語りえぬモノ

たのである。そこでは，もはや物とは，単なる実例に過ぎなくなる。言い換えれば，物とは，その外部で生み出された意味の例示か反映に過ぎなくなる。これらの物は，社会的なプロセスによって可視化されるものであると考えられるようになり，人類学者は，自らの仕事を，単にこれらの対象を，他の観点から，すでに記述された枠組みの内部に位置づけていくことと見なすようになったのである。こうした参照枠こそが，近代の人類学における，本質的なものとされてきた当のものである。

　しかしながらストラザーンは，ここには大きな問題が潜んでいることを明らかにしようとしている。つまり，社会的コンテクストをもたらすことによって，民族誌家は，単に他の人々による参照行為を人類学者のそれに翻訳するだけでなく，モノとの対峙そのものを偏ったものへと変えてきたことである。言い換えれば，あるモノが持つイメージを，人類学者が持つ単一の枠組みの内部に再配置することによって，他の複数の枠組みと，それ自体で統合的なイメージであるような意味の双方が，不可視とされてしまったことである。たとえば，ポストコロニアルの人類学者として有名なロジャー・キージングは，同じメラネシアを調査しながら，メラネシア人が，釈義を与えること——つまり，枠組みを言語的に拡張することによって物事を説明すること——に対して，しばしば躊躇いを見せることを明らかにしている（Keesing, 1987）。そこには第1に，1つのイメージを，あたかもそれが別のイメージであるかのように言い換え，その意味を変えることに対する躊躇いがあり，そして第2に，他の多様な参照枠を排除するかのような，単一の参照枠を特権化することに対する躊躇いがあると指摘している。なぜなら，言葉は常にそれ自体に独自の意味を創り出すことで，議論されている当のものを変容させるからである。すなわち，「ある媒体から別の媒体への『翻訳』（隠喩を字義通りに説明してしまうことや，物を言葉で表現すること）は，そこで示されているものの意味を変えてしまう」（ストラザーン，2016, 94）のである。

　こうした観点から，ストラザーンは，博物館における物の展示についての新しい見方を提示している。これまで，博物館学の大半は，対象をその文化的コンテクストの中に位置づけ，芸術作品としてではなく工芸品として提示し，機能的で解釈的な展示を創り出すことに専念してきた[10]。そこでそれらの収蔵品は，その元々の時空間（それは決して取り戻されえない）から引き離された上で，

他のコンテクストに再配置されることになる。しかしながらそこには,つまりイメージとその新しいコンテクストとの間には,結果的に必ず不連続性の知覚が生じることになると指摘する。なぜなら,この過程で物理的な人工物が飼い馴らされることは決してなく,結局のところ展示の場に現れるのは,社会の分析などではなく,「物それ自体」であるからである。

人々が物と対峙するとき,それらの物はそれ自体として注目を受ける。「どれだけ様々な意味や用途が博物館の展示物に帰属されようとも,展示は物の形態へと注意を促す」(ストラザーン,2016,93)。そのとき西洋人は,その物が喚起する反応が,不可避的に美的なものの要素を持つことに気づかされることになる。こうして,博物館の展示における分類学から審美学への移行は,より広い社会的・文化的コンテクストの参照を,意図的に最小限にしたような知覚のあり方を提示する試みとして捉え直すことができると主張する。もちろん,そうした知覚は,メラネシアの人々がイメージを構築した仕方の,部分的なアナロジーに過ぎない——なぜなら,そのように作り出された自己知識は,必然的に西洋的な自己知識であり,個人的な鑑賞体験の審美学に属すものであるからである——。ストラザーンによれば,ここで私たちにできることは,ただ「美的感性」と「参照枠への指示」という二点の間を往復し,それぞれが不十分であることを自覚することだけである。

ここへ至り私たちは,本章冒頭で出会った小さな粘土製の人工物との,新しい対峙の仕方を手に入れたことになる。それは,決して取り戻されえない世界の存在を認めることであり,それこそが「語りえぬモノ」への眼差しを持つことに他ならない。

5 おわりに

本章では,「語りえぬモノ」への眼差しから,会計トークンを捉え直す試みを展開してきた。「写像」概念と「言語ゲーム」概念をつなぐ失われた環として会計トークンを捉えようとすることは一面的な理解に過ぎず,またそもそも前期後期ウィトゲンシュタインの言語観の間に断絶が存在するとの見方には,必然性が無かったことが確認された。「語ることができないことについては,

第 7 章　語りえぬモノ

人は沈黙せねばならない」(『論考』第 7 節)という一節に彼の一貫した哲学的関心を読み取るとすれば,会計トークンは全く違った意味を持つ可能性が提示される。本章では,メイヤスーとストラザーンの議論を通過することによって,博物館に展示されているモノとの,新しい対峙の仕方について捉えようとしてきた。

　人類学者ラトゥールが,「存在様態」の多元性を唱え,私たちの世界において実効的に存在している物と,他者の世界において実効的に存在しているモノとの差異によって存在間の交渉を志向しようとするとき[11],「語りえぬモノ」がその重要な窓口となってくれるに違いない。

◆注
1　Schmandt-Besserat (1996)。なお同書は日本語にも翻訳されており,その内容が紹介されている(シュマント‐ベッセラ,2008)。
2　会計学の領域におけるシュマント‐ベッセラ仮説の受け入れについては,すでにいくつかの論文がある(Mattessich, 1994; 小口,1995a; 1995b)。
3　「写像」概念とは,言語を一連の命題から成るものと捉え,それぞれの命題が,それが指し示す事実と一対一に対応していることを通じて,言語が世界を説明できると考える言語観である。それに対して「言語ゲーム」概念とは,ある文章が意味を持つのは,その文章の利用のされ方,つまり言語内の規約によって規定されるからであると考える言語観である。詳しくは,ウィトゲンシュタイン (1975; 1976) を参照されたい。
4　マテシッチは別の著作においても,言語と現実的世界との対応関係については私たちに何も言うことができないとする見解こそがウィトゲンシュタインの議論の最大の欠陥であったと指摘していた。したがって,言語が現実と対応しており,またその対応の程度についても議論することができることの証拠として,トークン会計を提示しようとしたマテシッチの意図は,この点にあったことが読み取れる (Mattessich, 1978, 96-7)。
　なお,言語と現実の対応関係は,会計と経済的現実(取引)の対応関係を扱う会計測定論の文脈において繰り返し取り上げられてきたテーマであり,そこでは,会計数値が取引の写像であるのか,それとも社会的に構成されたものに過ぎないのかが,その中心的な論点であった (Hines, 1988; Shapiro, 1997; Mouck, 2004; McKernan, 2007)。しかしながらここでは,表象プロセス(言語と現実との対応関係)ではなく,表象しえないもの(語りえぬモノ)をいかに捉えるかという点に焦点を当てる。
5　実際,次のように述べている。「言語には記述や描写の他に多くの異なる機能があり,また現実的使用の他にも多くの異なる場面が存するのであり,それら全てを貫く,言語や意味の唯一の定義が存在しなくてはならぬと考えることは不合理である。……この問題を巡っては両書間に決定的断絶は認められず,むしろ客観主義,論理主義,内在主義(意識内在ではなく,経験内在という意味における)という哲学的態度に関しては両書間に一貫

性が認められるというのが我々の結論である。」(黒積,1995, 22)
6 メイヤスーは具体例として,自然法則の必然論者の推論を取り上げ,その背後にあるのは確率論者の論理であると指摘する。すなわち,もし法則が実際に理由なく変化しうるならば,法則が頻繁に変わらないでいることは極めてありえないことではないだろうか,という錯誤である。なぜなら,この頻度の帰結は,ある非常に正確な場合にのみ,かつとりわけ強い存在論的な仮説に従った場合にのみ真であるからである(メイヤスー,2016, 157-8)。
7 これは,カントールのパラドクスと呼ばれる,集合論における論理矛盾の1つである。ここで,メイヤスーが「大いなる外部」を捉えるためにカントールのパラドクスを利用していたのに対して,先に見たウィトゲンシュタインが「語りえぬモノ」を捉えるために同じ集合論におけるラッセルのパラドクスを利用していた事実に注目しておくことは重要であろう(『論考』第6節を参照されたい)。両者の違いは,メイヤスーが「超限数の濃度の列」が決して全体化されえないことから,全体化というものの不可能性を指摘しているのに対して,ウィトゲンシュタインは,自己言及性の不可能性,つまり「トートロジー」の存在について指摘していた点にある。
8 サーリンズ (1993) を参照されたい。
9 ストラザーンは,具体例として,「西欧人の到来」に対する両者の捉え方の違いについて次のように説明している。「西欧人の太平洋への到来が,現地の人々によって少しも驚くべきものではなかったことは,西欧人にとってむしろ驚くべきことだった。数多くの記録は,彼らの来訪が予見されていたことを示唆している。つまり,彼らが現地に到達するに先立って,西欧人は『帰ってくる』者として,あるいは新たな姿をとって現われる者として知られていたのだ。」(ストラザーン,2016, 80)
10 詳しくは,Clifford (1985) を参照されたい。
11 Latour (2013) 参照。

エピローグ

　「かつてマックス・ウェーバーは……」という書き出しとともに，これまでどれほどの文章が書かれてきたことだろうか。それほど多くの人々の心を魅了したのは，彼の作品が，近・現代を生きた人々の時代感覚や世界観を的確に表現していただけにとどまらず，彼が有していた批判的精神もまた，多くの人々の共鳴を得てきたからであろう。周知の通りウェーバーは，それまでの宗教的な世界観が薄れ，人々の理性を中心とする世界観が広がる様子を，「合理化」という枠組みのもとで捉えながら，その理想的な形態である官僚制が，やがて人々にとっての脅威として押し寄せてくる未来を予見していた。

　しかしながらその後100年もたたないうちに世界は大きな変貌を遂げ，今や地質年代的にも，思想史的にも，その理性が住まう人類の偶有性や終焉がより明確に捉えられるようになってきている。それでは，この変貌を遂げつつある世界において，かつて多くの人々の共鳴を見た批判的眼差しは，どのように捉え直すことができるのであろうか。

　ウェーバーより20年ばかり早くこの世を去ったフリードリッヒ・ニーチェは，神の死を宣告するとともに近代社会における道徳的な理性をも否定し，その背後に潜む善と悪の区別を乗り超えていくことを夢見ながら，次のように記していた。

　「諸民族の混淆が行われる解体的時代の人間は，そうした時代の人間の常として，種々さまざまな由来をもつ遺産を体内に宿している。すなわち，相互に闘いあって滅多に和解することのない矛盾した――しばしば矛盾どころのさわぎでない敵対的な――衝動や価値基準を，体内に宿している。――こうした末期的文化の人間，光線分離期の人間は，概して虚弱な人間であるだろう。彼が心底から渇望するものは，彼の現実そのものである戦いの状態がなんとかして終息してほしいということなのだ。……

　他面において，それら強力で和解させがたい衝動に加えてさらに，自己と戦うことにかけての真の名人芸的老練と巧妙さが，つまり自己制御や自己瞞着の才が遺伝され育成されているならば，そのときにはあの妖魔的な捉えがたく不可解な人間，

あの勝利者にして誘惑者たるべく運命づけられた謎の人物が生まれるであろう。こうした謎の人物のもっとも素晴らしい例証はアルキビアデスとシーザーであり……芸術家のなかではおそらくレオナルド・ダ・ヴィンチであろう。」(ニーチェ，1993，173-4「第200節」)

このようなニーチェによる評価を，ダ・ヴィンチがどのように感じたであろうかは知る由もないが，少なくとも彼は，絵画における遠近法について，次のような言葉を遺している。

「絵画はまずそれを思索する人の脳裡に存在するが，手の操作をまたずには完全なものになりえない。この絵画の科学的で真の原理は第一に，陰影ある物体とは何か，根源的な影および派生的な影とは何か，明暗すなわち，闇，光，色彩，形態，情景，遠近，運動および静止とは何かを定めることであるが，以上のものは手の労働を経ずもっぱら頭脳によってのみ把握せられる。これこそ絵画の科学（たる所以）であろう。すなわち絵画は観照者の脳裡に存し，しかるのち上述の観照または科学よりはるかに立派な制作活動が生まれるのである。」(ダ・ヴィンチ，1954，224)

もし彼の作品が，思索の結果脳裡に浮かんだ情景を描き出したものであったとするならば，本書の冒頭で出会った絵画では，現代社会の分析視角としても通用する，興味深い構図が選ばれていたと言えるかもしれない。神の力を得た人間が，不敵な笑みを浮かべながら，ひとり暗闇の中に立たされている。闇の中へと消えていく最期の瞬間であるかのように。残されるのはいつものように，主体を欠いたパースペクティヴである。今ではこれが，ダ・ヴィンチが私たちに残そうとしたメッセージであったように思われてならない。

あとがき

　これまでに公表してきた論文を，一冊の本にまとめてみた。大学での研究職に就き10年が経とうとしていた頃，そろそろ過去の研究を振り返り，ひと区切りをつけようと思い立ち取り組んだ成果が本書である。それぞれの論文を執筆していた当時の勢いのようなものがあるので，当初は，初出段階の原稿に大きな変更を加えることなく，自分自身の関心の軌跡を，ありのままにまとめ上げるつもりでいた。しかしながら，それらを読み返しているうちに，自身の関心とは相容れない視点が紛れ込んでいることに気がついた。

　私事にわたり恐縮ではあるが，現在，私は，神戸大学の経営学部の中で「社会環境会計」という講座に所属し，最近流行りの「企業の社会的責任（CSR）」や「サステナビリティ」といったテーマを扱う講義を担当している。そのため，私の過去の論文の中にも，これらのテーマに関わるものがいくつかある。しかしながら，これまで，これらのテーマ扱う既存研究に触れる中で，私が知的好奇心を揺さ振られたと感じたことはなく，自身が執筆した論文を読み返してみても，すべて既存の試みに対する否定的な見解に支えられていた。結局，それらを本書の中に含めることを躊躇い，最終的にはすべて取り除くことにした。

　それに代えて，以前から漠然と自分自身に問いかけてきたこと，言い換えれば，これまでの原稿を書く上での原動力となっていたより根本的な問いを，この際，全面的に押し出してみることにした。それは，おおよそ次のような問いである。本書でも取り上げたフランスの思想家ミシェル・フーコーが，『言葉と物』の最後に書き記していた有名な一節，すなわち「……人間は波打ちぎわの砂の表情のように消滅するであろう……」（409頁）という情景を思い浮かべるとき，現代の多くの人々の生活の根幹を規定している会計的思考法が，果たしてどのように捉えられるのか，という問いである。

　もちろん，会計を現代人の生活の根幹と見なそうとすることは，会計をあまりにも過大評価しており，そうした見方自体に対する異論もあることだろう。私たちの文明が科学技術の発展の恩恵を大いに受けていることは明らかであり，また何が正しい行いであるのかを定めた法がなければ，現在のように秩序立っ

た社会を実現することは不可能である。そして，現代社会の根幹というとき，何よりもまず，コミュニケーションを成り立たせるために必要な言語の存在が思い出されるに違いない。

　しかしながら，あらゆるものが市場を通じて取引されようとしている現代社会においては，人々の生活の全過程が会計による認識の対象として構成されつつあり，その意味において，会計のない現代社会というものは，もはや想像することすら難しくなっている。第1章でも見たように，会計を社会の基礎言語と見なす見方はすでに一定の市民権を得ているようであり，学術界においても，会計を言語として見立てようとする分析がしばしば見受けられる。こうした観点からすれば，第7章の論を待たずとも，「初めに言葉ありき」という表現が「初めに会計ありき」という表現へと置き換えられたとしても，あながち間違いとは言えないほど，会計というものが世界の根幹的な存在となっていることに気づかされるだろう。

　では，人間社会というものが，浜辺に現れた砂模様のように儚く消え去る定めであるとすれば，会計的な営みは，そのような情景の中にどのように捉えられることになるのだろうか。会計が現代社会に対して持つ意味が大きくなればなるほど，それは問われるべき問題として私たちの前に立ち現れてくるに違いない。これが，本書を導いた原動力であり，その成立，発展，限界を捉えようとする試みである——以上から，たとえばサステナビリティといった視点が，いかに本書の関心とは相容れないものであるかがおわかりいただけると思う。それはまるで，ある特定の砂紋が消え去ることを恐れ，霧を吹きかけて固めようとするかのような試みに映る——。

　もちろん，仮に会計を現代社会の根幹と見なす見方が受け入れられたとしても，しょせん私は会計学の領域に軸足を置きながら，そこから眺められた哲学，社会学，人類学などに関わる知見を，見様見真似で掻き集めてきた人間であるに過ぎず，社会の根幹なるものを扱うには，あまりにも知識不足である。何とかアプローチしてみたいという思いは常にあるが，それぞれの領域を専門とする人々には敵うはずもなく，今でもその判断に変わりはない。しかしながら，私にも私なりに見えた情景があり，それを嘘偽りなくありのままの姿で提示することができれば，ひょっとすると他の誰かにとって，何かの意味を持つこともあるかもしれない，という思いの方を大切にすることにした。

あとがき

　そこで，同様の問題意識を共感しているように思われた数少ない文献を丁寧に結び合わせることによって，上記のような情景の一端を，私なりの努力の中で，素描的に捉えることを試みることにした。こうしたいきさつから，本書における私の挑戦が功を奏しているとはとても思う気になれず，むしろとりとめもなく扱った多様な話題の中に，大きな誤解や誤りがありはしないかという不安の方が大きい，というのが正直な気持ちである。この点については，それぞれの専門家の方々からのご叱正を待ちたいと思う。

　思い返せば，神戸大学の経営学部，経営学研究科を通じて得られたさまざまな体験は，私にとってかけがえのないものであった。その比較的自由な学風に大いに支えられ，また，とりわけ社会環境会計研究会，管理会計研究会，そして会計史研究会を通じて出会えた多くの人々からのご指導がなければ，私には本書のような仕事に取り組むことは決してできなかっただろう。

　なお，本書に含まれるいくつかの章を執筆する段階では，日本学術振興会科学研究費助成事業（課題番号：24730388）からのご支援を受けている。ここに記して謝意を表したい。

　最後に，中央経済社の田邉一正氏には，心よりお礼申し上げる。当初の構想からは大きく離れることになったにもかかわらず，最終原稿についても快くお受けいただき，最後まで変わらずご支援ご助言いただいた。氏からのあたたかいお導きがなければ，本書がこのような形で日の目を見ることはなかったと思う。

2018年8月

堀口　真司

◆初出一覧

第2章「科学的会計研究批判」

拙著（2010）「相対主義的会計研究の現代的地平を求めて――会計研究における科学哲学の意味を理解するために――」『国民経済雑誌』第202巻第4号, 57-75をもとに加筆・修正。

第3章「計算可能な人間と空間」

拙著（2004）「ラトゥーリアン会計研究の視座」『六甲台論集（経営学編）』第51巻第3号, 77-98および拙著（2014）「フーコディアン会計研究の視座」『国民経済雑誌』第210巻第1号, 24-42をもとに加筆・修正。

第4章「会計規制のトリレンマ」

拙著（2003）「オートポイエシス・システム論に基づく会計研究の可能性」『六甲台論集（経営学編）』第50巻第3号, 17-34をもとに加筆・修正。

第6章「人類学における会計専門知識の影響」

拙著（2016）「人類学におけるM. パワーの影響」『国民経済雑誌』第214巻第4号, 49-64をもとに加筆・修正。

第7章「語りえぬモノ」

拙著（2016）「語りえぬモノ――トークン会計を事例として――」『産業経理』第76巻第3号, 136-49をもとに加筆・修正。

参考文献

Abbott, A., 1988, *The System of Professions: An Essay on the Division of Expert Labor*, University of Chicago Press, Chicago.

Aho, J. A., 1985, "Rhetoric and the Invention of Double Entry Bookkeeping", *A Journal of the History of Rhetoric*, Vol. 3, No. 1, 21-43.

Ahrens, T. and Chapman, C. S., 2007a, "Theorizing Practice in Management Accounting Research", in Chapman, C. S., Hopwood, A. G. and Shields, M. D., eds., 2007, *Handbook of Management Accounting Research*, Elsevier, 99-112.

Ahrens, T. and Chapman, C. S., 2007b, "Management Accounting as Practice", *Accounting, Organizations and Society*, Vol. 32, No. 1, 1-27.

Baxter, J. and Chua, W. F., 2003, "Alternative Management Accounting Research: Whence and Whither", *Accounting, Organizations and Society*, Vol. 28, No. 2/3, 97-126.

Bernal, J. D., 1953, *Science and Industry in the Nineteenth Century*, Routledge & Kegan Paul Ltd., London.

Bernstein, R. J., 1983, *Beyond Objectivism and Relativism*, Basil Blackwell, Oxford.

Bijker, W. E., Hughes, T. P. and Pinch, T., eds., 1987, *The Social Construction of Technological Systems: New Directions in the Sociology and History of Technology*, The MIT Press, Cambridge MA.

Botzem, S., 2014, *The Politics of Accounting Regulation: Organizing Transnational Standard Setting in Financial Reporting*, Edward Elgar Pub, Cheltenham.

Boyer, R., 2007, "Assessing the Impact of Fair Value upon Financial Crisis", *Socio-Economic Review*, Vol. 5, No. 4, 779-807.

Briers, M. and Chua, W. F., 2001, "The Role of Actor Networks and Boundary Objects in Management Accounting Change: A Field Study of an Implementation of Activity-based Costing", *Accounting, Organizations and Society*, Vol. 26, No. 3, 237-69.

Bromwich, M. and Hopwood, A. G., eds., 1992, *Accounting and the Law*, Prentice Hall/ICAEW, London.

Burchell, S., Clubb, C. and Hopwood, A., 1985, "Accounting in its Context: Towards a History of Value Added in the United Kingdom", *Accounting, Organizations and Society*, Vol. 10, No. 4, 381-413.

Burns, J., 2000, "The Dynamics of Accounting Change Inter-Play between New Practices, Routines, Institutions, Power and Politics", *Accounting, Auditing & Accountability Journal*, Vol. 13 No. 5, 566-96.

Callon, M., 1986, "Some Elements of a Sociology of Translation: Domestication of the Scallops and the Fishermen of St Brieuc Bay", in Law, J., ed. 1986, *Power, Action and Belief: A New Sociology of knowledge?*, Routledge & Kegan Paul, London, 196-233.

Carey, J. L., 1969, *The Rise of the Accounting Profession: From Technician to Professional 1896-1936*, AICPA, New York.

Carruthers, B. and Espeland, W., 1991, "Accounting for Rationality: Double-entry Bookkeeping and the Rhetoric of Economic Rationality", *American Journal of Sociology*, Vol. 97, No. 1, 31-69.

Chamber of Commerce, 2007, *Report and Recommendations 2007*, Commission on the Regulation of the U. S. Capital Markets in the 21st Century.

Chandler, Jr., A. D., 1962, *Strategy and Structure: Chapters in the History of Industrial Enterprise*, MIT press, Cambridge MA.

Chua, W. F., 1995, "Experts, Networks and Inscriptions in the Fabrication of Accounting Images: A story of the Representation of Three Public Hospitals", *Accounting, Organizations and Society*, Vol. 20, No. 2/3, 111-45.

Clifford, J., 1985, "Objects and Selves: An Afterward", in Stocking, G., ed., 1985, *Objects and Other*, University of Wisconsin Press, Madison, 236-246.

Cooper, D. J. and Robson, K., 2006, "Accounting, Professions and Regulation: Locating the Sites of Professionalization", *Accounting, Organizations and Society*, Vol. 31, No. 4/5, 415-44.

Dechow, N. and Mouritsen, J., 2005, "On Enterprise Resource Planning Systems: The Quest for Integration and Management Control", *Accounting, Organizations and Society*, Vol. 30, No. 7/8, 691-733.

Dent, J. F., 1991, "Reality in the Making: A Study of Organizational Transformation", *International Studies of Management and Organization*, Vol. 21, No. 4, 23-36.

De Roover, R., 1963, "The Organization of Trade", in Postan, M. M., Rich, E. E. and Miller, E., eds., 1963, *Cambridge Economic History of Europe* [Vol. 3], *Economic organization and policies in the Middle Ages*, Cambridge University Press, Cambridge, 42-118.

DiMaggio, P. and Powell, W. W., 1983, "The Iron Cage Revisited: Institutional Isomorphism and Collective Rationality in Organizational Fields", *American Sociological Review*, Vol. 48, No. 2, 147-60.

Dixon-Long, T., 1971, "The Government of Science: A Comparative Approach", *Science Studies*, Vol. 1, No. 3/4, 263-86.

Drucker, P., 1967, "Frederick. W. Taylor: The Professional Management Pioneer", *Advanced Management Journal*, Vol. 32, No. 4, 8-11.

Dupoch, N. and Sunder, S., 1980, "FASB's Statements on Objectives and Elements of Financial Accounting: A Review", *The Accounting Review*, Vol. 55, No. 1, 1-21.

Englund, H. and Gerdin, J., 2011, "Agency and Structure in Management Accounting Research: Reflections and Extensions of Kilfoyle and Richardson", *Critical Perspectives on Accounting*, Vol. 22, No. 6, 581-92.

Epstein, M. J., 1978, *The Effect of Scientific Management on the Development of the Standard Cost System*, Anro Press, New York.

Fama, E. F., 1970, "Efficient Capital Markets: A Review of Theory and Empirical Work", *The Journal of Finance*, Vol. 25, No. 2, 383-417.

Ferguson, J., 2007, "Analysing Accounting Discourse: Avoiding the 'Fallacy of

Internalism'", *Accounting, Auditing & Accountability Journal*, Vol. 20, No. 6, 912-34.

Fox, N., 1998, "Foucault, Foucauldians and Sociology", *British Journal of Sociology*, Vol. 49, No. 3, 415-33.

Francis, J., 1989, "The Credibility and Legitimation of Science: A Loss of Faith in the Scientific Narrative", *Accountability in Research: Policies and Quality Assurance*, Vol. 1, No. 1, 5-22.

Freedman, J. and Power, M., 1992, "Law and Accounting: Transition and Transformation", in Freedman and Power, eds., 1992, *Law and Accountancy: Conflict and Co-operation in the 1990s*, Paul Chapman Publishing Ltd, London, 1-23.

Fuller, S., 1996, "Toward a Philosophy of Science Accounting: A Critical Rendering of Instrumental Rationality", in Power, M., ed., 1996, *Accounting and Science: Natural Inquiry and Commercial Reason*, Cambridge University Press, Cambridge, 247-80.

Hancher, L. and Moran, M., 1989, "Organizing Regulatory Space", in Hncher, L. and Moran, M., eds., 1989, *Capitalism, Culture and Economic Regulation*, Clarendon Press, Oxford, 271-99.

Harman, G., 2011, *Quentin Meillassoux: Philosophy in the Making*, Edinburgh University Press, Edinburgh.

Hindess, B., 1996, *Discourses of Power: From Hobbes to Foucault*, Blackwell Publishers, Oxford.

Hines, R., 1988, "Financial Accounting: In Communicating Reality We Construct Reality", *Accounting, Organizations and Society*, Vol. 13, No. 3, 251-61.

Hood, C., 1995, "The 'New Public Management' in the 1980s: Variations on a Theme", *Accounting, Organizations and Society*, Vol. 20, No. 2/3, 93-109.

Hopwood, A. G., 1985, "Accounting and the Pursuit of Efficiency", in Hopwood, A. G., and Tomkins, C. R., eds., 1985, *Issues in Public Sector Accounting*, Philip Allan, London, 167-87.

Hopwood, A. G., 1987, "The Archaeology of Accounting System", *Accounting, Organizations and Society*, Vol. 12, No. 3, 207-34.

Hopwood, A. G., 1988, "Accounting Research and Accounting Practice: The Ambiguous Relationship between the Two", in Hopwood, A. G., *Accounting from the Outside: The Collected Papers of Anthony G. Hopwood*, Garland, New York, 549-78.

Hopwood, A. G., 2007, "Whither Accounting Research?", *The Accounting Review*, Vol. 82, No. 5, 1365-74.

Hopwood, A. G. and Miller, P., eds., 1994, *Accounting as Social and Institutional Practice*, Cambridge University Press, Cambridge. [A. G. ホップウッド・P. ミラー, 2003, 『社会・組織を構築する会計――欧州における学際的研究――』岡野浩・國部克彦・柴健次監訳, 中央経済社。]

Hoskin, K. W. and Macve, R. H., 1986, "Accounting and the Examination: A Genealogy of Disciplinary Power", *Accounting, Organizations and Society*, Vol. 11, No. 2, 105-36.

Hughes, T. P., 1979, "The Electrification of America: The System Builders", *Technology and Culture*, Vol. 20, No. 1, 124-61.
Ijiri, Y. and Jaedicke, R. K., 1966, "Reliability and Objectivity of Accounting Measurements", *The Accounting Review*, Vol. 41, No. 3, 474-83.
Ittner, C. D. and Larcker, D. F., 2001, "Assessing Empirical Research in Managerial Accounting: A Value-based Management Perspective", *Journal of Accounting and Economics*, Vol. 32, No. 1-3, 349-410.
Jackson, M. W., 1996, "Natural and Artificial Budgets: Accounting for Goethe's Economy of Nature", in Power, M., ed., 1996, *Accounting and Science: Natural Inquiry and Commercial Reason*, Cambridge University Press, Cambridge, 57-80.
Jasanoff, S., 1990, *The Fifth Branch: Science Advisers as Policymakers*, Harvard University Press, Cambridge MA.
Jensen, M. C. and Meckling, W. H., 1976, "Theory of the Firm: Managerial Behavior, Agency Costs and Ownership Structure", *Journal of Financial Economics*, Vol. 3, No. 4, 305-60.
Johnson, H. T. and Kaplan, R. S., 1987, *Relevance Lost: The Rise and Fall of Management Accounting*, Harvard Business School Press, Boston. [H. T. ジョンソン・R. S. キャプラン, 1992, 『レレバンス・ロスト——管理会計の盛衰——』鳥居宏史訳, 白桃書房。]
Kaplan, R. S., 1998, "Innovation Action Research: Creating New Management theory and practice", *Journal of Management Accounting Research*, Vol. 10, 89-118.
Keesing, R. M., 1987, "Anthropology as Interpretive Quest", *Current Anthropology*, Vol. 28, No. 2, 161-76.
Kilfoyle, E. and Richardson, A. J., 2011, "Agency and Structure in Budgeting: Thesis, Antithesis and Synthesis", *Critical Perspectives on Accounting*, Vol. 22, No. 2, 183-99.
Knorr-Cetina, K., 1982, "Scientific Communities or Transepistemic Arenas of Research?: A Critique of Quasi-economic Models of Science", *Social Studies of Science*, Vol. 12, No. 1, 101-30.
La Follette, M., 1992, *Stealing into Print: Fraud, Plagiarism, and Misconduct in Scientific Publishing*, University of California Press, Berkeley.
Lasch, C., 1977, "Forward", in Noble, D. F., 1977, *America by Design, Science, Technology, and the Rise of Corporate Capitalism*, Oxford University Press, Oxford.
Latour, B., 1987, *Science in Action: How to Follow Scientists and Engineers Through Society*, Harvard University Presss, Cambridge MA. [B. ラトゥール, 1999, 『科学が作られているとき——人類学的考察——』川崎勝・高田紀代志訳, 産業図書。]
Latour, B., 1993, *We Have Never Been Modern*, trans. Porter, C., Harvard University Press, Cambridge MA. [B. ラトゥール, 2008, 『虚構の「近代」——科学人類学は警告する——』川村久美子訳, 新評論。]
Latour, B., 2005, *Reassembling the Social: An Introduction to Actor-Network Theory*, Oxford University Press, Oxford.

Latour, B., 2013, *An Inquiry of Modes of Existence: An Anthropology of the Modern*, trans. Porter, C., Harvard University Press, Cambridge.

Latour, B. and Woolgar, S., 1979, *Laboratory Life: The Construction of Scientific Facts*, Sage, Los Angeles. [(1986), *Laboratory Life: The Construction of Scientific Facts* (2nd ed.), Princeton University Press, Prinston.]

Law, J. and Hassard, J., eds., 1999, *Actor Network Theory and After*, Blackwell Publishing, Oxford.

Lenoir, T., 1988, "Practice, Reason, Context: The Dialogue between Theory and Experiment", *Science in Context*, Vol. 2, No. 1, 3-22.

Littleton, A. C. 1933, *Accounting Evolution to 1900*, American Institute Publishing Co., New York.[A. C. リトルトン, 1978, 『リトルトン会計発達史』片野一郎訳, 同文舘出版。]

Lounsbury, M., 2008, "Institutional Rationality and Practice Variation: New Directions in the Institutional Analysis of Practice", *Accounting, Organizations and Society*, Vol. 33, No. 4/5, 349-61.

Luhmann, N., 1985, "The Self-Reproduction of Law and its Limits", in Teubner, G., ed., 1985, *Dilemmas of Law in the Welfare State*, De Gruyter, Berlin, 111-127.

Luhmann, N., 1987, "Closure and Openness: On Reality in the World of Law", in Teubner, G., ed., 1987, *Juridification of Social Spheres: A Comparative Analysis in the Areas of Labor, Corporate, Antitrust and Social Walfare Law*, De Gruyter, Berlin, 335-48.

Luhmann, N., 1989, "Law as a Social System", *Northwestern University Law Review*, Vol. 83, No. 1/2, 136-50. [N. ルーマン, 1991,「社会システムとしての法」河上倫逸訳, 河上倫逸編, 1991,『社会システム論と法の歴史と現在』未来社所収, 387-412。]

Lyas, C., 1984, "Philosophers and Accountants", *Philosophy*, Vol. 59, No. 227, 99-110.

Lyas, C., 1993, "Accounting and Language", in Mumford and Peasnell, 1993, 156-76.

Macdonald, K. M., 1995, *The Sociology of the Professions*, Sage Publications, London.

Macdonald, K. M., 2000, "A Professional Project: The Case of Accountancy", in Edwards, J. R., ed., *The History of Accounting: Critical Perspectives on Business and Management, Vol. 4: Professionalization of Accounting*, Routledge, London, 36-59.

March, J. G., 1987, "Ambiguity and Accounting: The Elusive Link between Information and Decision Making", *Accounting, Organizations and Society*, Vol. 12, No. 2, 153-68.

Mattessich, R., 1978, *Instrumental Reasoning and Systems Methodology: An Epistemology of the Applied and Social Sciences*, D. Reidel Publishing Company, Dordrecht.

Mattessich, R., 1987, "Prehistoric Accounting and the Problem of Representation: On Recent Archeological Evidence of the Middle-East From 8000 B. C. to 3000 B. C.", *The Accounting Historians Journal*, Vol. 14, No. 2, 71-91.

Mattessich, R., 1994, "Archaeology of Accounting and Schumandt-Besserat's Contribution", *Accounting Business and Financial History*, Vol. 4, No. 1, 5-28.

McKernan, J. F., 2007, "Objectivity in Accounting", *Accounting, Organizations and Society*, Vol. 32, No. 1/2, 155-80.

McPhail, K. and Walters, D., 2009, *Accounting and Business Ethics: An Introduction*, Routledge; London.

McWatters, C. S. and Lemarchand, Y., 2013 "Merchant Networks and Accounting Discourse: The Role of Accounting Transactions in Network Relations", *Accounting History Review*, Vol. 23, No. 1, 49-83.

Merton, R., 1973, *The Sociology of Science*, Chikago University Press, Chicago.

Meyer, J. W. and Rowan, B., 1977, "Institutionalized Organizations: Formal Structure as Myth and Ceremony", *American Journal of Sociology*, Vol. 83, No. 2, 340-63.

Miller, P., 1991a, "Accounting Innovation beyond the Enterprise: Problematizing Investment Decisions and Programming Economic Growth in the U. K. in the 1960s", *Accounting, Organizations and Society*, Vol. 16, No. 8, 733-62.

Miller, P., 1991b, "The New Accounting History: An Introduction", *Accounting, Organizations and Society*, Vol. 16, No. 5/6, 395-403.

Miller, P., 1994, "Accounting and Objectivity: The Invention of Calculating Selves and Calculable Spaces", in Megill, A., ed., 1994, *Rethinking Objectivity*, Duke University Press, Durham, 239-64.

Miller, P. and Napier, C., 1993, "Genealogies of Calculation", *Accounting, Organizations and Society*, Vol. 18, No. 7/8, 631-647.

Miller, P. and O'Leary, T., 1987, "Accounting and the Construction of the Governable Person", *Accounting, Organizations and Society*, Vol. 12, No. 3, 235-65.

Miller, P. and Power, M., 1992, "Accounting, Law and Economic Calculation", in Bromwich, and Hopwood, 1992, 230-253.

Miller, P. and Rose, N., 1988, "The Tavistock Programme: The Government of Subjectivity and Social Life", *Sociology*, Vol. 22, No. 2, 171-92.

Miller, P. and Rose, N., 1990, "Governing Economic Life", *Economy and Society*, Vol. 19, No. 1, 1-31.

Miranti, Jr., P. J., 1986, "Associationalism, Statism, and Professional Regulation: Public Accountants and the Reform of the Financial Markets, 1986-1940", *The Business History Review*, Vol. 60, No. 3, 438-68.

Miranti, Jr., P. J., 1988, "Professionalism and Nativism: The Competition in Securing Public Accountancy Legislation in New York During the 1890s", *Social Science Quarterly*, Vol. 69, No. 2, 361-80.

Morley, I. and Renfrew, C., eds., 2010, *The Archaeology of Measurement: Comprehending Heaven, Earth and Time in Ancient Societies*, Cambridge University Press, Cambridge.

Mouck, T., 2004, "Institutional Reality, Financial Reporting and the Rules of the Game", *Accounting, Organizations and Society*, Vol. 29, No. 5/6, 525-41.

Mouritsen, J., Larsen, H. T. and Bukh, P. N. D., 2001, "Intellectual Capital and the 'Capable Firm': Narrating, Visualising and Numbering for Managing Knowledge",

Accounting, Organizations and Society, Vol. 26, No. 7/8, 735-62.
Mumford, M. J. and Peasnell, K. V., eds., 1993, *Philosophical Perspectives on Accounting: Essays in Honour of Edward Stamp*, Routledge, London.
Nadasdy, P., 2003, *Hunters and Bureaucrats: Power, Knowledge, and Aboriginal-State Relations in Southwest Yukon*, UBC Press, Vancouver.
Noble, D. F., 1977, *America by Design: Science, Technology, and the Rise of Corporate Capitalism*, Oxford University Press, Oxford.
Ogden, S. G., 1997, "Accounting for Organizational Performance: The Construction of the Customer in the Privatized Water Industry", *Accounting, Organizations and Society*, Vol. 22, No. 6, 529-56.
Origo, I., 1957, *The Merchant of Prato: Francesco di Marco Datini 1335-1410*, Jonathan Cape, London. [I. オリーゴ, 1997, 『プラートの商人——中世イタリアの日常生活——』篠田綾子訳, 白水社。]
Peragallo, E., 1938, *Origin and Evolution of Double Entry Bookkeeping: A Study of Italian Practice from the 14th Century*, American Institute Pub. Co., New York.
Pinch, T. and Bijker, W. E., 1987, "The Social Construction of Facts and Artifacts: Or How the Sociology of Science and the Sociology of Technology Might Benefit Each Other", in Bijker, *et al.*, eds., 1987, 17-50.
Power, M., 1986, "Taking Stock: Philosophy and Accountancy", *Philosophy*, Vol. 61, No. 237, 387-94.
Power, M., 1988, "Buchdahl and Rorty on Kand and the History of Philosphy", in Woolhouse, R. S., ed., 1988, *Metaphysics and Philosophy of Science in the Seventeenth and Eighteenth Centuries*, Kluwer Academic Pubilishers, Holland, 265-79.
Power, M., 1993a, "On the Idea of a Conceptual Framework for Financial Reporting", in Mumford and Peasnell, 1993, 44-61.
Power, M., 1993b, "Habermas and Transcendental Arguments: A Reappraisal", *Philosophy of the Social Sciences*, Vol. 23, No. 1, 26-49.
Power, M., 1994a, "Constructing the Responsible Organization: Accounting and Environmental Representation", in Teubner, *et al.*, 1994, 369-92.
Power, M., 1994b, "The Audit Society", in Hopwood, and Miller, 1994, 299-316.
Power, M., 1994c, *The Audit Explosion*, Demos, London.
Power, M., 1996a, "Introduction: From the Science of Accounts to the Financial Accountability of Science", in Power, M., ed., 1996, *Accounting and Science: Natural Inquiry and Commercial Reason*, Cambridge University Press, Cambridge, 1-35.
Power, M., 1996b, "Habermas and the Counterfactual Imagination", *Cardozo Law Review*, Vol. 17, No. 4/5, 1005-25.
Power, M., 1997, *The Audit Society: Rituals of Verification*, Oxford University Press, Oxford. [M. パワー, 2003, 『監査社会——検証の儀式化——』國部克彦・堀口真司訳, 東洋経済新報社。]

Power, M., 2000a, "The Audit Society: Second Thought", *International Journal of Auditing*, Vol. 4, No. 1, 111-9.

Power, M., 2000b, *The Audit Implosion: Regulating Risk from the Inside*, ICAEW, London.

Power, M., 2007, *Organized Uncertainty: Designing a World of Risk Management*, Oxford University Press, Oxford. [M. パワー, 2011, 『リスクを管理する――不確実性の組織化――』堀口真司訳, 中央経済社。]

Power, M., 2011, "Foucault and Sociology", *Annual Review of Sociology*, Vol. 37, 35-56.

Power, M. and Laughlin, R., 1992, "Critical Theory and Accounting", in Alvesson, M. and Willmott, H., eds., 1992, *Critical Management Studies*, Sage, London.

Preston, A. M., Cooper, D. J. and Coombs, R. W., 1992, "Fabricating Budgets: A Study of the Production of Management Budgeting in the National Health Service", *Accounting, Organizations and Society*, Vol. 17, No. 6, 561-93.

Quattrone, P., 2004, "Accounting for God: Accounting and Accountability Practices in the Society of Jesus, Italy, XVI-XVII centuries", *Accounting, Organizations and Society*, Vol. 29, No. 7, 647-83.

Reed, M. I., 1996, "Expert Power and Control in Late Modernity: An Empirical Review and Theoretical Synthesis", *Organization Studies*, Vol. 17, No. 4, 573-98.

Remington, J., 1988, "Beyond Big Science in America: The Binding of Inquiry", *Social Studies of Science*, Vol. 18, No. 1, 45-72.

Roberts, J., 1990, "Strategy and Accounting in a U. K. Conglomerate", *Accounting, Organizations and Society*, Vol. 15, No. 1/2, 107-26.

Robson, K., 1991, "On the Arenas of Accounting Change: The Process of Translation", *Accounting, Organizations and Society*, Vol. 16, No. 5/6, 547-70.

Robson, K., 1992, "Accounting Numbers as 'Inscription': Action at a Distance and the Development of Accounting", *Accounting, Organizations and Society*, Vol. 17, No. 7, 685-708.

Rose, N., 1988, "Calculable Minds and Manageable Individuals", *History of the Human Sciences*, Vol. 1, No. 2, 179-200.

Rose, N., 1999, *Governing the Soul: The Shaping of the Private Self* (Second Edition), Free Assocciation Books, London. [N. ローズ, 2016, 『魂を統治する――私的な自己の形成――』堀内進之介・神代健彦訳, 以文社。]

Rose, N. and Miller, P., 1992, "Political Power Beyond the State: Problematics of Government", *British Journal of Sociology*, Vol. 43, No. 2, 173-205.

Schmandt-Besserat, D., 1986, "The Origins of Writing: An Archaeologist's Perspective", *Written Communication*, Vol. 3, No. 1, 31-45.

Schmandt-Besserat, D., 1996, *How Writing Came About*, University of Texas Press, Austin. [D. シュマント‐ベッセラ, 2008, 『文字はこうして生まれた』小口好昭・中田一郎訳, 岩波書店。]

Schmandt-Besserat, D., 2010, "The Token System of the Ancient Near East: Its Role in Counting, Writing, the Economy and Cognition", in Morley and Renfrew, eds., 2010, 27-34.

Shapiro, B. P., 1997, "Objectivity, Relativism, and Truth in External Financial Reporting: What's Really at Stake in the Disputes?", *Accounting, Organizations and Society*, Vol. 22, No. 2, 165-85.

Sombart, W., 1953, "Medieval and Modern Commercial Enterprise", in Lane, F. C. and Riemersma, J. C., eds., 1953, *Enterprise and Secular Change*, George Allen and Unwin Ltd., London, 25-40.

Stamp, E., 1981, "Why Can Accounting Not Become a Science Like Physics?", *ABACUS*, Vol. 17, No. 1, 13-27.

Sterling, R. R., 1988, "Confessions of a Failed Empiricist", *Advances in Accounting*, Vol. 6, 3-35.

Stigler, G. J., 1971, "The Ttheory of Economic Regulation", *The Bell Journal of Economics and Management Science*, Vol. 2, No. 1, 3-21.

Stone, C., 1974, *Should Trees Have Standing? Toward Legal Rights for Natural Objects*, William Kaufmann CA, Los Altos.

Strathern, M., 1997, "'Improving ratings': Audit in the British University System", *European Review*, Vol. 5, No. 3, 305-21.

Strathern, M., ed., 2000, *Audit Cultures*, Routledge, Abingdon.

Suddaby, R., Cooper, D. J. and Greenwood, R., 2007, "Transnational Regulation of Professional Services: Governance Dynamics of Field Level Organizational Change", *Accounting, Organizations and Society*, Vol. 32, No. 4/5, 333-62.

Teubner, G., ed., 1985, *Dilemmas of Law in the Welfare State*, De Gruyter, Berlin.

Teubner, G., 1987, "Juridification: Concepts, Aspects, Limits, Solutions", in Teubner, ed., 1987, *Juridification of Social Spheres: A Comparative Analysis in the Areas of Labor, Corporate, Antitrust and Social Walfare Law*, De Gruyter, Berlin, 3-48. [G. トイプナー, 1990, 「法化──概念, 特徴, 限界, 回避策──」樫沢秀木訳, 『九大法学』第59号, 235-92。]

Teubner, G., Farmer, L. and Murphy, D., eds., 1994, *Environmental Law and Ecological Responsibility: The Concept and Practice of Ecological Self-Organization*, John Wiley, Chichester.

Tinker, A. M., Merino, B. D. and Neimark, M. D., 1982, "The Normative Origins of Positive Theories: Ideology and Accounting Thought", *Accounting, Organizations and Society*, Vol. 7, No. 2, 167-200.

Watts, R. L. and Zimmerman, J. L., 1986, *Positive Accounting Theory*, Prentice-Hall, New Jersey. [R. L. ワッツ・J. L. ジマーマン, 1991, 『実証理論としての会計学』須田一幸訳, 白桃書房。]

Weber, M., 1927, *General Economic History*, trans. by Knight, F. H., The Free Press, Glencoe.

Weber, M., 1978, *Economy and Society: An Outline of Interpretive Sociology*, Roth, G. and Wittich, C., eds., University of California Press, Berkeley.

Weber, M., 1981, *General Economic History*, trans. by Knight, Transaction Books, London.

Willmott, H., 1986, "Organizing the Profession: A Theoretical and Historical Examination of the Development of the Major Accountancy Bodies in the UK", *Accounting, Organizations and Society*, Vol. 22, No. 8, 831-42.

Willmott, H., Cooper, D. J. and Puxty, T., 2000, "Maintaining Self-Regulation: Making 'Interest' Coincide in Discourses on the Governance of ICAEW", in Edwards, J. R., ed., 2000, *The History of Accounting: Critical Perspectives on Business and Management, Vol. 4: Professionalization of Accounting*, London, Routledge, 344-74.

Yamey, B. S., 1949, "Scientific Bookkeeping and the Rise of Capitalism", *The Economic History Review*, Second Series, Vol. 1, No. 2/3, 99-113.

Yamey, B. S., 1964, "Accounting and the Rise of Capitalism: Further Notes on a Theme by Sombart", *Journal of Accounting Research*, Vol. 2, No. 2, 117-36.

Zimmerman, J. L., 2001, "Conjectures Regarding Empirical Managerial Accounting Research", *Journal of Accounting and Economics*, Vol. 32, No. 1-3, 411-27.

H. アレント, 1994, 『人間の条件』志水速雄訳, ちくま学芸文庫。

H. アレント, 2007, 『責任と判断』中山元訳, 筑摩書房。

L. ウィトゲンシュタイン, 1975, 「論理哲学論考」『ウィトゲンシュタイン全集1』奥雅博訳, 大修館書店。

L. ウィトゲンシュタイン, 1976, 「哲学探究」『ウィトゲンシュタイン全集8』藤本隆志訳, 大修館書店。

B. ウィン, 2001, 「遺伝子組換え作物のリスクと倫理をめぐる専門家による言説構成——公共性を疎外する構造はいかにして織り成されるのか——」塚原東吾訳『現代思想』第29巻第10号, 100-128。

N. ウェイド, 1992, 『ノーベル賞の決闘』丸山工作・林泉訳, 岩波書店。

M. ウェーバー, 1974, 『法社会学』世良晃志郎訳, 創文社。

M. ウェーバー, 1989, 『プロテスタンティズムの倫理と資本主義の精神』大塚久雄訳, 岩波文庫。

D. オーウェン, 2003, 『成熟と近代——ニーチェ・ウェーバー・フーコーの系譜学——』宮原浩二郎・名部圭一訳, 新曜社。

R. カーソン, 1974, 『沈黙の春』青樹築一訳, 新潮社。

H.-G. ガダマー, 1983, 「修辞学, 解釈学, イデオロギー批判——『真理と方法』のためのメタ批判的論究——」『静岡大学教養部研究報告（人文・社会科学篇）』第19巻第1号, 69-87。

T. クーン, 1971, 『科学革命の構造』中山茂訳, みすず書房。

J. クリフォード, 1996, 「序論——部分的真実——」, J. クリフォード& J. マーカス（編）『文化を書く』春日直樹・足羽與志子・橋本和也・多和田裕司・西川麦子・和迩悦子訳, 紀伊國屋書店, 所収, 1-50。

A. クロスビー, 2003, 『数量化革命——ヨーロッパ覇権をもたらした世界観の誕生——』小沢千重子訳, 紀伊国屋書店。

J. W. ゲーテ, 2000, 『ヴィルヘルム・マイスターの修業時代（上）』山崎章甫訳, 岩波文庫。

参考文献

H. ゴチェフスキ編著，2007，『東大駒場連続講義——知の遠近法——』講談社選書メチエ。
M. サーリンズ，1993，『歴史の島々』山本真鳥訳，法政大学出版局。
S. ジャザノフ，2015，『法廷に立つ科学——「法と科学」入門——』渡辺千原・吉良貴之訳，勁草書房。
R. R. スターリング，1995，『科学的会計の理論』塩原一郎訳，税務経理協会。
M. ストラザーン，2015，『部分的つながり』大杉高司・浜田明範・田口陽子・丹波充・里見龍樹訳，水声社。
M. ストラザーン，2016，「歴史のモノたち——出来事とイメージの解釈——」深川宏樹訳『現代思想』第44巻第5号，80-97。
W. ゾンバルト，1942，『近世資本主義』岡崎次郎訳，生活社。
W. ゾンバルト，2016，『ブルジョワ：近代経済人の精神史』金森誠也訳，講談社学術文庫。
S. A. タイラー，1996，「ポストモダンの民族誌」，J. クリフォード・J. マーカス編著『文化を書く』春日直樹・足羽與志子・橋本和也・多和田裕司・西川麦子・和迩悦子訳，紀伊國屋書店，所収，227-259。
L. ダ・ヴィンチ，1954，『レオナルド・ダ・ヴィンチの手記（上）』杉浦明平訳，岩波文庫。
G. タルド，2008，『社会法則——モナド論と社会学——』村澤真保呂・信友建志訳，河出書房新社。
E. テイラー，2017，「ルカ・パチョーリの生涯」片岡泰彦訳，『Accounting, Arithmetic, and Art Journal』（日本パチョーリ協会）第33巻，1-10。
F. W. テイラー，2009，『［新訳］科学的管理法——マネジメントの原点——』有賀裕子訳，ダイヤモンド社。
G. トイプナー，1990，「法化——概念，特徴，限界，回避策——」樫沢秀木訳，『九大法学』第59号，235-92。
G. トイプナー，1994，『オートポイエーシス・システムとしての法』土方透・野崎和義訳，未来社。
E. トレルチ，1980，『歴史主義とその諸問題（上）』近藤勝彦訳，ヨルダン社。
E. トレルチ，1982，『歴史主義とその諸問題（中）』近藤勝彦訳，ヨルダン社。
E. トレルチ，1988，『歴史主義とその諸問題（下）』近藤勝彦訳，ヨルダン社。
F. ニーチェ，1993，『善悪の彼岸／道徳の系譜（ニーチェ全集Ⅱ）』信太正三訳，ちくま学芸文庫。
J. ハーバーマス，1987，『コミュニケイション的行為の理論（下）』丸山高司・丸山徳次・厚東洋輔・森田数実・馬場孚瑳江・脇圭平訳，未来社。
J. ハーバーマス，1991，『社会科学の論理によせて』清水多吉・波平恒男・木前利秋・西阪仰訳，国文社。
J. ハーバーマス，1994，『公共性の構造転換——市民社会の一カテゴリーについての探求——（第2版）』細谷貞雄・山田正行訳，未来社。
J. ハーバーマス，2000，『近代——未完のプロジェクト——』三島憲一訳，岩波現代文庫。
J. ハーバーマス，2002，『事実性と妥当性——法と民主的法治国家の討議理論に関する研究——（上）』河上倫逸・耳野健二訳，未来社。
J. ハーバーマス，2003，『事実性と妥当性——法と民主的法治国家の討議理論に関する研究——（下）』河上倫逸・耳野健二訳，未来社。

J. ハーバーマス，2005，『討議倫理』清水多吉・朝倉輝一訳，法政大学出版局。
J. ハーバーマス，2014，『近代の哲学的ディスクルスⅠ』三島憲一・轡田収・木前利秋・大貫敦子訳，岩波オンデマンドブックス。
O. D. バルザック，2013，『役人の生理学』鹿島茂訳，講談社学術文庫。
M. フーコー，1974，『言葉と物——人文科学の考古学——』渡辺一民・佐々木明訳，新潮社。
M. フーコー，1975，『狂気の歴史——古典主義時代における——』田村俶訳，新潮社。
M. フーコー，1977，『監獄の誕生——監視と処罰——』田村俶訳，新潮社。
M. フーコー，1981，『知の考古学』中村雄二郎訳，河出書房新社。
M. フーコー，2011，『臨床医学の誕生』神谷美恵子訳，みすず書房。
G. W. F. ヘーゲル，1994，『歴史哲学講義（上）』長谷川宏訳，岩波文庫。
T. M. ポーター，2013，『数値と客観性——科学と社会における信頼の獲得——』藤垣裕子訳，みすず書房。
K. ポパー，1961，『歴史主義の貧困——社会科学の方法と実践——』久野収・市井三郎訳，中央公論社。
K. ポパー，1980a，『開かれた社会とその敵（第一部）——プラトンの呪文——』内田詔夫・小河原誠訳，未来社。
K. ポパー，1980b，『開かれた社会とその敵（第二部）——予言の大潮——』内田詔夫・小河原誠訳，未来社。
K. ポパー，1980c，『推測と反駁』藤本隆志・石垣壽郎・森博訳，法政大学出版会。
H. R. マトゥラーナ・F. J. ヴァレラ，1991，『オートポイエーシス』河本英夫訳，国文社。
L. マンフォード，1972，『技術と文明』生田勉訳，美術出版社。
Q. メイヤスー，2016，『有限性の後で——偶然性の必然性についての試論』千葉雅也・大橋完太郎・星野太訳，人文書院。
B. ラトゥール，2008，『虚構の「近代」——科学人類学は警告する——』川村久美子訳，新評論。
B. ラトゥール，2017，『法が作られているとき——近代行政裁判の人類学的考察——』堀口真司訳，水声社。
J. R. ラベッツ，1977，『批判的科学——産業化科学の批判のために——』中山茂訳，秀潤社。
L. ランケ，1998，『世界史の流れ——ヨーロッパの近・現代を考える——』村岡哲訳，ちくま学芸文庫。
J. リオタール，1986，『ポスト・モダンの条件——知・社会・言語ゲーム——』小林康夫訳，水声社。
N. ルーマン，1992，『改訳版　エコロジーの社会理論』土方昭訳，新泉社。
C. レヴィ-ストロース，1976，『野生の思考』大橋保夫訳，みすず書房。

青柳文司，1998，『会計物語と時間』多賀出版。
綾部広則，2001，「来るべき科学論へ向けて——ポストSSK時代の課題——」『現代思想』第29巻第10号，211-27。
綾部広則，2006，「技術の社会的構成とは何か」『赤門マネジメント・レビュー』第5巻第1号，1-18。

参考文献

飯田隆，1997，『ウィトゲンシュタイン――言説の限界――』講談社。
池内了，2015，「『大学改革』と日本の将来」『現代思想』第43巻第17号，42-8。
石原あえか，2010，『科学する詩人ゲーテ』慶応義塾大学出版会。
井尻雄士，1976，『会計測定の理論』東洋経済新報社。
井尻雄士，1979，「会計測定の理論」黒澤清（総編集）井尻雄士（責任編集）『体系近代会計学Ⅲ　会計測定の理論』中央経済社。
居波邦泰，2006，「タックス・シェルターに対する税務行政のあり方――日本版LLPへの対応を考慮に入れて――」『税務大学校論叢』第52号，425-642。
上野千鶴子編，2001，『構築主義とは何か』勁草書房。
内山融・伊藤武・岡山裕編著，2012，『専門性の政治学――デモクラシーとの相克と和解――』ミネルヴァ書房。
占部都美，1980，「モーティベーションにおける欲求理論と期待理論」『国民経済雑誌』第142巻第2号，53-77。
江口厚仁，1990，「法システムの自己組織性」『九大法学』第60号，1-104。
隠岐さや香，2015，「簿記とシェイクスピア――『人文社会科学系批判』言説によせて――」『現代思想』第43巻第17号，122-31。
小口好昭，1995a，「数と文字の祖形としてのトークン会計――ドゥニス・シュマント-ベッセラ理論の研究」『経済学論纂（中央大学）』第36巻第1・2合併号，61-81。
小口好昭，1995b，「トークン会計の現代的意義――シュマント-ベッセラ理論の波紋――」『會計』第148巻第2号，98-114。
影浦亮平，2015，「カンタン・メイヤスーの思弁的唯物論」『国際言語文化』第1号，19-30。
加護野忠男，2013，『経営はだれのものか――協働する株主による企業統治再生――』日本経済新聞出版社。
嘉治元郎，1992，『アメリカの経済―輝きと翳り』弘文堂。
春日直樹，2007，『＜遅れ＞の思考――ポスト近代を生きる――』東京大学出版会。
春日直樹，2011，『現実批判の人類学――新世代のエスノグラフィへ――』世界思想社。
金森修，1996，「科学の人類学――ブルーノ・ラトゥール試論――」『現代思想』第24巻第6号，288-307。
金森修，2000a，「科学論／生命論」『現代思想』第28巻第3号，170-75。
金森修，2000b，『サイエンス・ウォーズ』東京大学出版会。
金森修，2001，「科学論」『現代思想』第29巻第15号，156-9。
金森修・近藤和敬，2014，「科学批判学の未来」『現代思想』第42巻第12号，126-44。
金森修・中島秀人編著，2002，『科学論の現在』勁草書房。
金森修・野家啓一，2000，「サイエンス・スタディーズ1950-2000」『現代思想』第28巻第3号，224-45。
金子宏，2007，『租税法』弘文堂。
河上倫逸，1991，『社会システム論と法の歴史と現在』未来社。
河本英夫，1991，「解題」マトゥラーナ・ヴァレラ，『オートポイエーシス』国文社，所収，248-314。
姜尚中，2003，『マックス・ウェーバーと近代』岩波現代文庫。
金融庁，2008，『内部統制報告制度に関する11の誤解』

久保明教，2016，「方法論的独他論の現在――否定形の関係論にむけて――」『現代思想』第44巻第5号，190-201。

粂原麻里生，2007，「形態・時空・言葉――シェルドレイクの形態共鳴説とゲーテ的自然学の可能性――」『モルフォロギア――ゲーテと自然科学』第29号，2-17。

黒積俊夫，1995，「確実性の問題――デカルト‐カント‐ウィトゲンシュタイン」『名古屋大学文学部研究論集（哲学）』第41巻，5-26。

國部克彦，1999，『社会と環境の会計学』中央経済社。

小林傳司，2002，「科学コミュニケーション――専門家と素人の対話は可能か――」金森修・中島秀人編著『科学論の現在』勁草書房，所収，117-47。

佐藤真一，2006，「ランケにおける近代歴史学の確立――『近世歴史家批判』（1824）を中心に――」『国立音楽大学研究紀要』第40号，204-93。

清水太郎，2000，「社会科学におけるオートポイエーシス」『現代思想』第28巻第3号，162-5。

杉田敦，1996，「啓蒙と批判――カント・フーコー・ハバーマスについての断章――」『法学志林』第93巻第3号，31-68。

中居文治，2015，「引用の作法――引用の観点からみた『ゲーテと複式簿記』――」『九州情報大学研究論集』第17巻，51-64。

中島秀人，2000，「テクノロジーの社会的構成」金森修・中島秀人編著『科学論の現在』勁草書房，所収。

中村宣一朗，1992，『会計規制』税務経理協会。

中山茂，1989，「体制化科学の構造分析のために」『歴史と社会』第9号，25-42。

平川秀幸，2001，「科学・技術と公共空間――テクノクラシーへの抵抗の政治のための覚え書き――」『現代思想』第29第10号，195-207。

平川秀幸，2002，「実験室の人類学――実践としての科学と懐疑主義批判――」金森修・中島秀人編『科学論の現在』勁草書房所収，23-62。

廣重徹，2002a，『科学の社会史（上）――戦争と科学――』岩波現代文庫。

廣重徹，2002b，『科学の社会史（下）――経済成長と科学――』岩波現代文庫。

藤垣裕子，2003，『専門知と公共性――科学技術社会論の構築へ向けて――』東京大学出版会。

本庄資，2003，『アメリカン・タックスシェルター　基礎研究』税務経理協会。

本庄資，2007，『国際的脱税・租税回避防止策』大蔵財務協会。

三木正幸，1991，「会計数値の対象と忠実性」『産業経理』第50巻第4号，29-36。

村上陽一郎，2000，『科学の現在を問う』講談社現代新書。

村上陽一郎，1982，「重ねて『無知の権利』」『世界』第438号，19-22。

森信茂樹，2016，「BEPSと租税回避への対応―――般否認規定（GAAR）の整備を――」財務省財務総合政策研究所『フィナンシャル・レビュー』第126号，5-16。

山本清，2016，「公会計制度改革に関する研究レビュー――発生主義情報の効果を中心にして――」『新しい地方公会計の理論，制度，および活用実践』（日本会計研究学会第75回大会特別委員会最終報告［山浦久司委員長］），19-33。

索　引

あ　行

アカウンタビリティ…… 8, 22, 48, 124, 148, 169
アクターネットワーク理論……… 48, 100, 187
インフォームド・コンセント………… 145, 197
失われた環………………………………… 207
埋め込まれた機能性……………………… 48
エージェンシー理論……………………… 55
遠隔操作………………………… 71, 90, 96
遠近法……………………………… 3, 224
大いなる外部……………………………… 213
大きな物語………………………………… 185
オートポイエシス・システム………… 106, 108

か　行

会計規制………………………………… 102
会計専門家……………………………… 164
会計専門職業家………………… 16, 165, 167
会計測定………………………… 19, 132, 158
会計テクノクラート…………………… 169
会計理論………………………………… 20
概念フレームワーク………………… 136, 174
科学性………………………………… 32, 35, 47
科学的会計観………………………… 133, 158
科学的管理法…………………………… 30, 83
科学の権威性…………………………… 21, 32
科学の公衆理解……………………… 23, 148
科学の産業化…………………………… 142
科学の中立性…………………………… 143
課税法律主義…………………………… 129
語りえぬモノ…………………………… 220
監査社会………………………………… 190
監査文化………………………… 184, 189, 194
管理可能性……………………………… 70
官僚的な再帰性………………………… 195
技術革新………………………………… 25

技術決定論……………………………… 39
技術の構築性…………………………… 50
規制のトリレンマ…………… 113, 118, 192
規制理論………………………………… 56
基礎言語………………………………… 8
期待ギャップ…………………………… 162
規範的閉鎖性…………………………… 110
既判力…………………………………… 157
規模の経済……………………………… 29
客観性………………………………… 156, 159
巨大科学…………………………… 22, 143
規律訓練権力…………………………… 79
近代………………………………… 61, 177
近代会計………………………………… 4, 63
近代性批判……………………………… 50
近代的管理法…………………………… 29
経済人類学……………………………… 42
計算可能な空間………………………… 70
計算可能な人間………………………… 69
計算の中心…………………………… 90, 92
系統的懐疑主義………………………… 177
減価償却………………………………… 18
言語ゲーム………………………… 206, 221
公正価値………………………………… 169
効率市場仮説…………………………… 55
コスト見積表…………………………… 26
コンセンサス会議……………………… 148
コンテクスト………………………… 47, 217

さ　行

サーベンス・オックスリー法……… 102, 120
システム理論……………………… 108, 115
自然主義………………………………… 58
自然法主義……………………………… 138
自然法則…………………………… 138, 213
実質優先主義…………………………… 104
実証主義会計………………………… 19, 55

思弁的実在論	211
資本主義	14
社会学	35
社会決定論	39
社会ダーウィニズム	10
写像	206, 221
商業主義	167
情報	161
新自由主義	53, 169
新制度派組織論	33
スムマ	2, 13
正統性	42, 56
全体主義	63
専門家	156, 164
専門職業家	16, 165
相関主義	211, 212
即時売却価額	18, 134
租税公平主義	129
存在論	62
存在論的転回	186, 201

た 行

対象性	156
多自然主義	40
タックス・プランニング	123
知の考古学	78
超限数	IV, 214
テクノクラシー	141, 170
討議の民主主義	149
当事者対抗主義	146
統治技術	71, 127
統治性	48
トークン	205

な 行

内部統制	120, 191
二項コード	110, 115
ニュー・パブリック・マネジメント	124, 191

人間というカテゴリー	78
認識論	62
認知的開放性	110

は 行

パースペクティヴ	3
パノプティコン	VI, 81
パラダイム	57
反証主義	39, 50
判断	134, 162
反本質主義	49
ピースミール工学	59, 62
標準原価計算	31, 69, 82
表象	186, 210
頻度の計算	214
複式簿記	13, 14
ブラックボックス	89
法化	103, 105, 111
法実証主義	138
法的会計観	133, 160
法と科学	144, 154
ポスト近代	184, 199
翻訳	88, 100

ま 行

ミッションステートメント	196
ミッションの再定義	6
無知の権利	152, 179
銘刻	91, 94
物自体	211

や 行

予算	25, 69, 83, 93

ら 行

理性	73, 174
理想的発話状況	174

理論的閉鎖性……………………… 50	歴史主義……………………………… 58
ルネサンス……………………… 1, 12	レレバンス・ロスト………………… 53
歴史……………… 60, 78, 212, 216	論理実証主義…………………… 39, 50

〈著者紹介〉

堀口 真司（ほりぐち　しんじ）

神戸大学大学院経営学研究科准教授　博士（経営学）神戸大学（2006年）

主な論文：「エンロン，ワールドコム事件の倫理的側面」『国民経済雑誌』（2012年），「科学不正事件の倫理的側面」『国民経済雑誌』（2018年）。

主な訳書：『監査社会』（M. パワー著，共訳，東洋経済新報社，2003年），『リスクを管理する』（M. パワー著，中央経済社，2011年）。

会計社会学――近代会計のパースペクティヴ――

2018年10月20日　第1版第1刷発行

著　者	堀　口　真　司
発行者	山　本　　　継
発行所	㈱中央経済社
発売元	㈱中央経済グループパブリッシング

〒101-0051　東京都千代田区神田神保町1-31-2
電話　03（3293）3371（編集代表）
　　　03（3293）3381（営業代表）
http://www.chuokeizai.co.jp/
印刷／東光整版印刷㈱
製本／誠　製　本㈱

© 2018
Printed in Japan

＊頁の「欠落」や「順序違い」などがありましたらお取り替えいたしますので発売元までご送付ください。（送料小社負担）

ISBN978-4-502-28401-4 C3034

JCOPY〈出版者著作権管理機構委託出版物〉本書を無断で複写複製（コピー）することは，著作権法上の例外を除き，禁じられています。本書をコピーされる場合は事前に出版者著作権管理機構（JCOPY）の許諾を受けてください。

JCOPY〈http://www.jcopy.or.jp　e メール：info@jcopy.or.jp　電話：03-3513-6969〉

── ■おすすめします■ ──

学生・ビジネスマンに好評
■最新の会計諸法規を収録■

新版 会計法規集

中央経済社編

会計学の学習・受験や経理実務に役立つことを目的に，最新の会計諸法規と企業会計基準委員会等が公表した会計基準を完全収録した法規集です。

《**主要内容**》

会計諸基準編＝企業会計原則／外貨建取引等会計処理基準／連結CF計算書等作成基準／研究開発費等会計基準／税効果会計基準／減損会計基準／自己株式会計基準／1株当たり当期純利益会計基準／役員賞与会計基準／純資産会計基準／株主資本等変動計算書会計基準／事業分離等会計基準／ストック・オプション会計基準／棚卸資産会計基準／金融商品会計基準／関連当事者会計基準／四半期会計基準／リース会計基準／持分法会計基準／セグメント開示会計基準／資産除去債務会計基準／賃貸等不動産会計基準／企業結合会計基準／連結財務諸表会計基準／研究開発費等会計基準の一部改正／変更・誤謬の訂正会計基準／包括利益会計基準／退職給付会計基準／税効果会計基準の一部改正／収益認識基準／原価計算基準／監査基準／連続意見書　他

会 社 法 編＝会社法・施行令・施行規則／会社計算規則

金 商 法 編＝金融商品取引法・施行令／企業内容等開示府令／財務諸表等規則・ガイドライン／連結財務諸表規則・ガイドライン／四半期財務諸表等規則・ガイドライン／四半期連結財務諸表規則・ガイドライン　他

関 連 法 規 編＝税理士法／討議資料・財務会計の概念フレームワーク　他

■中央経済社■

■最新の監査諸基準・報告書・法令を収録■

監査法規集

中央経済社編

本法規集は，企業会計審議会より公表された監査基準をはじめとする諸基準，日本公認会計士協会より公表された各種監査基準委員会報告書・実務指針等，および関係法令等を体系的に整理して編集したものである。監査論の学習・研究用に，また公認会計士や企業等の監査実務に役立つ1冊。

《主要内容》

企業会計審議会編＝監査基準／不正リスク対応基準／中間監査基準／四半期レビュー基準／品質管理基準／保証業務の枠組みに関する意見書／内部統制基準・実施基準

会計士協会委員会報告編＝会則／倫理規則／監査事務所における品質管理　《**監査基準委員会報告書**》　監査報告書の体系・用語／総括的な目的／監査業務の品質管理／監査調書／監査における不正／監査における法令の検討／監査役等とのコミュニケーション／監査計画／重要な虚偽表示リスク／監査計画・実施の重要性／評価リスクに対する監査手続／虚偽表示の評価／監査証拠／特定項目の監査証拠／確認／分析的手続／監査サンプリング／見積りの監査／後発事象／継続企業／経営者確認書／専門家の利用／意見の形成と監査報告／除外事項付意見　他《**監査・保証実務委員会報告**》継続企業の開示／後発事象／会計方針の変更／内部統制監査／四半期レビュー実務指針／監査報告書の文例

関係法令編＝会社法・同施行規則・同計算規則／金商法・同施行令／監査証明府令・同ガイドライン／内部統制府令・同ガイドライン／公認会計士法・同施行令・同施行規則

法改正解釈指針編＝大会社等監査における単独監査の禁止／非監査証明業務／規制対象範囲／ローテーション／就職制限又は公認会計士・監査法人の業務制限

会計と会計学の到達点を理論的に総括し、
現時点での成果を将来に引き継ぐ

体系現代会計学 全12巻

■総編集者■

斎藤静樹(主幹)・安藤英義・伊藤邦雄・大塚宗春
北村敬子・谷　武幸・平松一夫

■各巻書名および責任編集者■

第1巻	企業会計の基礎概念	斎藤静樹・德賀芳弘
第2巻	企業会計の計算構造	北村敬子・新田忠誓・柴　健次
第3巻	会計情報の有用性	伊藤邦雄・桜井久勝
第4巻	会計基準のコンバージェンス	平松一夫・辻山栄子
第5巻	企業会計と法制度	安藤英義・古賀智敏・田中建二
第6巻	財務報告のフロンティア	広瀬義州・藤井秀樹
第7巻	会計監査と企業統治	千代田邦夫・鳥羽至英
第8巻	会計と会計学の歴史	千葉準一・中野常男
第9巻	政府と非営利組織の会計	大塚宗春・黒川行治
第10巻	業績管理会計	谷　武幸・小林啓孝・小倉　昇
第11巻	戦略管理会計	淺田孝幸・伊藤嘉博
第12巻	日本企業の管理会計システム	廣本敏郎・加登　豊・岡野　浩

中央経済社